TRAITÉ

SUR

LA CONSTRUCTION

DES VAISSEAUX.

TRAITÉ

SUR

LA CONSTRUCTION

DES VAISSEAUX,

DÉDIÉ ET PRÉSENTÉ AU ROI,

PAR M. le Comte DU MAITZ DE GOIMPY, *Capitaine des Vaisseaux de Sa Majesté, Chevalier de l'Ordre Royal & Militaire de Saint Louis, de l'Académie Royale de Marine.*

A PARIS,

Chez { D. C. COUTURIER, pere, Imprimeur-Libraire ; aux Galeries du Louvre.
COUTURIER, fils, Libraire, Quai des Augustins.

M. D C C. L X X V I.

AVEC APPROBATION ET PRIVILÈGE DU ROI.

AU ROI,

S I R E ,

Le Corps des Officiers de Votre Marine se rap-
pellera toujours avec de nouveaux mouvemens de

a

ʒele ; que *VOTRE MAJESTÉ*, dès ſes plus tendres années, s'eſt occupée des différentes parties de leur Art. Ces Calculs, auxquels Elle ſe livroit, étoient un préſage aſſuré de l'application conſtante qu'Elle devoit donner un jour à tout ce qui peut faire la gloire & le bonheur de ſes Peuples. En m'occupant d'un Ouvrage ſur la Conſtruction des Vaiſſeaux, dont l'importance a deja fixé l'attention de *VOTRE MAJESTÉ*, j'ai tâché de réunir

É P I T R E.

ce qui pouvoit contribuer à la gloire de ses Armes & à l'économie, animé par l'espérance qu'Elle voudroit bien me permettre de le lui offrir.

Je suis avec le plus profond respect,

DE VOTRE MAJESTÉ,

SIRE,

Le très-humble, très-soumis Serviteur
& très-fidele Sujet,
DU MAITZ DE GOIMPY.

PRÉFACE.

JE m'étois d'abord proposé de faire une nouvelle
Édition du Traité du Navire de M. Bouguer , accompagnée de Notes : cet Ouvrage étant abfolument néceffaire aux perfonnes qui veulent prendre des connoiffances plus approfondies de la théorie de la Conftruction. La néceffité de corriger quelques erreurs ;
diverfes queftions qui fe font élevées depuis , m'ont
déterminé à fuivre un autre plan : j'ai cru devoir en
rendre la forme plus fimple , retrancher les queftions
dont la pratique ne peut retirer d'utilité, & remplacer
ces retranchemens par les diverfes confidérations qu'on
avoit négligées jufqu'ici ; j'ai fait dans ce Traité un
fort grand ufage de ceux de M. Euler , intitulés :
Scientia Navalis, & *Théorie complette de la Conftruc-*
tion & Manœuvre des Vaiffeaux. De nouveaux Principes que j'ai cherché à développer , lefquels font
fondés fur des expériences journalieres & indubita-
bles, pourront contribuer à la perfection de la Théorie des Fluides, & ne laifferont plus rien à defirer fur

la Théorie réelle de la Construction & principalement celle de la mâture. Les ordres de M. le Duc de Choiseul, alors Ministre de la Marine, m'avoient obligé de me livrer à cette étude particuliere : M. de Sartine a approuvé que je remisse en ordre les différens matériaux de cet Ouvrage. Je dois joindre ici que ce n'est qu'après des réflexions très-longues que je me suis déterminé à demander la permission de le publier. La Navigation & la Science de la Construction pouvant être envisagés du côté des Connoissances physiques & du côté politique.

Quand on les considere sous ce premier point de vue, il est certain que tous les principes ne peuvent être trop communiqués ; il en résulte une discussion qui les étend encore davantage & qui en montre le degré de certitude & les limites ; mais vues du côté politique, c'est-à-dire, de l'intérêt des Nations, il est possible qu'on doive les restreindre.

La Nation qui pourroit se conserver privativement la plus grande perfection dans les diverses parties de la Marine, auroit un avantage & une prépondérance réelle ; mais dans l'impossibilité très-évidente de se réserver des connoissances exclusives, au moins doit-on faire attention, dans la situation présente, aux suites qui peuvent résulter de leur plus grande étendue relativement aux genres de commerce des divers états, en regardant comme un défavantage & une perte tout ce qui nous bénéficie moins que les Nations rivales & voisines.

La Nation qui fait le commerce le plus riche à proportion de son étendue, a le plus grand intérêt à perfectionner la théorie de la Construction, & le moindre intérêt à inventer les moyens d'économie. Il lui est avantageux sans doute de ne pas négliger ceux que les autres employent, puisque ce seroit une perte sans compensation ; mais si elle inventoit les moyens de rendre, pour ainsi dire, les Vaisseaux éternels, comme par la nature des choses, cette connoissance deviendroit bientôt générale, elle favoriseroit plus les Nations qui font un commerce considérable en étendue, qu'elle ne se favoriseroit elle-même.

Si une puissance qui fait un commerce à proportion plus étendu que riche, étoit obligée d'avoir le double des Vaisseaux de guerre pour s'opposer aux entreprises des Nations voisines, de ce que chacune d'elles est obligée d'avoir ; il est encore certain que ce seroit à cette Puissance que la durée des Vaisseaux de guerre importeroit le plus, & ce ne seroit pas aux Nations qui font un commerce riche, mais peu étendu, qui pour se trouver en égalité de forces, ont besoin d'un moindre nombre de Vaisseaux, à s'embarrasser de chercher de nouveaux moyens d'en prolonger la durée : il leur fuffiroit de ne pas négliger les moyens d'économie employés par cette premiere Puiffance.

Ces réflexions m'ont engagé à paffer fous filence quelques articles relatifs à la Conftruction ; en fuivant les mêmes principes, j'ai cru qu'il feroit utile de comparer quelques moyens d'économie employés chez les Nations voifines.

Il fuit de ces confidérations, que c'eft l'Efpagne à qui la perfection de la Conftruction importe le plus, & à qui la durée des Navires doit être la plus indifférente. L'union intime & effentielle des deux Couronnes, ne permettoit pas de regarder cette obfervation comme un obftacle à la publication de ce Traité.

Il feroit fans doute intéreffant de fuivre le progrés de l'Architecture navale, depuis les temps les plus reculés ; mais quand on veut parler avec certitude de la forme des Navires, on ne peut remonter au delà d'un fiecle. On peut fe former une idée de la force de ceux de guerre, il y a 200 ans, en examinant la lifte de la flotte armée en Efpagne fous Philippe II, & nommée l'*Invincible*. On voit qu'alors les Navires n'excédoient pas 50 canons. En 1610, on conftruifit en Angleterre un fort beau Vaiffeau nommé le *Prince* ; fa largeur étoit 44 pieds Anglois mefurés en dehors, ou environ 39 pieds François : c'étoit le plus grand & le meilleur Vaiffeau qui eût été conftruit. Le Pere Fournier

nier cite un Navire de 72 canons , nommé *la Couronne* , conftruit en France , comme le plus grand & le plus beau Navire de ce temps : il avoit 44 pieds de large.

Mais , c'eft principalement à la célebre rivalité entre l'Angleterre & les Provinces-Unies, que la Marine a dû les plus grands progrès : alors on vit des Flottes nombreufes, & ce fut un nouveau genre de perfection que la hardieffe avec laquelle on chargea d'artillerie des Navires de foibles dimenfions : lorfque Louis XIV voulut enfuite partager l'empire des mers, de nouveaux chefs-d'œuvres s'éleverent, & bientôt la conftruction Françoife fe diftingua par la perfection des formes de la carene : on ofa faire le *Royal-Louis*, pour porter des canons de 48 , 24 & 12 dans les trois batteries, & ce Navire conftruit à Toulon , par *Coulomb*, fut célebre pour fa ftabilité. A Breft, *Blaife Pangolo* déploya fon génie en faifant des Navires fupérieurs , pour la marche , à ceux de leur temps ; les Mémoires de M. du *Guaytrouin* font connoître le *Lys*, ce Vaiffeau qu'il a commandé dans un fi grand nombre d'actions glorieufes : on connoît auffi l'*Amazone*, le *Jafon* , &c. ces Navires feroient même à préfent de très-bons voiliers

Enfin, fous le regne de Louis XV, le célebre *Olivier* parut.

C'eſt à ce dernier Conſtructeur que l'on doit le changement des formes de la carene & de la diſtribution des batteries des Frégates ; changement adopté en Angleterre , il a perfectionné tous les genres de conſtructions , & l'on peut dire à ſon honneur, que l'on trouve des vues ſaines juſques dans ſes erreurs , ſur-tout ſi on ne conſidere que les fonds.

Ces Hommes célébres , en prévenant la théorie par ce ſens droit & ce coup d'œil juſte qui font la baſe du vrai génie , ont aſſuré à la France la gloire d'avoir fait les découvertes les plus importantes.

Dans ces temps, il ſemble qu'on regardoit comme une choſe indiſpenſable de donner aux Navires toute la force dont ils étoient ſuſceptibles, eu égard à leurs dimenſions. L'incertitude où l'on étoit de réuſſir pour la marche, empêchoit d'abandonner un avantage certain, pour procurer une qualité qu'on n'étoit pas ſûr d'obtenir ; ce qui eſt d'autant moins ſurprenant , que même à préſent, les Bâtimens conſtruits ſur le même plan n'ont pas toujours les mêmes qualités.

Si jamais on a eu lieu d'eſpérer la plus grande perfection dans l'Architecture Navale , c'eſt depuis que les Ingénieurs-Conſtructeurs réuniſſent à la pratique les connoiſſances les plus profondes. Inſtruit dans cet Art, par l'un d'eux (M. des Lauriers) , je me fais un devoir de rendre juſtice à un Corps auſſi éclairé.

Mais peut-être ces mêmes connoiſſances ont-elles fait négliger, dans ces derniers temps, l'économie & la force qui faiſoient l'objet principal des anciens Conſtructeurs ; ceux d'à préſent, maîtres de donner aux Vaiſſeaux, les différentes qualités, ont préféré d'aſſurer principalement leur ſtabilité ou leurs forces pour porter la voile ; ils ont en même temps cherché à donner une marche avantageuſe. Cette double vue ſe rempliſſoit en allongeant les Navires, & en diminuant leur artillerie, ou ce qui eſt la même choſe, en augmentant les proportions principales. Dès-lors, on a donné aux Vaiſſeaux de 64 canons, la même longueur qu'au *Royal-George*, Vaiſſeau du premier rang Anglois ; des Frégates de 26 canons ont eu plus de longueur que les Vaiſſeaux de 60 canons Anglois. Peut-être la ſupériorité du nombre de Vaiſſeaux de la Marine Angloiſe, a-t-elle fait penſer que tout devoit être ſubordonné à la promptitude du ſillage.

Mais il arrive ſouvent que ces Navires très-longs, n'ont pas la ſupériorité de marche à laquelle tout a été ſacrifié. Une Théorie plus approfondie fera reconnoître que même relativement à cette qualité, la longueur de la carene doit avoir des limites, parce qu'elle a un rapport avec la hauteur de la voilure, qui néceſ-

fairement eſt bornée , & parce que les obſtacles incal-
culables , tels que les inégalités , les coquillages, her-
bes qui s'attachent aux anciennes carenes , ſont en raiſon des ſurfaces : pour en donner quelque exemple , la
Chimere , les Frégates conſtruites par **M.** *Guignace* ,
&c, ou le rapport des longueurs aux largeurs eſt ren-
fermé dans les ancienes limites, marchent auſſi bien que
celles qui ſont plus longues.

Dès-lors , il eſt abſolument déſavantageux d'affoiblir autant les Navires qu'on le fait maintenant par
une longueur exceſſive qui faiſant qu'on gouverne mal,
c'eſt-à-dire , dans un grand eſpace , rend les Navires
peu propres à la guerre.

Nous ne craindrons pas ici de jetter un coup d'œil
ſur les déſavantages que nous avons eu dans la derniere
guerre , & d'en rechercher les cauſes ; ne pas ſe livrer à ces méditations , quelques fâcheuſes qu'elles
puiſſent être , ce ſeroit ne pas remplir les intentions
du Miniſtre qui m'a recommandé de ne négliger aucune conſidération dont il puiſſe réſulter quelqu'utilité,
ce ſeroit s'expoſer à voir continuer ou peut-être même
accroître ces mêmes déſavantages. Nous allons ici les
parcourir.

1°. Il ſemble qu'on ait oublié que la qualité de bien
gouverner , eſt la plus eſſentielle dans les combats,
car on a fait tout ce qu'il falloit pour aſſurer aux An-

glois cet avantage ; les furfaces de nos gouvernails, font moindres de moitié que celles de leurs Navires : ainfi pendant que d'un côté la difficulté de tourner eft augmentée , par la longueur d'un autre, on emploie, pour la vaincre, une moindre force.

Cependant les Rhéteurs qui ne voient dans tous les objets qu'une matiere aux déclamations , qui penfent qu'on peut parler de chofes qu'on n'entend pas, pourvu que les raifons foient remplacées par des injures qu'ils croyent être une chaleur de ftyle , trouveront étrange qu'on n'aborde plus. Ce fera , felon eux , au moins ignorance dans les Officiers de la Marine : on peut cependant regarder comme une maxime inconteftable, que le Navire François qui eft au vent , ne peut, dans l'état actuel de la conftruction, aborder un Navire Anglois qui eft même fort près de lui , pour peu que ce dernier ait attention à fa manœuvre ; il m'eft peut-être permis de le dire , parce que j'ai eu lieu de le reconnoître en combattant le *Biddefort.*

2.º Ce genre de combat devient moins aifé à faire réuffir par l'augmentation des équipemens des Navires Anglois ; alors les Vaiffeaux de 50 canons , par exemple , avoient 220, 240 hommes d'équipage , maintenant ils en ont 350 ; ils font à peu près armés comme les nôtres, & la diftribution ordonnée par l'Amirauté d'Angleterre , paroît fagement combinée.

3°. En lisant l'Histoire de M. du Guaytrouin, &c. on voit qu'il avoit une plus grande difficulté à vaincre les Navires Hollandois à l'abordage que les Anglois ; *qu'importe*, comme dit le Roi de Prusse au Général de Fouquet, *de voir* ou de lire, *si ce n'est que pour entasser des faits dans sa mémoire ; qu'importe, en un mot, l'expérience, si elle n'est dirigée par la réflexion.* Il y avoit donc une cause particuliere qui occasionnoit cette différence ; on la trouve, en combinant les Réglemens de l'Artillerie de ces deux Nations : alors les Anglois ne chargeoient leurs pieces que d'un seul boulet, dans la crainte de les faire crêver, ainsi leur feu étoit moindre de moitié , car on ne peut compter le temps nécessaire pour mettre un boulet de plus ; la supériorité actuelle de leur Artillerie , a fait corriger cette pratique. Qu'avons-nous à opposer de ce côté, une artillerie plus défectueuse, & ce ne sera pas un foible service que rendra à l'Etat le Ministre qui songe à la rétablir.

J'ai cru devoir comparer, sans prévention, nos proportions avec celles des Vaisseaux Anglois. Cette Nation ne s'est pas fait une peine d'imiter ce qui se trouvoit d'avantageux dans notre Construction ; ainsi elle a adopté en général le retranchement des demi-batteries dans les Frégates ; elle a substitué les Vaisseaux percés 14 & 15 aux anciens Navires à trois ponts de 80 canons, & l'on pourroit même dire que notre Conftruction a été adoptée, fi ce n'eft que nous l'avons changée depuis une vingtaine d'années : nous devons pareillement imiter leur peu de rentrée dans les Frégates, ne pas excéder dans les longueurs, & ne pas facrifier inutilement & la force des Navires & la facilité de gouverner.

Quoique dans ce Traité, je ne fuive pas toujours l'opinion de M. Bouguer, que mes principes foient quelquefois différens, on reconnoîtra aifément que le Traité du Navire m'a fourni la plus grande partie de ceux que j'emploie. Je dois auffi beaucoup aux Ouvrages de MM. Euler & l'Abbé Boffut, ma fituation m'ayant donné la facilité de comparer avec l'expérience les divers réfultats de la Théorie ordinaire : j'ai vu que la pofition de la mâture, ne dépend pas de la feule configuration de l'avant ; la néceffité de confidérer la partie poftérieure de la carene, a demandé un exemple plus particulier de la Théorie des fluides, & je ne me fuis permis d'adopter de nouveaux principes qu'après avoir calculé les Navires de différentes formes, & dans diverfes fituations, & en avoir vérifié les réfultats.

Il eft fâcheux que les Conftructeurs fe foient difpenfés de faire les calculs qu'on peut déduire des regles établies dans le Traité du Navire : à la vérité, les méthodes indiquées étoient fort longues, fujettes à erreur dans quelque cas, & pas aſſez développées pour être aiſément miſes en pratique. J'ai cherché à remédier à ces inconvéniens, en donnant le modele de tous les calculs auxquels on peut aſſujettir les Navires. Si c'eſt une peine ſuperflue, quand on ſe contente de ſuivre les formes reçues; au moins eſt-ce une choſe indiſpenſable, lorſqu'on veut les varier conſidérablement; c'eſt d'ailleurs le ſeul moyen d'apprécier les changemens faits à la théorie ordinaire.

J'ai repris avec de légers changemens le travail ſur la fixation des rangs des Vaiſſeaux faits en 1753, de concert avec M. de Morogues, Lieutenant-Général des Armées du Roi, & M. Gauthier, Conſtructeur, maintenant employé en Eſpagne avec un Brevet de Brigadier. Je n'ai négligé aucuns ſoins pour rendre ce travail exact.

L'amour de nos Rois pour les Sciences, & la protection éclairée des Miniſtres, ont formé dans la France ſeule ces corps nombreux, diſtingués par les connoiſſances les plus profondes. Le Miniſtre qui étoit il y a une trentaine d'années à la tête de la Marine, & que nous voyons maintenant honoré de la confiance du Roi, a voulu que les Conſtructeurs fuſſent inſtruits, déja célébre pour avoir procuré à l'Europe cette baſe aſſurée des connoiſſances aſtronomiques & hydrographiques, la meſure des degrés du Méridien. On lui

doit

doit cette heureuse alliance des connoissances astro-
nomiques avec celles de la Marine , dont l'exemple
donné en Espagne par Dom George Juan & Don An-
tonio de Ulloa , & en France par MM. de Chabert
& Bory , se trouve avoir été suivi avec distinction par
MM. de Fleurieu & de Charnieres , & un très-grand
nombre d'Officiers de la Marine.

Je me suis déterminé d'autant plus volontiers à dire
mon opinion sur ce qui a raport à notre Construction,
que j'y ai été engagé par plusieurs Constructeurs, &
je suis persuadé que leur zele pour le service du
Roi leur fera recevoir avec plaisir les idées utiles qui
pourront s'y trouver, ou couvrir de leur indulgence
les erreurs que j'aurai pu commettre.

Au reste, cette indulgence que je réclame, n'est
pas le silence sur mes erreurs ; comment pourrois-je
trouver étrange que les nouveaux principes que j'établis parussent contestables ? Comment pourrois-je
me persuader qu'en traitant des Fluides considérés sous
un si grand nombre de points de vue nouveaux, il ne
soit pas échappé d'erreurs? Je prie seulement les Constructeurs d'être persuadés que mes observations ont
été dictées par le zele pour le service du Roi , & une
véritable estime pour leur Corps.

M. le Chevalier de Borda qui a examiné mon Traité
de Construction, a bien voulu me communiquer ses

observations, & m'avertir de quelques négligences. Ce Traité n'a pu que gagner confidérablement du côté de la perfection, par les marques d'attachement qu'un Cenfeur auffi éclairé a bien voulu me donner. J'ai marqué avec foin les différens articles où nos opinions font différentes ; le Lecteur eft prié de redoubler alors d'attention, & de varier même les expériences qui permettront de fe décider entr'elles : car il ne s'agit pas de favoir de qui l'hypothefe eft la véritable, mais quelle eft la vraie théorie.

TABLE
DES CHAPITRES
Contenus dans ce Volume.

CONSTRUCTION

DES VAISSEAUX.

INTRODUCTION.

ON peut divifer les Vaiffeaux en deux claffes diftinctes : ceux qui font faits pour aller à la voile, & ceux qui font faits pour aller à la rame. Les Vaiffeaux marchands & ceux de guerre fe rapportant à la premiere de ces claffes, n'ont aucune différence effentielle ; les Vaiffeaux de guerre exigent feulement une plus grande perfection dans leur conftruction. Les Galeres & même les Chebecs forment la deuxieme claffe ; mais on doit obferver que comme ces Bâtimens doivent aller en même temps à la voile, les principes de conftruction font applicables à tous les Navires. On fe propofe de les établir dans ce Traité ; on montrera quelles font les modifications que les diverfes circonftances de l'état de la mer y apportent. Comme l'architecture navale & quelques mémoires de M. Grognard renferment à peu près tout ce que l'on peut dire fur la pratique de la conftruction, on fe contentera d'y joindre le peu de remarques effentielles qui ont pu être négligées dans ces ouvrages.

A

CHAPITRE PREMIER.

Du déplacement des Navires.

1. DE quelqu'efpece que foient les Navires, il faut qu'ils puiffent porter leurs coque, agrêts, vivres pour les équipages, enfin tout ce que leur deftination particuliere exige. Un Vaif-feau de guerre, par exemple, doit porter de plus fon artillerie & tout ce qui y a rapport; un Vaiffeau marchand ou de tranf-port doit pouvoir porter la charge pour laquelle on le conftruit : une certaine quantité de left eft encore néceffaire à tous les Navires; c'eft la premiere chofe dont on doit s'affurer, non feulement parce que des Vaiffeaux qui ne pourroient porter ce qui leur eft néceffaire, ne rempliroient pas le fervice auquel ils font deftinés, mais encore parce que ce calcul eft un préalable indifpenfable, pour s'affurer s'ils auront une ftabilité fuffifante, qualité qu'on fait être effentielle.

2. Le principe d'hydroftatique qu'on doit toujours avoir pré-fent à l'efprit, c'eft qu'un corps qui flotte fur une liqueur, en-fonce dans l'eau d'une quantité égale à fon poids. Si un Navire pefe 500000 livres, il enfonce dans l'eau jufqu'à ce qu'il occupe la place de 500000 livres d'eau; fi on y ajoute un nouveau poids, il enfoncera dans l'eau jufqu'à ce que le nouveau volume d'eau qu'il déplace, pefe autant que ce nouveau poids. Cette expérience fimple & répétée bien des fois, étant la bafe de la théorie des fluides, & inconteftable, on ne cherchera pas à la démontrer; car il faudroit toujours revenir à des expériences, & on fe contentera de fuivre les conféquences qu'on en a tirées. De ce qu'un corps plonge dans l'eau jufqu'à ce qu'il occupe un volume dont le poids foit égal au fien, & refte alors im-mobile, il fuit que, puifque la pefanteur ceffe d'avoir fon effet, il faut que ce corps foit repouffé par le fluide avec une force égale à la pefanteur, & dont la direction lui foit oppofée. Cette force, qui eft une fuite de la fluidité de l'eau ou de fon effort

pour reprendre fon niveau, eſt connue fous le nom de *pouſſée verticale;* on l'obſerve quand on fait effort pour faire plonger dans l'eau quelque corps d'un grand volume.

Tout le monde remarque auſſi que, quelque ſoit la forme de ce corps plongé dans une eau immobile, il n'a aucun mouvement latéral; ce qui fait reconnoître que les impulſions horizontales ſur un plan, ſont toujours égales & oppoſées, quelque ſoit la courbure des ſurfaces qui le recouvrent.

3. Il étoit eſſentiel de connoître le poids des différentes liqueurs, ſur-tout celui de l'eau douce & de l'eau de mer. Des expériences très-exactes, rapportées dans l'architecture navale, ont fait reconnoître que le Thermometre de M. de Reaumur étant à 17 degrés au deſſus de la congellation, un pied cube d'eau de mer peſe 71 livres 5 onces 7 gros, & qu'un pied cube d'eau douce peſe 69 livres 9 onces 4 gros, enſorte que le rapport de leur peſanteur ſpécifique eſt celui de 1027 à 1000, à quelques variations près, occaſionnées par la différente quantité de ſel qui entre dans l'eau, & la différente température de l'air. Le même volume d'eau eſt plus peſant en hiver qu'en été; mais ces variations peuvent ſe négliger. Le poids des autres liqueurs n'eſt pas important à connoître quand on ne s'occupe, comme nous faiſons ici, que de la conſtruction des Vaiſſeaux.

4. On connoît aſſez exactement les différens poids qui doivent entrer dans les Navires ſelon leur deſtination, & il eſt eſſentiel dans tous les Vaiſſeaux, ſur-tout dans ceux de guerre, de fixer le point de leur enfoncement, afin que les batteries ſoient ſuffiſamment élevées, & que le *fort* des couples, c'eſt-à-dire l'endroit le plus large, ſoit convenablement diſpoſé. Le Conſtructeur ſera aſſuré de remplir cet objet eſſentiel, ſi le poids du volume d'eau, que le Navire déplace quand il eſt à ſon point d'enfoncement déterminé, eſt égal aux différens poids. C'eſt la premiere regle de conſtruction. Le poids de ce volume d'eau ſe nomme *le déplacement de la carene;* on nomme *ligne d'eau de flottaiſon,* ou ſeulement *ligne de flottaiſon,* celle qui fixe le point juſqu'où le Navire enfonce dans l'eau.

Nous n'avons maintenant beſoin pour faire uſage des remar-

ques précédentes, que d'une méthode fimple & réglée de mefurer la folidité de la carene & de toutes fes parties. Il feroit à
fouhaiter qu'on pût la regarder comme un corps géométrique
d'une certaine figure déterminée ; il fuffiroit d'en prendre les
principales dimenfions ; on en concluroit tout d'un coup la
folidité. Si par exemple on attribuoit à la carene la figure de
l'ellipfoïde, dont la folidité eft à celle du parallélipipede circonfcrit, comme 11 eft à 21, après avoir mefuré les trois
principales dimenfions de la carene, c'eft-à-dire, la longueur,
la largeur & la profondeur, & en avoir cherché le produit, il
ne refteroit plus qu'à en prendre le $\frac{11}{21}$; mais l'on ne peut attribuer aux Vaiffeaux aucune forme géométrique, ni même
conftante. On trouve des capacités différentes de $\frac{1}{3}$, les trois
principales dimenfions de la carene étant les mêmes ; il faut
donc abfolument renoncer aux méthodes qui fuppofent quelque
rapport conftant entre le parallélipipede circonfcrit à la carene
& à fa capacité, & l'on ne peut en déterminer la folidité,
qu'en la divifant en un grand nombre de parties.

5. Tout l'art qu'on peut employer dans cette opération,
confifte à faire enforte que les diverfes parties, dans lefquelles
on partage la carene ou tout autre corps dont on cherche la
folidité, foient des figures de même efpece, & aient le plus
de dimenfions égales qu'il fera poffible. On partagera, par
exemple, la carene par divers plans horizontaux ou lignes
d'eau à égale diftance les uns des autres ; on imaginera enfuite
d'autres plans verticaux ou *gabarits* perpendiculaires à la longueur du Navire & également éloignés.

Si par exemple BNGMA, figure premiere, repréfente la
coupe horizontale de la carene faite à fleur d'eau, les largeurs
ST. QR. &c. ayant été mefurées à des diftances égales les
unes des autres, pour avoir l'étendue de la ligne d'eau, ou de
tous les trapezes dans lefquelles cette furface eft divifée, il n'y
aura qu'à multiplier la diftance o.1 ou 1.2. d'une largeur à
l'autre, par la fomme de toutes les largeurs intermédiaires
QR. OP.MN &c. & de la moitié de la premiere & de la
derniere.

Suppofons que toute la longueur OG foit de 120 pieds,

& qu'on ait divifé cette longueur en fix parties égales, les largeurs AB. ST. QR. MN. KL. HI. & G étant de 18. 23. 28. 30. 30. 21 & O en G, faifant une fomme des intermédiaires & de la moitié des deux extrémes, on aura 141, qu'il fuffit de multiplier par la diftance o.1 ou 1.2 &c. d'une largeur à l'autre, qui eft de 20 pieds, on aura 2820 pieds quarrés pour l'étendue de tous les trapezes ou de la furface entiere A M G N B qui fera fenfiblement la même, fi on a pris un affez grand nombre de largeurs, pour que les parties GH. NK. KM &c. different peu d'être des lignes droites. Si les diftances étoient inégales, il y auroit un peu plus de peine à calculer, mais on fuivroit les mêmes principes ; on fait que pour avoir l'étendue d'un trapeze, il faut multiplier la moitié de la fomme des deux largeurs extrêmes par la hauteur ; ainfi on auroit pour l'étendue de ces trapezes $\frac{AB+ST}{2} \times 0.1 + \frac{ST+QR}{2} \times 1.2 + \frac{QR+OP}{2} \times 2.3 + \frac{OP+MN}{2} \times 3.4 + \frac{MN+KL}{2} \times 4.5 + \frac{KL+HI}{2} \times 5.6 + \frac{HI+G}{2} \times 6.G$. Cette méthode, qui eft générale, exige un plus grand nombre de multiplication ; mais comme il y a dans les plans de Vaiffeaux beaucoup de couples à diftances égales, on calcule par une feule opération tous ceux qui font ainfi efpacés, & on y joint les furfaces de ceux qui ont des diftances inégales par une opération particuliere ; en effet fi, dans l'exemple précédent, on fuppofe la feule diftance 3. 4 inégale, on aura $\frac{AB+ST}{2} \times 0.1 + \frac{ST+QR}{2} \times 0.1$ égale $1.2 + \frac{QR+OP}{2} \times 0.1$ égal $2.3 + \frac{OP+MN}{2} + 3.4 + \frac{MN+KL}{2} \times 0.1$ égal $4.5 + \frac{KL+HI}{2} \times 0.1$ égal $5.6 + \frac{HI+G}{2} \times 0.1$ égal $6\ G$ ou $\left(\frac{AB}{2} + ST + QR + \frac{OP}{2} + \frac{MN}{2} + KL + HI + \frac{G}{2}\right) \times 0.1 + \frac{OP+MN}{2} \times 3.4$

6. On trouvera de la même maniere l'étendue de toutes les coupes horizontales LO. KN &c. de la figure Q, où elles font rapportées fur le plan de longueur ; pour avoir leur folidité, fi les diftances de ces coupes font égales, on fera une fomme

des furfaces intermédiaires & de la moitié de la premiere & de
la derniere, qu'on multipliera par leurs diftances ; lorfqu'on
divife la carene en un petit nombre de lignes d'eau, cette
méthode ne feroit pas affez exacte pour la partie inférieure de
la carene, parce que fa courbure eft confidérable ; ainfi il fera
bon dans ce cas de la divifer en plufieurs parties plus petites
par d'autres plans horizontaux dont la diftance fera égale.
Divifant la carene en cinq à fix lignes d'eau, & la partie inférieure comprife depuis la quille jufqu'à la premiere ligne d'eau
nommée *ligne d'eau des fonds*, en deux ou trois autres fubdi-
vifions, felon que cette partie a plus ou moins de courbure,
on a une très-grande exactitude. Cette méthode de calculer,
rapportée d'après M. Bouguer, eft très - ancienne parmi les
Conftructeurs ; le célebre Olivier le pere pouffoit l'exactitude
jufqu'à partager la carene en diverfes lignes d'eau, éloignées
feulement d'un pied l'une de l'autre.

7. Comme tous les Bâtimens en général, ceux même conftruits par les Sauvages, les feuls *pros* exceptés, (on en voit
la defcription dans le voyage de l'Amiral Anfon) étant confidérés relativement au plan qui coupe le Vaiffeau parallelement
à la quille, ont les deux côtés des gabarits parfaitement femblables, on a coutume de ne marquer dans les plans que les
demi-largeurs , & ce font ces demi-largeurs que l'on mefure ;
ainfi on n'a que la moitié du déplacement total, qu'il faut par
conféquent doubler ; ce déplacement total exprimé en pieds
cubes doit être multiplié par 71 liv. 6 onces, poids du pied cube
d'eau de mer, & divifé par 2000 pour réduire le déplacement
en *tonneaux*. Ce fera la même chofe fi on divife le déplacement de la moitié du Vaiffeau par 1000 liv. après l'avoir multiplié par le poids d'un pied cube ; on peut auffi divifer ce
déplacement, exprimé en pieds cubes, par 14 ; car le tonneau
eft équivalent au poids de 28 pieds cubes à peu près , & défigne
un poids de 2000 livres. Ces mefures fur lefquelles on calcule
le déplacement des Vaiffeaux, doivent être extérieures, c'eft-à-
dire, on doit les prendre en dehors des bordages ; il faut donc
ajouter au plan vertical, qui fert à modeler les *couples* ou
gabarits, les épaiffeurs des bordages, qui, comme on fait, ne

font pas uniformes, & font vers la flottaifon à peu près doubles
de ceux des fonds. C'eft ce qu'on obferve dans les plans
Anglois, où la furface extérieure du Vaiffeau eft repréfentée
par les couples. Pour éviter la peine de faire ce nouveau plan,
les Conftructeurs calculent fouvent le déplacement intérieur
pris fur le plan vertical, qui eft le modele des gabarits, &
ajoutent enfuite le poids du bordage, en prenant le contour
moyen des couples & des lignes d'eau, qu'ils multiplient l'un
par l'autre & par l'épaiffeur des bordages des fonds. Pour la
partie fupérieure de la carene où commence l'augmentation
des bordages, on multiplie la furface de cette partie par l'augmentation moyenne de l'épaiffeur; on y ajoute enfuite le
volume d'eau que déplace la quille. A la vérité le calcul de ce
déplacement n'eft pas abfolument utile, à caufe du peu de
différence entre le poids de la quille & celui du volume qu'elle
déplace. Peut-être feroit-il permis, dans ce calcul, de regarder
la carene comme un corps géométrique : car les principales
dimenfions étant donées, les furfaces de corps très-différens en
folidité font prefque les mêmes ; le quart de cercle & l'hypo-
thenufe d'un triangle rectangle, dont la largeur eft égale à la
hauteur, ne different que de $\frac{1}{10}$, pendant que leurs aires different d'un tiers : alors il faudroit comparer la carene à l'ellipfoïde ;
mais il vaut mieux fuivre une des deux méthodes ci-deffus
indiquées.

8. On trouvera de même le déplacement du *doublage*, lequel
eft un nouveau bordage beaucoup plus mince appliqué fur le
véritable. Sa furface intérieure eft garnie de papier, verre pilé,
& de poil pour arrêter le travail des vers de mer ; la furface
extérieure eft quelquefois *maillée*, c'eft-à-dire, prefque garnie de
cloux à tête fort large qu'on enfonce dans le doublage. Comme
ce doublage eft fait avec des bordages très-minces, & n'a pas
une grande différence de pefanteur fpécifique avec l'eau de mer
quand il eft imbibé, ce feroit une peine inutile que de faire
ce calcul, qui d'ailleurs fe rapporte à celui des bordages.

On évitera auffi de confondre le doublage avec le *foufflage*
que l'on met aux Vaiffeaux qui ont trop peu de ftabilité. Ce
foufflage, & principalement celui *fur taquets*, n'occupent que

quelques virures à la flottaifon; car fi on le continuoit jufqu'à la quille, toute cette partie inférieure nuiroit à la ftabilité. Comme il ne s'agit ici que du déplacement, on fe contentera de remarquer qu'on le calculeroit en mefurant à part cette partie, ainfi qu'on fait pour les bordages vers la flottaifon.

Enfin la néceffité de proportionner les déplacemens des différentes parties du Vaiffeau à la fomme de leurs poids, oblige de calculer les déplacemens de l'avant & de l'arriere des Vaiffeaux. Comme on met fur l'avant les parties plus pefantes, il faut que cette partie déplace un volume plus confidérable que l'arriere; la différence doit être d'environ $\frac{1}{12}$ du déplacement de chacune de ces parties; mais comme elle dépend principalement de la pofition des mâts, quand on confidere les qualités du Vaiffeau, ce rapport ne doit être regardé que comme un à peu près utile.

CHAPITRE

C H A P I T R E I I.

Du Jaugeage des Vaisseaux.

9. CE qu'on entend par *tonneaux d'arrimage* est une mesure de 42 pieds cubes. Le Législateur l'a défini, il ne peut donc y avoir aucune difficulté ; & si on cherche le rapport qu'il y a entre cet espace & le tonneau, on le trouvera aussi exact qu'il se puisse. Les habitans d'Oleron & des côtes voisines ont donné les loix de la mer pendant long-temps, & rapporté les mesures au tonneau, le parallélipipede circonscrit à ces tonneaux est de 44 pieds cubes. La barrique de vin de Bordeaux, qui (Traité du Navire, page 230) devoit avoir 12 pieds $\frac{1}{8}$ pour le parallélipipede circonscrit, a maintenant quelque chose de plus. Comme les barriques se mettent dans intervalles les unes des autres, & non pas bonde sur bonde, il y a $\frac{2}{15}$ à retrancher sur la hauteur des barriques quand il y a deux plans ; un seul rang n'éprouve aucun changement ; si on a cinq rangs de barriques, les mettant bonde sur bonde, elles occuperoient $\frac{75}{15}$, ou cinq hauteurs de barriques ; les mettant dans les intervalles, la hauteur est $\frac{67}{15}$; ainsi pour les tonneaux de Saintonge on diroit 75, 67 : : 44, parallélipipede circonscrit au tonneau : 39 $\frac{1}{3}$ espace moyen nécessaire pour placer quatre barriques : de même le tonneau de Bordeaux exige seulement un espace de 43 à 44 pieds ; c'est ce que la figure 3 montre évidemment. Les hauteurs nécessaires pour deux rangs de barriques, lorsqu'elles sont placées dans les intervalles, éprouvent une diminution dans le rapport de $\sqrt{3}$ à $\sqrt{4}$; aussi compte-t-on dans les Vaisseaux de la Compagnie maintenant 44 pieds & demi pour tonneau de Bordeaux ; mais cela dépend du nombre de plans, de la forme des Navires, de leurs dimensions ; enfin si l'on peut dire que, relativement aux barriques de Bordeaux, l'espace est 42 pieds, est en général un peu trop foible : il est trop fort pour les barriques de Saintonge.

Le Législateur devoit statuer sur le jaugeage intérieur, ou

de la calle, comme plus relatif au commerce; on remplit la
calle d'un Vaiffeau, mais on s'embarraffe peu de la ligne de
flottaifon toujours variable. Comment pouvoit-on fans cela
régler la portion des Intéreffés qui fretent un Navire? Celui
qui fait qu'il a dix tonneaux ou 420 pieds de place dans la
calle, fe prépare en conféquence. Soit qu'il prenne des effets
plus ou moins lourds, il fait que cette place lui eft réfervée;
mais fi chaque Intéreffé avoit un certain poids, il feroit poffible
que les derniers ne puffent rien embarquer, fi les premiers
Armateurs avoient embarqué des chofes fort légeres, parce
qu'il ne leur refteroit pas de place. Le feul inconvénient actuel
eft que le Vaiffeau peut être plus ou moins chargé; mais les
Navires marchands doivent être conftruits de maniere à naviguer
fûrement avec des tirants d'eau bien différens.

Ces réflexions, quoiqu'étrangeres à la conftruction, ont paru
néceffaires pour diffiper les difficultés non exiftantes que M. Bouguer fait entrevoir; on peut d'ailleurs en tirer une conféquence
utile; c'eft que dans les campagnes où on a beaucoup d'eau à
embarquer, il eft fort utile de former les plans en pieces égales;
peut-être même cela feroit-il préférable en général pour toutes
les campagnes, à moins que la hauteur de la calle n'y apportât
un obftacle; il ne faut pas cependant négliger d'avertir, que,
quoique cela fût plus avantageux l'arrimage feul confidéré, il
eft d'un autre côté moins fatiguant pour ceux qui travaillent
dans la calle, que les plans fupérieurs, qu'il faut fouvent déplacer, foient formés de pieces moins pefantes.

10. Le jaugeage, ainfi qu'il eft fixé par le Légiflateur, étant
relatif à la capacité de la calle, on l'aura avec d'autant plus de
précifion, qu'on prendra un plus grand nombre de mefures.
Quelques perfonnes mefurent la profondeur de la calle en cinq
endroits différens; au milieu, au pied du mât de mifaine, à huit
ou neuf pieds de l'eftambot, & à des diftances moyennes entre
le milieu & ces dernieres; faifant une fomme de ces cinq pro-
fondeurs, ils en prennent le cinquieme, qu'ils nomment *profondeur réduite*. Ils mefurent les largeurs dans les mêmes endroits;
mais ils en prennent trois, l'un en haut au deffous des baux,
l'autre au milieu de la hauteur, la derniere en bas; ils ajoutent

enſemble toutes ces largeurs & en prennent la quinzieme partie, ce qu'ils nomment *largeur réduite*, qu'ils meſurent par la profondeur réduite de ce dernier produit, par la longueur de la calle; ce qui donne à peu près la capacité qu'ils cherchent, laquelle doit toujours être plus foible que la capacité réelle. Au reſte, il vaut mieux ſuivre les regles générales qui ont été données pour connoître la ſolidité d'un corps.

11. Dans les Vaiſſeaux de guerre de France, le mot tonneau ſe rapporte principalement à un poids de 2000 liv. Le Vaiſſeau trop chargé ne pourroit ſe ſervir de ſa premiere batterie, & la hauteur de ſa flottaiſon eſt ſuſceptible d'une bien moindre variation proportionnelle. C'eſt en ce ſens que l'on entend le mot tonneau, à moins qu'on n'y joigne la diſtinction de tonneau d'arrimage; ce qu'on appelle port en tonneaux dans ces bâtimens en France, eſt la totalité du poids qu'ils peſent tout armés, à la ſeule déduction du poids de la coque; ainſi cette déſignation renferme les agrêts, artillerie, vivres, leſt, équipages: elle me paroîtroit défectueuſe, ſi ce n'eſt qu'il ſuffit de définir les mots dont on ſe ſert pour les rendre également exacts. En Angleterre le mot que nous traduiſons par port a un ſens conſtant pour les Navires marchands & ceux de guerre.

Pour trouver le port des Vaiſſeaux de guerre, on meſure par les procédés indiqués ci-deſſus (N° 6.) La ſolidité de la partie de la carene compriſe entre la coupe horizontale faite à fleur d'eau quand le Navire eſt chargé, & la coupe faite à fleur d'eau lorſqu'il eſt abſolument vuide, c'eſt-à-dire ſans mâture, leſt, ni agrêts, &c. M. Olivier diviſoit cette partie de la carene par des plans à un pied l'un de l'autre; mais il eſt ſuffiſant de la partager par deux plans intermédiaires. Les méthodes géométriques, celles même qui n'emploieroient que la loi de l'accroiſſement des coupes horizontales, doivent être rejettées, à cauſe de la grande variété de figures employées dans la conſtruction qui rend la méthode générale & préférable.

On donnera à la fin de ce Traité le calcul du déplacement d'un Navire; ce qui montrera la diſpoſition qu'il eſt le plus à propos de donner à ces calculs, & contribuera à l'éclairciſſement de la méthode qui a été enſeignée dans cet ouvrage.

B ij

CHAPITRE III.

Du Centre de gravité.

I.

12. SI une verge inflexible B P (*Figure 4.*) foutenue par un appui très-délié en A, refte en équilibre, ce point A eft nommé *le centre de gravité*, ou plus exactement la verticale qui paffe par ce point, paffe par le centre de gravité; car il faut remarquer que ce centre eft dans l'intérieur du corps. Cette même verge, foutenue par le point I placé dans la même verticale, refteroit pareillement en équilibre; ainfi lorfqu'une romaine chargée de poids placés en O & L, & fufpendue par le point I, eft en équilibre, ce point I eft dans la verticale qui paffe par le centre de gravité de ces poids, fi l'on fait abftraction de la pefanteur de la verge.

L'expérience a montré que la verge étant foutenue par le point A, fi l'on met en O un poids P pefant 2 liv., il faut mettre de l'autre côté vers L un poids Q, qui foit au poids P en raifon inverfe des diftances AL & AD; enforte que fi la diftance AL eft double de AO, le poids Q doit être la moitié du poids P; & pareillement fi le poids Q eft donné & s'il eft d'une livre, ou par rapport à P, s'il eft dans le rapport de 1 à 2, la diftance AL doit être double de la diftance AO; enforte qu'on peut regarder comme un principe de méchanique les mieux démontrés par la force de l'expérience, que la force des corps pour altérer l'équilibre eft en raifon compofée des poids & de leur diftance au point d'appui. Cette force ou ce produit fe nomme *moment;* & il fuit de ces expériences inconteftables, que, dans le cas d'équilibre, les momens de part & d'autre du point de fufpenfion font égaux, & ce point fe confondant alors avec le

centre de gravité, les momens des deux côtés du centre de
gravité font pareillement égaux ; enforte que leur action doit
fe détruire.

13. Ces réflexions conduifent à trouver le centre de gravité
d'une façon très-fimple. On fuppofe un point d'appui quelconque, foit à une des extrêmités de la verge, foit dans fa longueur. Suppofons d'abord qu'il foit en B à l'extrêmité, on cherchera le moment du poids P par rapport au point B, c'eft-à-
dire, on multipliera P par BO, & celui du poids Q, par rapport au même point B, fera Q. BL. La fomme de ces momens
ou P. BO+Q. BL, eft l'effort avec lequel les poids font pencher la verge vers D ; mais par rapport au centre de gravité,
les momens doivent être nuls ; cela arrivera fi on prend un point
vers D par rapport auquel ils foient diminués de la même
quantité. Si, par exemple, le poids P étant de 10 liv. & le
poids Q de 30, les diftances BO & BL font de 6 & de 20
parties, le moment de P eft 60, & celui du poids Q eft 600,
la fomme des efforts eft 660 par rapport au point B ; fi l'on
divife cette fomme des momens 660 par celle des poids 40,
le quotient 16 $\frac{1}{2}$ fera la diftance du point B au centre de gravité ; car par rapport à ce nouveau point, les momens feront
de 660, moindres que par rapport à B, & feront nuls par conféquent.

On peut pareillement fuppofer le point d'appui, foit entre
les poids, foit à la place où eft fitué un des poids. Dans le premier cas, c'eft la différence des momens qu'il faut divifer par
la fomme des poids ; ainfi, dans l'exemple précédent, je fuppofe
qu'on prenne le point d'appui en H éloigné de B de dix parties,
le moment du poids P fera 10 .4 ou 40, celui de Q fera 30. 10
ou 300 ; & comme ces efforts font oppofés, puifque l'un tend
à incliner la verge du côté de B & l'autre du côté de D, il faut
n'en prendre que la différence 260 qu'on divifera par 40, fomme
des poids, le quotient fera 6 $\frac{1}{2}$; ainfi le centre de gravité fera
à 6 parties $\frac{1}{2}$ de H vers D, ou à 16 parties $\frac{1}{2}$ de B vers D,
comme on avoit trouvé ci-devant.

Enfin on peut fuppofer le point d'appui à l'endroit d'un des
poids ; fuppofons-le en O dans la verticale du poids P, alors

le moment de P devient nul, puiſqu'il eſt P . O ; mais celui de
Q eſt Q. OL. ou 30. 14 ou 420 qu'on diviſe par 40, ſomme
des poids, le quotient 10 ¼ montre que le centre de gravité
eſt à 10 parties ½ de O vers D, ou à 16 ¼ de B comme on a
trouvé.

C'eſt la même choſe ſi on a un plus grand nombre de poids;
on prendra un point d'appui quelconque; ſi en le ſuppoſant
dans l'intervalle des poids, les momens à droite & à gauche
ſont égaux & ſe détruiſent, ce point eſt le centre de gravité ;
ſi quelques-uns de ces momens ſont ſupérieurs aux autres, le
centre de gravité ſera vers le côté où ſont les plus forts momens, & d'une quantité telle que le produit du poids par la
diſtance à ce nouveau point, ſoit égal aux momens par rapport
au point ſuppoſé.

Ainſi la regle générale, pour trouver le centre de gravité
d'un corps, eſt qu'il faut prendre un point quelconque, chercher les momens par rapport à ce point, en prendre la ſomme
où la différence, ſelon que les poids ſont ſitués du même,
ou de différent côté par rapport au point d'appui, & diviſer
cette ſomme des momens, ou leur différence, par la ſomme
des poids ; le quotient eſt la diſtance du centre de gravité
au point d'appui. Par la même raiſon, on trouvera le mouvement du centre de gravité lorſqu'on tranſpoſe des poids,
en diviſant le moment de ces poids tranſpoſés par la ſomme de
tous les poids compoſant le corps.

On s'eſt étendu ſur cette recherche parce qu'elle eſt eſſentielle, & qu'elle tient aux principes les plus inconteſtables de
méchanique ; rien n'eſt plus propre à donner une idée du centre
de gravité, que de conſidérer avec attention l'eſpece de balance
nommée *Romaine*.

14. On trouve, en ſuivant les mêmes principes, le centre
de gravité des ſurfaces & des ſolides. Pour fixer les idées, on
ſuppoſe chaque point de la ſurface uniformément chargé, &
prenant à volonté un point d'appui, on prend la ſomme des
momens des poids ou de la ſurface qui y eſt proportionnelle
par rapport à ce point, & on diviſe la ſomme des momens par
celle des poids, le quotient eſt la diſtance du centre de gravité

au point fixe. Comme les figures, foit régulieres, foit irrégu-
lieres, peuvent fe réduire à des triangles, il eft effentiel de
montrer que leur centre de gravité de ces dernieres figures, eft
au tiers de leur hauteur : foit le triangle ABD : (*Figure 5.*) fi
d'un angle A on tire AI, coupant le triangle en deux parties
égales, le centre de gravité fe trouvera fur cette ligne à caufe de
l'égalité abfolue des deux parties ABI, ADI : il en eft de même
par rapport aux lignes DM, BN, qui coupent auffi en deux le
même triangle ; à caufe de l'égalité des parties DN, AN, les
triangles ACN. NCO font égaux, & dès-lors les triangles
ABN, NBD font égaux, & qu'on en ôte des parties égales.
Par la même raifon, les triangles ACD, ACB font égaux : donc
ACD, ACB. BCD font égaux, & font le tiers du triangle
total ; il faut donc que la hauteur C, au deffus de chacune des
bafes, foit au deffus de la hauteur du triangle total.

15. Maintenant foit (*Fig. 6.*) la furface ABCDEEDCBA
dont on cherche le centre de gravité ; on tirera les lignes BA,
CB. DC. ED. qui partagent le corps en divers trapezes irrégu-
guliers & triangles. Le triangle AAB a fon centre de gravité
au tiers de fa hauteur ; le trapeze irrégulier BABC a fon centre
de gravité fur la ligne BB : les triangles BAB. BCB ayant la
bafe BB commune, & une hauteur égale qui eft celle des ordonnées ; de même le trapeze CBCD a fon centre de gravité en CC ;
le trapefe CDED a le fien fur la ligne DD, & le triangle DEE
a fon centre de gravité aux $\frac{2}{3}$ de la diftance des ordonnées DL,
EE. Cette démonftration eft la même quelque foit la largeur
des lignes AA & EE qui peuvent devenir nulles.

L'on prend le point d'appui ou terme en AA, la fomme des
momens, fuppofant toutes les diftances égales, eft donc AA.
$\frac{01}{2}$. $\frac{01}{3}$ + BB. 01 . 01 . + 2CC.01. 01 . + 3. DD.01. 01 . + EE. $\frac{01}{2}$.
$3 + \frac{2}{3}$ 01. la fomme des poids ou des triangles eft AA. $\frac{01}{2}$ + BB.
01 . + CC. 01 . + DD . 01 . + EE. $\frac{01}{2}$; ce qui fournit une regle
très-fimple pour trouver le centre de gravité d'une furface
plane dont on a mefuré les diverfes largeurs à des diftances
égales, c'eft de faire une fomme du tiers de la premiere largeur, de la deuxieme, du double de la troifieme, du triple de
la quatrieme, & ainfi de fuite jufqu'à la derniere, qu'on multi-

pliera par $\frac{1}{3}$ de moins que fa dénomination, c'eft-à-dire, fi c'eft
la huitiéme par $6\frac{1}{3}$, & on prendra la moitié du multiple des
extrêmes; on divifera cette fomme par celle de toutes les largeurs intermédiaires & la moitié des extrêmes, le quotient
fera la diftance du centre de gravité à la premiere largeur dont
on prend le point d'appui, exprimée en diftance de couple, &
on la multipliera par la diftance des largeurs pour l'exprimer en
pieds & pouces. Cette méthode eft un peu différente de celle
de M. Bouguer : elles deviennent les mêmes fi les ordonnées
ou largeurs font infiniment proches; mais le nombre étant fini,
la méthode de M, Bouguer eft défectueufe. Si, par exemple,
on vouloit trouver le centre de gravité d'un triangle fans employer des largeurs intermédiaires, on trouveroit, par la méthode de M. Bouguer, que le centre de gravité eft au quart, au
lieu qu'il eft au tiers de la hauteur; il eft vrai que c'eft un cas
extrême, que, généralement parlant, on n'auroit que de légeres
différences; mais comme cette plus grande exactitude ne rend
pas le calcul plus compliqué, on ne doit pas la négliger.

C'eft toujours en fuivant les mêmes principes, qu'on trouve
le centre de gravité d'un corps; on le partage en plufieurs tranches; on a par la regle précédente le moment de chacune de
ces tranches; on en fait une fomme, n'employant dans l'addition
que la moitié des momens de la premiere & de la derniere,
qu'on divife pareillement par la fomme des poids, où l'on n'emploie que la moitié des furfaces de la premiere & de la derniere
ligne d'eau; le quotient eft la diftance du centre de gravité com-
mun au point qu'on a pris pour terme.

15. La hauteur du centre de gravité eft la plus utile à connoître; pour la trouver ce font toujours les mêmes principes,
c'eft-à-dire, qu'après avoir partagé la carene par plufieurs tranches à égale diftance, on multipliera l'étendue de la premiere
par $\frac{1}{3}$, celle de la deuxieme par 1, de la troifieme par 2, &
ainfi de fuite jufqu'à la derniere, qui fera multipliée par $1\frac{1}{3}$ de
moins que fa dénomination; *c. à d.* par $4\frac{2}{3}$, fi c'eft la fixieme,
on prendra la moitié du multiple des momens des extrêmes, &
les autres en entier; enfin on divifera cette fomme par celle
des furfaces, dans lefquelles on ne fera entrer que la moitié de

la

la moitié de la premiere & de la derniere ligne d'eau, en comp-
tant la furface de la quille pour la premiere ligne d'eau.

On fuppofera que dans la (*Figure 7.*) les lignes horizontales
AB. CD. EF, &c. font proportionnelles aux furfaces des lignes
d'eau, & on cherchera le centre de gravité de cette figure ; ce
qui réduit la démonftration à N° 15. On trouvera à la fin de ce
Traité le calcul d'un Vaiffeau.

On ne doit pas oublier ce qui a été dit (N° 2.) que puifqu'un corps refte immobile dans l'eau quand fa pefanteur &
celle du volume d'eau qu'il déplace font égales, il faut, pour
que la pefanteur ceffe d'avoir fon effet, que la direction de la
force qui le foutient foit égale à la pefanteur, & lui foit oppofée ; cette vérité peut être énoncée différemment : on peut dire
qu'un condition effentielle pour qu'un corps plongé refte dans
une fituation conftante, eft que les centres de gravité de la
charge & de la carene, que nous nommerons auffi *centre de
figure*, foient dans la même verticale ; fi ces deux centres n'é-
toient pas dans la même verticale, ce feroit la même chofe que
fi on avoit une verge inflexible (*Fig. 4. N° 11.*) qui feroit
pouffée en haut par une force verticale agiffante fur un point
qui ne feroit pas celui des poids, alors la verge s'inclineroit
vers B ou D du côté où les poids feroient fitués par rapport
à la force verticale.

CHAPITRE IV.

De la Stabilité.

I.

17. Une idée précise du centre de gravité étoit essentielle pour entreprendre la recherche de ce qui doit donner aux Vaisseaux l'avantage de bien porter la voile, lequel, d'un nom plus général, se nomme *stabilité*. Pour simplifier cette recherche, on commencera par examiner ce qui a lieu pour chaque coupe verticale en particulier; ce qui sera vrai dans ce cas, le sera pour toutes les coupes dont l'assemblage forme le Vaisseau.

Soit donc la coupe ABCD (*Figure 8.*) dont nous supposons la charge homogene & d'un poids égal à l'eau, si l'on veut qu'elle s'incline par la transposition des poids, ensorte que sa nouvelle situation soit abCD, il est évident que les triangles AEa, BEb doivent être égaux; car, puisqu'il n'y a qu'une simple transposition de poids, le déplacement total ne peut changer : il ne faut donc que transporter en AEa les poids qui étoient en BEb; ou comme les poids sont censés réunis dans leur centre de gravité, on transportera de 1, centre de gravité de BEb, en o, centre de gravité de AEa, un poids égal au déplacement de cette partie triangulaire. Ainsi l'effort, pour produire une inclinaison, est égal à ce même déplacement multiplié par la distance 10 des centres de gravité.

Dans la supposition que nous avons faite ci-dessus d'un chargement homogene & d'un poids égal à l'eau, il est évident que les centres de la carene en total & de toutes les parties, sont perpétuellement confondus avec ceux des poids, & qu'ainsi les mêmes momens changés, donnent le même mouvement à ces divers centres.

Il s'enfuit que, pour trouver la stabilité ou la quantité d'efforts qui produit une inclinaison donnée, il faut chercher le point E situé de telle sorte, que les parties qui entrent dans l'eau & en fortent, foient égales de part & d'autre , & chercher enfuite la diftance de leur centre de figure; ce fera le bras de levier par lequel il faut multiplier l'aire d'une de ces parties.

La ftabilité pour une inclinaifon étant rapportée au moment ci-deffus, on a (N° 13.) le mouvement Gg. du centre de gravité total, occafionné par cette différence de momens, & la ftabilité étant divifée par le déplacement total, on a une autre expreffions abfolument la même; le moment des poids tranfpofés repréfenté par le moment des parties triangulaires, & le produit de la pefanteur du Vaiffeau par le mouvement Gg de fon centre de gravité, le Vaiffeau réagit par un effort égal à fa pefanteur, multipliée par le mouvement de fon centre de gravité ; on défignera fouvent, dans la fuite, la pefanteur du Vaiffeau par la lettre initiale P.

18. La premiere verticale qui paffe par le centre de gravité G, & la deuxieme qui, dans le cas de la tranfpofition des poids, paffe par le nouveau centre g, fe coupent en un point m & l'angle Gmg des deux verticales, eft évidemment égal à l'angle d'inclinaifon. Si l'on fait cette analogie, la corde de l'angle d'inclinaifon eft à l'effort qui a produit l'inclinaifon, comme le finus total eft à un quatrieme terme , qui fera la ligne Gm, on aura la diftance du centre de gravité au point d'interfection des deux verticales. On ne trouve pas à la vérité dans les tables les cordes, mais on y fupplée en prenant les finus de la moitié des arcs; ainfi, au lieu du premier terme de l'analogie que la figure nous indique, on emploiera le finus de la moitié de l'angle de l'inclinaifon multiplié par 2 ; & fi l'on fe fert de logarithmes, on ajoutera 0301 0300 logarithme de 2 à celui du finus de la moitié de l'angle d'inclinaifon. Par le moyen de cette analogie on a une expreffion de la ftabilité rapportée au rayon qui eft P. m G.

19. On a jufqu'ici fuppofé le chargement de la carene homogene, & d'un poids égal à celui de l'eau, & par conféquent les centres de gravité de la charge & de la carene confondus ; mais fi ce cas n'a pas lieu, fi le centre de gravité eft en r 1 ou r 2, l'inclinaifon du refte étant la même, la pefanteur du Vaiffeau, qui réfiftoit à l'inclinaifon avec une force g G, réfifte avec une

force r 1 s 1 ou r 2 s 2; le bras de levier ou diftance à l'interfection des verticales, qui étoit m G, eft $m r$ 1 ou $m r$ 2 : il faut
donc à caufe de l'égalité de l'action de la réaction, puifque le Vaiffeau réagit avec une plus grande ou moindre force, augmenter
ou diminuer l'expreffion de la ftabilité trouvée ci-deffus dans
le rapport de $m r$ 1 ou $m r$ 2 à m G, felon que le centre de la
charge eft plus ou moins élevé que G, & ainfi la ftabilité dont
l'expreffion (N° 17.) étoit P m G, la charge étant homogene,
eft en général P (m G $^{+Gr1}_{-Gr2}$) lorfqu'elle ne l'eft pas.

On a confidéré jufqu'ici les inclinaifons finies, parce qu'un
Conftructeur ne peut fe former une jufte idée de ce qui peut
avoir lieu lorfqu'un Vaiffeau eft incliné, qu'en les calculant ; à la
vérité fi ces inclinaifons font confidérables, elles obligent à un
calcul affez pénible à caufe de la recherche du point E, qui
doit être tel que les parties de la carene qui entrent dans l'eau,
foient égales à celles qui en fortent, & de la recherche des centres de gravité de ces parties, qui font toujours très-irrégulieres ;
mais il eft très-utile d'avoir fait quelques-uns de ces calculs,
fans cela on ne peut fe faire aucune idée de ce qui arrive dans
les grandes inclinaifons. On élude les difficultés en confidérant
des inclinaifons infiniment petites : alors les parties qui entrent
dans l'eau & en fortent peuvent être regardées comme égales,
ne différant que d'un infiniment petit du fecond ordre ; le point
E eft au milieu de la largeur, les centres de gravité 1 & o font
diftans du point E des $\frac{2}{3}$ de la $\frac{1}{2}$ largeur (N° 14.) ainfi la diftance 1 o $=\frac{4}{3}$ BE. l'aire du triangle eft BE. multiplié par la
moitié du finus de l'inclinaifon ; ainfi le moment pour une inclinaifon donnée eft $\frac{4}{3}$ BE. $\frac{1}{2}$ BE^2 multiplié par ce finus ; & pour
réduire cet effort à la ftabilité abfolue (N° 17.) on fait l'analogie ci-deffus & on a $\frac{2}{3}$ BE^3 qui égale P. m G qui repréfente
auffi la ftabilité abfolue. Ainfi $\frac{2}{3}$ BE^3 $=$P. m G & m G$=\frac{\frac{2}{3} BE^3}{P}$.
Dans le cas de la charge homogene, c'eft la hauteur de l'in-
terfection des verticales au deffus du centre de gravité de la
carene.

20. On a vu (N° 19.) que la ftabilité d'un Vaiffeau, lorfque
les centres de la charge & de figure ne font pas confondus, eft
P. (m G $^{+Gr1}_{-Gr2}$) Il y a donc un cas où la ftabilité peut être

nulle; c'eft quand $r\,2$ & m font réunis, ou quand le centre de gravité de la charge eft dans l'interfection des deux verticales; car alors $r\,2$ étant le même que m, l'expreffion eft P. $(m\,G - G\,m)$ ou $= 0$.

Si le centre de la charge eft à cette hauteur au deffus du centre de la carene, qui eft exprimée par $\frac{1}{3}\frac{b^3}{P}$, la ftabilité eft nulle; ce qui l'a fait nommer par M. Bouguer metacentre, c'eft-à-dire, la limite de la plus grande hauteur où puiffe être porté le centre de la charge. Ce point eft l'interfection des deux verticales $G\,m$, $g\,m$; effectivement quel que foit l'inclinaifon, comme le rayon ou bras de levier avec lequel la ftabilité agit, eft nul, le finus $r\,2\,s\,2$ où la diftance à la verticale qui mefure la réaction du Vaiffeau, eft pareillement nul.

Cette hauteur m du centre de la charge feroit même trop confidérable, car le Vaiffeau n'ayant aucune force pour fe rétablir, quand la caufe qui produit une inclinaifon vient à ceffer, refteroit dans la fituation où il étoit quand la caufe a ceffé; à la vérité, quand le centre de la charge eft encore plus élevé, le Vaiffeau continue à s'incliner, même après la ceffation de l'effort qui auroit produit la moindre inclinaifon; mais ces fituations de la charge rendroient le danger égal; car un Vaiffeau doit avoir une ftabilité pofitive.

Nota. Ce qui a été dit d'une coupe verticale, convient à toutes les autres dont le Vaiffeau eft l'affemblage; ainfi, en calculant la ftabilité de toutes les coupes, multipliant cette fomme par leur diftance, on a la ftabilité totale du Vaiffeau, qui fera d'autant plus exacte, qu'on aura pris un plus grand nombre de parties. Ici, comme dans les autres calculs, il faut fe fervir des méthodes d'approximation réfultante de la divifion du Vaiffeau en un grand nombre de parties. On fera un fomme des cubes de toutes les largeurs des couples à la flottaifon, ne faifant entrer dans l'addition que la moitié du premier & du dernier terme, & on multipliera cette fomme par la diftance des couples. On trouvera à la fin de ce Traité un modele de ce calcul.

21. Nous ferons ici le réfumé des principes de la ftabilité.

Dans l'état homogene, c'eft-à-dire, quand les centres de la

charge & de figure font confondus, la ftabilité eft égale aux $\frac{2}{3}$ de la fomme des cubes de la flottaifon. Si le centre de la charge eft plus élevé que celui de figure, (comme il arrive toujours) la ftabilité trouvée ci-deffus pour l'état homogene, doit être diminuée d'une quantité égale au produit de la pefanteur par la diftance de ces centres. Si le centre de la charge eft moins élevé que le centre de figure, alors la ftabilité trouvée pour l'état homogene, doit être augmentée de la même quantité.

Si l'on augmente la longueur du Vaiffeau en éloignant également toutes les coupes, la ftabilité augmente comme la longueur.

Si on ne touche qu'aux largeurs & fi on les augmente toutes proportionnellement, la ftabilité augmente comme le cube des largeurs, ou, ce qui eft la même chofe, comme le cube de la principale largeur.

Si l'on ne touche qu'à la partie inférieure de la carene, la ftabilité pour l'état homogene refte la même, puifqu'on fon expreffion dépend de la flottaifon feule ; & enfin, dans les Vaiffeaux femblables, la ftabilité eft comme les quatriemes puiffances d'une dimenfion. Lorfque l'on confidere des inclinaifons finies, la ftabilité pour l'état homogene eft égale à l'aire d'une des parties qui entrent dans l'eau ou en fortent, multipliée par la diftance de leur centre de gravité ; enforte que, fi toutes les coupes font circulaires, la ftabilité eft proportionnelle à l'angle d'inclinaifon ; car à chaque inftant, pour augmenter l'inclinaifon d'un angle égal, il faut la même force. *Nota.* J'entens par ftabilité un effort égal à celui qui a procuré l'inclinaifon.

Si les coupes font des parallélogrammes, la ftabilité augmente toujours, c'eft-à-dire, que plus le Vaiffeau s'incline, plus l'augmentation d'effort, pour produire l'inclinaifon du même angle, doit être confidérable.

L'irrégularité néceffaire des coupes des Vaiffeaux nous difpenfe de fuivre M. Bouguer dans l'examen des diverfes développées de la courbe, qui feroit le lieu des diverfes élévations du metacentre, & qui repréfenteroit pareillement ces augmentations de ftabilité.

Le metacentre eſt un point toujours relatif au centre de figure, & c'eſt par rapport à ce point qu'on en détermine la hauteur (N° 19.) on la trouve en diviſant la ſtabilité par la peſanteur : car la ſtabilité abſolue eſt égale à la force avec laquelle la peſanteur réagit, ou au produit de cette même peſanteur par la diſtance du centre de figure au metacentre.

22. On a vu (N° 19.) que la ſtabilité trouvée pour un Vaiſſeau dont la charge eſt homogene, augmente ou diminue d'une quantité égale au poids du Vaiſſeau, multiplié par la diſtance des centres de la charge & de la carene, lorſque ces deux centres ne ſont pas réunis : elle augmente ſi le centre de la charge eſt moins élevé, & elle diminue s'il eſt plus élevé que celui de la carene : de-là il ſuit que les parties ajoutées augmentent ou diminuent pareillement la ſtabilité, ſelon que leur centre de figure eſt plus ou moins élevé que celui de la nouvelle charge, dont le poids égale leur déplacement.

Ainſi dans la carene ABDC (*Figure 9.*) la ſtabilité, quand les centres de la charge & de la carene ſont réunies en G, eſt $\frac{2}{3}$ AM³, ſi le centre de la charge eſt en H, la ſtabilité eſt $\frac{2}{3}$ AM³ +ABC carene que nous nommerons P. (NG—NH); ajoutons maintenant les parties BDd, ACc, enforte que la carene entiere ſoit ABdc, & ſuppoſons leur chargement *p* homogene, il n'y aura aucune différence entre les momens de la charge & de la carene de ces parties, & la différence pour ABDC reſtera la même : la ſtabilité reſte donc toujours $\frac{2}{3}$ (AM³) +P. (NG—NH.) Suppoſons maintenant le centre de figure des parties ajoutées en O & celui de leur charge en I, la différence des momens de la charge totale & de la carene ſera augmentée de P. (NO—NI) qui ſera le nouveau changement apportée à la ſtabilité. M. de Borda m'a communiqué la ſolution ſuivante, dont on ne doit pas perdre de vue les conſéquences dans la Pratique de la Conſtruction.

23. « Si dans la figure 10, ABCDEFG eſt une coupe d'un
» Vaiſſeau, LDEF la place du leſt, ABKDHGF une nou-
» velle coupe dont la ſurface ſoit égale, ſoient *o* & *p* les cen-
» tres des parties ajoutées & retranchées ; je ſuppoſe encore
» que la partie GEDH ſoit remplie du leſt qu'on ôte de LDld,
» dont le centre de gravité eſt en *i*.

» Le poids du lest transposé est égal au déplacement de la
» partie GEDH, multipliée par le rapport de la pesanteur du
» lest à celle de l'eau, qu'on suppose tel que l'on veut, mais
» qui sera désigné ici par n. Le moment du lest changera par sa
» transposition d'une quantité n. GEDH. oi. Le poids du char-
» gement transposé sera pareillement GEDH, qui est égal à
» DCBK, multiplié par sa gravité spécifique qu'on nommera
» en général m, & le moment occasionnée par sa transposition
» sera m. GEDH. pi, différence de hauteur du chargement
» dans les deux positions.

» Le changement des momens de la carene est GEDH. 20
» ou GEDH. $(pi + oi)$; si le changement de momens de la
» charge est plus considérable que celui de la carene, le centre
» de la charge sera plus abaissé que celui de la carene, & la
» stabilité sera augmentée; si ce changement de moment est
» égal pour la charge & pour la carene, la stabilité sera la même;
» si au contraire les momens de la carene éprouvent le plus
» grand changement, la stabilité sera diminuée. Ainsi il faut
» voir si GEDH $(n. oi + m. pi)$ est plus grand égal ou moindre
» que GEDH $(oi + pi)$ ou si $(n - 1) oi + (m - 1) pi$ est
» positif, égal à o, ou négatif. Cela dépend des valeurs de
» n & m & des distances oi & pi. Soit le lest d'une pesanteur
» double de l'eau de mer, que la gravité du reste du charge-
» ment soit les $\frac{2}{3}$ du poids de l'eau de mer, ou $m = \frac{2}{3}$, la quan-
» tité précédente devient $oi - \frac{1}{3} pi$, & elle sera égale à o, si
» $oi = \frac{1}{3}$ de pi. Si oi est plus approchant de l'égalité avec pi,
» la stabilité augmentera : si au contraire oi est moindre que
» $\frac{1}{3} oi$, la stabilité diminue. »

Comme en général le centre du lest ne peut s'abaisser que
d'un pied pour la partie transposée, ce n'est que dans la partie
inférieure qu'on peut abaisser le centre de figure; & l'on doit
remarquer que dans tous les cas où n seroit moindre que l'unité,
ainsi que m, & qu'alors il est évident que $(n - 1) oi + (m - 1) pi$
est négatif; alors on perd de la stabilité en abaissant le centre
de figure : c'est donc une regle générale de construction de tenir
le centre de figure élevé dans toutes les parties où il n'y a point
de lest.

Cette

Cette folution a paru d'autant plus utile, qu'elle contribuera à décider s'il eft avantageux d'élever ou d'abaiffer le centre de figure.

M. Bouguer (page 310 du Traité du Navire) dit : on peut augmenter la profondeur à l'infini & toujours avec avantage pour la ftabilité ; il propofe ailleurs la figure de trapezes; enfin, à moins que M. Bouguer ne veuille parler de Navires qui auroient beaucoup de left, on ne peut interprêter ces mots que dans le fens où ils ont été jufqu'ici, c'eft-à-dire, que le centre de figure doit en général être abaiffé.

M. Euler s'explique très-clairement : Il dit qu'il faut que ce centre foit élevé le plus qu'il eft poffible. Heureufement cette diverfité d'opinions ne doit pas jetter le moindre doute fur la certitude de la théorie; les principes font les mêmes dans les Ouvrages de ces deux Savans & dans ce Traité; la caufe de cette différence dans les conféquences vient de ce qu'il femble que M. Bouguer a eu une idée peu exacte de la denfité du chargement des Vaiffeaux.

24. On en donnera une idée générale : elle eft d'autant plus effentielle, que c'eft de la qualité du chargement, ou, comme on a vu ci-deffus, du rapport de n à m, que dépend la vérité de l'une ou de l'autre regle de conftruction.

Les Vaiffeaux de guerre ont le poids de leur coque égal à peu près à la moitié de leur déplacement, & prefque toute la coque peut être regardée comme fituée invariablement par rapport à la flottaifon. Les ponts, gaillards, œuvres mortes, la plus grande partie des œuvres vives, enfin prefque toute la coque, la partie des varangues exceptée, eft à une pofition invariable, ainfi que la plus grande partie de l'artillerie, équipages, mâture, ancres, manœuvres, chaloupe & canot, & cela fait environ les $\frac{1}{3}$ du déplacement du Vaiffeau.

Le left y compris les boulets, quand on a fix mois de vivres & 80 jours d'eau, eft environ la douzieme partie du déplacement, à quelques variations près ; car une grande partie des boulets eft en haut.

La charge qui eft dans la calle n'a guere que la moitié de la denfité de l'eau, au plus les $\frac{1}{7}$; car, par cette expreffion de denſité, on entend le rapport des différens poids à l'eſpace total; & s'il y a dans la calle quelques parties du chargement qui ont près des $\frac{3}{4}$ de la denſité de l'eau, il y en a qui n'en ont que le quart, quelques endroits même ſont vuides.

On examinera, d'après ces données, le changement que l'élévation ou l'abaiſſement des centres de figure apporte à la ſtabilité. On ſuppoſera (*Figure 11.*) deux Vaiſſeaux de même déplacement, formés l'un de parallélogrammes, l'autre de coupes triangulaires; il ne s'agit pas ici de prendre des figures uſitées dans la conſtruction, mais de rendre ſenſibles, & par des calculs aiſés, les effets que nous recherchons. On n'enviſagera qu'une coupe; la largeur ſera 40 pieds, le creux de 20 pour le Vaiſſeau en parallélogramme, & de 40 pour le Vaiſſeau en triangle, le déplacement eſt 800, la ſtabilité homogene, qui eſt les $\frac{2}{3}$ du cube de la demi-largeur (N° 20.) eſt 05333 $\frac{1}{3}$.

Les $\frac{2}{3}$ du déplacement ou 533 $\frac{1}{3}$, repréſente la partie invariable du poids & chargement du Vaiſſeau; le leſt, qui en eſt $\frac{1}{12}$. fait 66 $\frac{2}{3}$, & le reſte du chargement variable eſt 200 parties, c'eſt-à-dire, un quart du chargement total. Sa denſité étant la moitié de celle de l'eau, il occupera dans la calle la moitié de la hauteur du tirant d'eau.

On ſait que le centre de figure d'un parallélogramme, eſt à la moitié de la hauteur, & celui du triangle au tiers à compter de la baſe; ainſi il eſt éloigné de la flottaiſon de 10 pieds dans le parallélogramme, & de 13 $\frac{1}{3}$ dans le triangle, & pareillement le metacentre du parallélogramme eſt plus élevé de 3 pieds $\frac{1}{3}$ que celui du triangle; enforte que le moment de la partie invariable, par rapport à ces centres, eſt moins avantageux de ſa quantité 333 $\frac{1}{3}$ × 3 $\frac{1}{3}$, ou de 1778 parties.

La partie de la charge variable occupant la moitié de la calle, ſon centre ſera dans le parallélogramme à 5 pieds, & dans le triangle à 7 pieds $\frac{1}{2}$ au deſſous du centre de figure : la différence eſt 2 pieds $\frac{1}{2}$; ainſi cette partie de la charge augmente la ſtabilité dans le triangle, plus que dans le parallélogramme de 500.

Il ne reſte plus qu'à voir l'effet du leſt. Dans le parallélogramme, il eſt à 10 pieds du centre de figure, dans le triangle il eſt à 26 $\frac{2}{3}$ pieds; la différence eſt 16 $\frac{2}{3}$ qu'il faut multiplier par $66\frac{1}{3}$ égal au lest; on a 1111 dont le moment du lest est plus grand dans le triangle relativement au centre de figure, que dans le parallélogramme; ainsi on disposera ces diverses parties en cet ordre.

Moment de la partie invariable par rapport au
centre de figure . . . . — 1778
   Moment de la partie variable du chargement . . + 500
   Moment du lest . . . . + 1111
   La stabilité est diminuée, ou est . . . . . . — 667

Si la stabilité du Vaisseau étoit, comme il arrive fréquemment, le tiers de ce qu'elle est, la charge supposée homogene, elle seroit $\frac{1333}{3}$ ou 1777; alors elle se réduiroit à 1610, & seroit diminuée d'un dixieme.

La diminution sera plus considérable, considérant les épaisseurs du bois (Voyez *Fig. 22.*), & faisant la densité du lest double seulement de celle de l'eau. Nous supposerons l'épaisseur de 18 pouces. D'après ces suppositions, le centre du lest dans le rectangle sera environ à 8 pieds de celui de figure; dans le triangle l'épaisseur du bois donnera 3 pieds de hauteur en bas, & le lest occupera une hauteur de 8 pieds 2 pouces; enforte que son centre sera à 18 pieds 3 du centre de figure, ou 10 pieds 3 plus bas que dans le parallélogramme; ce qui fait une augmentation de stabilité de 680 parties.

La charge s'élevera dans le triangle jusqu'à la hauteur de 29 pieds 6 pouces à peu près au dessus du fonds du Navire, & son centre sera à 20.10, ou, à cause de l'épaisseur du bois, à 23 pieds 10 pouces de hauteur; ce qui fait 2 pieds 10 pouces au dessous du centre de figure dans le parallélogramme. La charge s'élève jusqu'à 11 pieds 7 pouces au dessus du Navire, & son centre est 2 pieds 4 pouces au dessous du centre de la charge; ainsi dans le triangle la charge est d'un demi-pied plus bas que dans le parallélogramme, & la stabilité est plus grande pour cet article dans le triangle de $200 \times \frac{1}{2}$ ou de 100; ainsi la stabilité dans le triangle est —1778 +100 +680, ou est diminuée de 998, & par conséquent seroit diminuée de plus de moitié.

Pour considérer encore cette même question d'une façon

plus générale, suppofons que dans la même figure 13 , les points G & g marquent les centres des carenes , dont le déplacement & la flottaifon font égales , que la partie variable de la charge foit une partie quelconque du chargement total $=\frac{1}{n}\mathrm{P}$, la partie invariable eft $\frac{(n-1)}{n}\mathrm{P}$: par l'abaiffement du centre de carene de de G en g, cette partie de la charge , dont le centre eft à la même hauteur relativement à la flottaifon , a un plus grand degré de bricolle , la quantité eft $\frac{(n-1)}{n}\mathrm{P.Gg}$. Si la partie variable de la charge avoit pareillement la même hauteur abfolue , elle rappelleroit avec moins de force , & fon bras de levier feroit moindre de la même quantité. Cherchons maintenant de combien doit être l'abaiffement de la partie variable de la charge , pour augmenter la ftabilité d'une quantité égale à celle dont elle a été diminuée , & nommons cet abaiffement en général D ; il s'enfuit que $\frac{\mathrm{P.D}}{n}=\mathrm{P.Gg}$, ou $\mathrm{D}=n.\mathrm{Gg}$; enforte que fi la partie variable eft $\frac{1}{3}$ du chargement total , & fi G g eft 3 pieds $\frac{1}{3}$ comme dans la fuppofition de la figure 11 , le centre du chargement variable doit être de 10 pieds plus bas dans le triangle que dans le parallélogramme ; & pour qu'un tel abaiffement pût avoir lieu , il faudroit que la denfité du chargement fût double de celle de l'eau de mer à peu près.

La fuppofition de la denfité du left égale deux fois celle de l'eau de mer , eft la plus forte qu'on puiffe faire , car les pierres dont on fe fert pour left ne pefent que 125 à 130 livres , à caufe de leurs irrégularités , & s'il entre des parties de fer , il fe trouve à la hauteur du left des endroits abfolument vuides , d'autres qui , comme les porques , ont moins de denfité que l'eau. Les conféquences que l'on peut tirer de ces théorèmes font de la plus grande importance. On voit que *le left feul diminue le défavantage que l'abaiffement du centre de figure occafionne , & qu'ainfi s'il eft permis de donner de la profondeur aux coupes qui portent le left, comme tout ce qui fe porte vers les extrémités n'a qu'une pefanteur fpécifique très-foible , leur centre de figure doit être très-élevé ; ce qui prouve l'utilité des façons , & donne*

l'exclusion à une figure proposée & exécutée sous le nom de l'ex-
périence, ainsi qu'aux figures qui, ayant le tirant d'eau ordinaire,
auroient leur coupe principale formée en trapeze, & les côtés des
autres coupes paralleles à ceux de la coupe principale : c'est donc
une confimation des figures reçues.

Lorsque nous parlons de l'élévation du centre de figure,
c'est toujours la hauteur absolue ou relative à la flottaison qu'il
faut entendre, & non pas la hauteur relative à la quille ; en
effet, quand les coupes ne varient que par un acculement considérable, les résultats seroient très-différens par rapport à la
quille ; cependant la stabilité du Navire ne seroit guere changée :
aussi la position du centre de figure par rapport à la flottaison,
resteroit à peu près la même.

25. Les mêmes principes serviront à résoudre une question
très-utile : elle a lieu principalement pour les Vaisseaux à trois
ponts. Auront-ils plus de stabilité si on les fait pour porter quatre
ou cinq mois de vivres, que si on les fait pour en porter six à
sept mois ?

On supposera que le Navire qui a six à sept mois de vivres,
déplace 5000 tonneaux ; & que par un retranchement de
vivres il n'ait besoin que de 4750 tonneaux de déplacement, qui
sera diminuée de $\frac{1}{10}$; que le tirant d'eau de 20 pieds diminue
proportionnellement, la hauteur du metacentre au dessus du
centre de la charge sera supposée de 3 pieds pour le Navire
chargé, & au dessus du centre de la carene 10 pieds ; le metacentre de Vaisseau, fait pour moins de vivres, s'élevera de 6
pouces au dessus du centre de carene qui s'élevera aussi de
6 pouces. On suppose encore (*Figure 11.*) le Navire en paral-
lépipede ABCD en étant une coupe, le metacentre s'élevant
réellement d'un pied, le moment de la partie invariable du
Vaisseau, supposée encore les $\frac{2}{3}$ du déplacement, sera 3333 à
un pied, la stabilité pour le Navire chargé étoit 5000. 3 ou
15000; enfin nous supposerons toujours, que la densité de la
partie variable du chargement est la moitié de celle de l'eau.

Elle occupera les $\frac{2}{3}$ de la calle du Vaisseau qui a beaucoup
de vivres, ou 13 pieds $\frac{1}{3}$, & son centre sera à 13 $\frac{1}{3}$ au dessous
de la flottaison ; quand ensuite le déplacement total se trouve

diminué de $\frac{1}{20}$, le tirant d'eau se réduit à 19 pieds, la charge qui occupoit 13 $\frac{1}{3}$ de hauteur, n'en occupera que 11 $\frac{1}{3}$: car si 250 tonneaux répondent à 1 pied de tirant d'eau, ils répondront à 2 pieds d'un chargement dont la densité est la moitié de celle de l'eau ; ainsi le centre du chargement variable restera à peu près à la même distance de la flottaison, & l'élevation du metacentre augmentera le bras de levier de cette partie. Il en résulte que, dans le Navire qui n'a que 4750 tonneaux de déplacement, la stabilité sera 4750 . 4 ou 19000 ; & cette quantité excede celle du Navire qui a 5000 tonneaux de déplacement des $\frac{4}{15}$.

La différence qui se trouve entre la forme des Vaisseaux & celle de parallélipipede, que la facilité du calcul a fait supposer, n'altere pas sensiblement le résultat trouvé ci-dessus : car la partie de la charge qui est dans la calle a toujours son centre à la même distance de la flottaison, lorsqu'on fait un pareil changement dans le projet d'un Vaisseau, & qu'on rend le tirant d'eau proportionnel par un rapprochement d'ordonnées.

On doit donc observer de ne faire les Vaisseaux à trois ponts que pour cinq mois de vivres ; on doit par la même raison éviter de leur donner des équipages nombreux au delà de toute proportion, & il ne sera pas utile de leur donner un lest considérable. Comme alors on ne sera pas obligé de donner un déplacement si considérable, car la diminution de quelques poids se trouve toujours liée avec celle de la plupart des autres, on pourra les faire avec des dimensions moins outrées.

La construction des Prames, genre de Navire qui portoit une forte artillerie, peu de vivres & d'eau, enfin peu de capacité, est une preuve pratique de la vérité de ces principes.

26. M. Bouguer a proposé (page 310 du Traité du Navire) de déterminer la moindre profondeur qu'on peut donner à la carene des Vaisseaux chargés par en haut, pour que leur centre de gravité soit au dessous du metacentre. Malgré la généralité de sa méthode, il considere principalement le cas où le lest (& sous ce nom de lest il comprend tout ce qui est dans la calle) est d'une pesanteur spécifique égale à celle de l'eau de mer ; c'est pour cette supposition qu'il donne une regle générale de

conftruction. Sa folution fe rapporte d'ailleurs aux Navires conftruits en parallélipipedes rectangles. Une de ces fuppofitions étant défectueufe, & l'autre ne pouvant avoir lieu dans la conftruction, il eft préférable de fuivre les méthodes de calcul qui ont été données N° 23.

Le moyen le plus efficace de corriger un plan défectueex, n'eft pas (comme on a vu ci-deffus) une augmentation de creux, mais une augmentation de largeur; c'eft ce que la pratique avoit reconnu par la méthode de *fouffler*, c'eft-à-dire, augmenter les largeurs de la flottaifon des Navires qui manquoient de ftabilité : car la ftabilité augmente comme les cubes. On donnera ici les moyens de calculer, avec une exactitude fuffifante, ces changemens que le foufflage apporte à la ftabilité. On fait que quand l'augmentation d'une quantité eft peu de chofe, celle du cube eft comme le triple de l'augmentation eft à la quantité primitive, à peu de chofe près; ce qui fe déduit de ce que la premiere largeur étant a & fon augmentation b, le cube de la premiere largeur eft a^3, & celui de cette même largeur augmentée eft $a^3 + 3\,a^2\,b + 3\,a\,b^2 + b^3$, où il fuffit de confidérer le deuxieme terme quand b eft fort petit par rapport à a; mais on a une méthode encore plus exacte lorfque b eft petit par rapport à a, les cubes de a & $a+b$ font à peu près comme $a-b$ eft à $a+2\,b$; ainfi fi la largeur principale de 40 pieds eft augmentée de 1 pied, le rapport des cubes de 40 pieds & de 41 pieds eft 39 à 42, ou celui de 13 à 14, à peu près.

Si la hauteur du metacentre, qui fuit ce rapport, étoit 10 pieds 7 pouces au deffus du centre de figure lorfque le Vaiffeau avoit 40 pieds de large, il s'élevera de 9 pouces au deffus du même point; & cette augmentation, qui n'eft que $\frac{1}{13}$ quand les centres de la charge & de la carene font confondus, eft dans un plus grand rapport, quand le metacentre eft à 3 pieds au deffus du centre de gravité, puifque c'eft celui de 3 pieds à 3. 9 ou de plus d'un quart.

Rien n'eft plus propre à montrer l'utilité des foufflages, ou d'augmenter les largeurs à la flottaifon, & quelques virures au deffus & au deffous; c'eft la feule chofe qui rétabliffe efficacement & fans inconvénient la ftabilité. Comme il s'agit princi-

palement d'augmenter les cubes de la flottaison, c'eft principalement fur les largeurs au milieu que doit être porté le foufflage :
car l'augmentation des largeurs étant la même, l'augmentation
des cubes eft comme le quarré des largeurs principales. Pour
donner une idée de la maniere de calculer l'effet du foufflage,
je fuppoferai que le metacentre élevé de 11 pieds au deffus du
centre de figure, le foit feulement de deux pieds au deffus du
centre de gravité, que la ftabilité paroiffe infuffifante & qu'on
veuille l'augmenter de moitié, il faut élever le metacentre de 1
pied, ou le porter à 12 pieds au deffus du centre de figure, au lieu
de 11 ; mais comme on a vu que les cubes fuivent le rapport de
$a - b$ à $a + 2b$ lorfque les largeurs font a & $a + b$, il fuit que
11 repréfente $a - b$ & 12 repréfente $a + 2b$; ainfi le rapport
de a à $a + b$ eft $11\frac{1}{3}$ à $11\frac{2}{3}$ ou 34 & 35 ; ainfi on élargira les
flottaifons dans ce rapport.

I I.

27. La ftabilité peut fe rapporter à deux axes principaux :
celui qui coupe le Vaiffeau perpendiculairement à la quille, &
celui qui le coupe dans le fens de la largeur. Nous avons principalement confidéré la premiere efpece de ftabilité, qui eft la
latérale, parce que c'eft la feule qui puiffe être infuffifante, &
qu'il eft très-effentiel de ne rien donner au hazard pour cette
qualité. Mais il eft auffi à propos de confidérer celle qui a lieu
par rapport à l'axe de largeur, & qui s'oppofe à l'enfoncement
du Vaiffeau fur l'avant, lorfqu'il eft pouffé par le vent.

Lorfque dans l'ellipfe ABCD, (*Figure 13.*) on confidere la
ftabilité latérale, elle eft repréfentée par les $\frac{2}{3}$ du cube des
ordonnées *pm, pm*. Suivant les mêmes principes, quand on la
confidere par rapport à l'axe de longueur, elle eft égale aux $\frac{2}{3}$
du cube des ordonnées *ln, ln* ; ainfi la ftabilité latérale eft à
celle qui a lieu pour s'oppofer à l'inclinaifon fur l'avant, comme
le quarré du petit axe eft au quarré du grand axe. Dans des
ellipfes qui auroient entre leurs axes le rapport de $3\frac{1}{4}$ à 1, qui
eft celui que l'on trouve entre la longueur & la largeur de
plufieurs Vaiffeaux, les ftabilités, le Vaiffeau fuppofé homogene

gene, & la hauteur du metacentre feroient comme 14 eft à 1.

Il faut maintenant faire attention que le Vaiffeau, dans le fens de la longueur, ne pourroit foutenir une inclinaifon du même nombre de degrés que dans celui de la largeur; car le même angle, qui répondroit à 4 pieds fur le côté du Navire, répondroit à 15 pieds fur l'avant, & cet enfoncement de 15 pieds ne pourroit avoir lieu : il ne faut donc confidérer qu'une inclinaifon du même nombre de pieds ; en faifant entrer cette confidération effentielle, la ftabilité étant proportionnelle à l'angle, fera encore plus grande que la latérale dans le rapport fimple des axes, ou comme $3\frac{3}{4}$ eft à 1 , fuppofant toujours les centres de la charge & de la carene réunis. Mais cette condition ne fe trouve jamais remplie : le centre de la charge eft fouvent à $\frac{1}{3}$ de la diftance du metacentre au centre de figure, à compter du metacentre, & dans ce cas la ftabilité, dans le fens de la longueur, eft proportionnellement plus grande; car la hauteur du metacentre étant 14 fois plus grande, la même quantité qui eft égale aux $\frac{1}{3}$ de la diftance du centre de figure au metacentre ordinaire, n'eft que $\frac{1}{21}$ de la diftance du même centre de figure au metacentre de longueur. Suppofant que le Vaiffeau homogene fût incliné d'un pied, lorfque le centre de la charge eft au tiers de la diftance du metacentre ordinaire au centre de figure, fon inclinaifon latérale fera 3 pieds; mais elle ne fera fur l'avant que de 12 pouces $\frac{4}{15}\cdot\frac{20}{21}$ ou de 3 pouces $\frac{1}{3}$; en général l'inclinaifon, dans le fens d'un axe, eft en raifon inverfe de la longueur de cet axe & de la diftance du metacentre au centre de figure, & en raifon directe de la diftance du metacentre au centre de la charge.

28. Cette ftabilité dans le fens de la longueur étant toujours fuffifante, on peut en négliger le calcul; on fe contentera de tirer des connoiffances ci-deffus un moyen facile pour reconnoître quels poids font néceffaires pour changer la différence de tirant d'eau d'une quantité donnée.

On a vu que quand les centres de gravité & de figure font dans le même point, le moment du poids qui eft néceffaire pour incliner le Navire d'une quantité donnée, eft égal à ceux des parties qui entrent dans l'eau & en fortent, & que fi le centre de la charge eft plus haut ou plus bas que celui de la carene, il

E

faut diminuer ou augmenter ce moment dans le rapport direct de la diftance du metacentre au centre de la charge, & inverfe de la diftance du metacentre au centre de figure. La grande hauteur du metacentre de longueur fait que, relativement à ce point, on peut fuppofer les centres de figure & de la charge confondus fans erreur fenfible : car elle n'eft que d'environ $\frac{1}{20}$, dont les momens paroîtront plus confidérables qu'ils ne le font effectivement ; il fuffit donc de mefurer les momens des parties qui entrent dans l'eau vers une extrêmité, & en fortent vers l'extrêmité oppofée.

Pour cela on prendra le milieu pour terme, on multipliera les largeurs du maître couple par $\frac{1}{18}$, les largeurs des premiers couples de l'avant & de l'arriere par 1, celles des deuxiemes couples par 4, des troifiemes couples par 9, des quatriemes par 16, des cinquiemes par 25, des fixiemes par 6, des feptiemes par 49 ; enfin on prend le quart de la fomme des largeurs des feptiemes couples & des extrêmités qu'on multiplie par le quarré de $7\frac{1}{4}$, ou par 60 ; on en fait une fomme que l'on double, parce que les plans n'offrent que des demi-largeurs ; cette quantité étant multipliée par la diftance des couples, & par la quantité dont un couple s'éleve ou s'enfonce plus dans l'eau, que le précédent, pour la différence de tirant d'eau donnée ; on a les momens réduits en pieds cubes, & par conféquent en tonneaux pieds, dont la tranfpofition change la différence de tirant d'eau de la quantité donnée.

On donnera une courte explication de ce calcul. Chaque couple, à compter du centre de gravité ou du milieu, s'éleve hors de l'eau ou s'y enfonce plus que le précédent. Si, par exemple, le premier couple enfonce d'un pouce, le deuxieme enfoncera de deux & ainfi des autres, ainfi à chaque couple la hauteur du volume déplacé devient plus confidérable à proportion de ce qu'il eft plus vers l'extrêmité ; de plus, la réfiftance eft encore proportionnelle à la diftance du centre de gravité ou du milieu ; (car ici on peut prendre indiftinctement l'un ou l'autre, ou même le maître couple pour terme) & cette diftance fuit le rapport de l'augmentation de tirant d'eau, laquelle doit par conféquent être prife deux fois ; 1° parce qu'elle augmente le volume d'eau déplacée ; 2° parce qu'elle est proportionnelle au bras de levier.

Dans la formule de calcul, on a supposé le Navire partagé en 16 distances ; s'il y en avoit plus ou moins, s'il y en avoit, par exemple, seulement 12, savoir six de l'avant & six de l'arriere, ce qui formeroit 5 couples intermédiaires, on finiroit par prendre le quart des largeurs des cinquiemes couples & des extrèmités, que l'on multiplieroit par le quarré de $5\frac{1}{4}$, ou par 33.

Les limites du changement du tirant d'eau étant peu étendues, la ligne de flottaison ne varie pas sensiblement, d'autant que si elle augmente ou diminue vers l'avant, elle diminue au contraire ou augmente vers l'arriere.

Comme dans le calcul on suppose les centres de gravité & de figure confondus, les momens trouvés peuvent être trop forts d'une vingtieme partie ; mais cette erreur peut se négliger, ou être corrigée en retranchant le vingtieme de la somme de ces momens, quelque soit la position du centre de la charge. La connoissance que l'on a des Navires de guerre, peut faire assurer que l'erreur sera souvent annullée, ou au moins diminuée de moitié, ce qui la rendra insensible.

29. Il vaut mieux trouver par le calcul, les momens qui changent la différence de tirant d'eau, que par l'expérience, que la difficulté de mesurer le tirant d'eau & les poids rendroit souvent défectueuse.

Il n'en est pas de même de la stabilité latérale. On pourroit, à la vérité, prendre le moment des parties du Vaisseau par rapport à un point quelconque, qui serviroit de point d'appui ; on prendroit en même temps ceux des parties du même genre ; ainsi on calculeroit les momens des couples, des beaux, des bordages des ponts, des bordages extérieurs, de l'artillerie, du lest, des vivres, agrêts, mâture, &c. & on diviseroit cette somme des momens suivant la regle générale (N° 13.) par la somme des poids. On auroit la position du centre de la charge, & le calcul donneroit celle du metacentre. C'est une opération dont on voit un exemple dans le Traité du Navire, & que M. de Borda a faite pour le Vaisseau l'*Artésien*; mais c'est un calcul très-long, & une expérience très-simple proposée &

fuivie par ces mêmes Savans, y fupplée avec avantage. Si l'on
met toute l'artillerie d'un bord du Vaiffeau aux fabords, & celle
de l'autre bord en dedans, on a un poids confidérable qu'on
connoit avec exactitude, ainfi que la différence des momens
d'un bord à l'autre; il n'y a plus qu'à mefurer l'inclinaifon produite par cette difpofition de l'artillerie, & la différence des
momens repréfente la ftabilité pour cette inclinaifon. On la
réduit au finus total par l'analogie (du N° 18.), le finus de l'inclinaifon eft au finus total, ou l'inclinaifon mefurée eft à la
demi-largeur comme la différence des momens où la ftabilité,
pour l'inclinaifon, eft à la ftabilité réduite au finus total, qui
(N° 19.) eft égale au déplacement multiplié par la diftance du
metacentre au centre de la charge.

Le fondement de la théorie de la ftabilité étant ce principe
inconteftable, que la force des corps eft proportionnelle à leur
poids & à leur diftance au point d'appui, on doit regarder cette
partie effentielle de la théorie des Vaiffeaux, ainfi que celle qui
a rapport aux déplacemens, comme incontefable.

C H A P I T R E V.

Du Roulis & du Tangage.

I.

30. Un Vaisseau ayant été déplacé de sa situation naturelle par quelque cause que ce soit, si cette cause vient à cesser, il sera forcé par la stabilité d'y revenir par un mouvement accéléré ; il passera même au delà de sa situation naturelle ou d'équilibre, & aura une inclinaison qui croîtra en sens contraire jusqu'à ce qu'elle soit égale à la premiere, & que son mouvement soit éteint ; rappellé de cette nouvelle position, il repassera encore au delà de son état d'équilibre, & reviendra à sa premiere situation de même qu'un pendule qui fait ses oscillations. Ce mouvement sera régulier, & les inclinaisons d'un côté seront égales à celles de l'autre, faisant abstraction de la résistance de l'eau.

Le pendule, dont les oscillations se feroient dans un temps égal à la durée des balancemens du Vaisseau, se nomme *Synchrosne*. Des expériences très-précises, indépendamment de la théorie, ont montré que les pendules, dont la longueur est de 36 pouces $\frac{1}{3}$, font leurs oscillations en une seconde, & que les temps sont en raison soudoublée de leurs longueurs ; ensorte que les oscillations d'un pendule, qui auroit 27 pieds 6 pouces de long, ont une durée de 3 secondes. Il n'est pas ici question de légeres différences de longueur que les pendules doivent avoir dans les diverses latitudes, pour mesurer exactement les mêmes intervalles de temps.

31. Pour connoître la longueur du pendule synchrosne à un Vaisseau, ou dont les oscillations sont de la même durée, nous avons besoin de quelques recherches préliminaires. La premiere est celle du point sur lequel le Vaisseau tourne dans les roulis. Tout le monde voit que les parties inférieures ont un mouvement dans un sens, & que les inférieures l'ont dans un sens

oppofé. Mais quel eft le point qui eft fans mouvement, qui fépare les parties inférieures & fupérieures ? C'eft ce qu'on reconnoîtra avec facilité après quelques réflexions. On voit que les ofcillations fe fuccedent; cette obfervation feule montre la néceffité abfolue de l'égalité du mouvement des parties fupérieures & inférieures, à peu près de même que les ofcillations d'une balance montrent l'égalité des momens des poids qui font dans les baffins. Si, en effet, le moment des parties fupérieures étoit plus confidérable, les parties inférieures feroient entraînées, & il ne pourroit y avoir d'ofcillation. Les quantités de mouvement des parties fupérieures & inférieures, par rapport au point fur lequel le Vaiffeau tourne, devant être égales, il faut que ce point foit le centre de gravité, puifque l'on a vu (N° 12.) que les momens de part & d'autre du centre de gravité font égaux.

Une autre réflexion confirmera cette détermination. Le centre de roulis doit n'avoir aucun mouvement, & dans un Vaiffeau fans mouvement progreffif, le centre de gravité doit être immobile, puifque le mouvement de ce point repréfente celui du Vaiffeau entier : il faut donc que ces points foient les mêmes; fi cela n'étoit pas le centre de gravité, & par conféquent le Vaiffeau entier auroit un mouvement progreffif naiffant de la premiere ofcillation, ou il faudroit que la deuxieme ofcillation, qui devroit détruire le mouvement acquis, & remettre de plus le Vaiffeau dans fa premiere place, eût une force double; ce qui eft également impoffible.

La deuxieme obfervation eft que les corps réfiftent au mouvement en raifon de leur maffe, de leur diftance au point d'appui & de la grandeur de l'arc qui eft décrit, lequel eft proportionnel à cette diftance. Un corps, deux ou trois fois plus éloigné, réfiftera quatre ou neuf fois davantage; cette réfiftance au mouvement, ou plutôt à changer d'état, car elle eft la même pour perdre le mouvement acquis, eft nommée *force d'inertie* : elle a été reconnue par Kepler ; tous les Phyficiens l'admettent, & l'Horlogerie principalement confirme ce principe par des expériences journalieres. (Voyez l'Effai fur l'Horlogerie & le Traité des Horloges Marines de M. Ferdinand Berthoud.)

Les momens d'inertie fe rapportent aux trois axes qui paf-
fent par le centre de la charge du Vaiffeau, felon les divers
mouvemens que l'on examine. Si on confidere les mouvemens
de converfion, comme ils fe font autour de l'axe vertical, qui
paffe par le centre de la charge, c'eft à cet axe qu'on rapporte
alors les momens d'inertie; fi on examine le roulis, on le rapporte à l'axe horizontal fitué dans le fens de la longueur; &
fi c'eft le tangage, l'axe horizontal, fitué dans le fens de la
largeur, eft alors pris pour point d'appui.

32. Le moment d'inertie repréfente la difficulté que le Navire éprouve à prendre du mouvement. Lors donc qu'il a été
déplacé de fa fituation naturelle, celui qui a un plus grand moment d'inertie y fera rétabli avec plus de lenteur; & diverfes
expériences ont montré que les quarrés du temps des ofcillations, ou les longueurs des pendules qui (N° 30.) y font proportionnelles, font comme les momens d'inertie. Il faut, d'un
autre côté, faire attention que le Vaiffeau aura d'autant plus de
facilité à reprendre fa fituation naturelle, qu'il y fera ramené
avec plus de force, ou qu'il aura plus de ftabilité; ainfi la difficulté qu'éprouve le Navire, eft en raifon directe du moment
d'inertie total & inverfe de la ftabilité; & par conféquent la
longueur du pendule fynchrofne aux ofcillations, qui répond au
quarré de leur durée, fuit les mêmes raifons.

On tirera de ces principes la regle générale fuivante : *On
multipliera la pefanteur de toutes les parties du Vaiffeau par le
quarré de leur diftance à l'axe, qui fert de point d'appui, & divifant la fomme de ces produits par la pefanteur totale du Vaiffeau,
& par la diftance du centre de la charge au metacentre, ou à la
longueur du pendule fynchrofne.*

De ces regles on conclura que le Navire étant donné, celui
qui a peu de vivres & d'artillerie, & où ces poids font rem-
placés par le left, aura les mouvemens de roulis plus prompts;
que pareillement plus les poids font rapprochés de l'axe longitudinal, qui paffe par le centre de la charge, plus le roulis aura
de vivacité. C'eft une confirmation de la regle connue d'arrimage, de rapprocher les parties les moins denfes du plan de la
quille, & en éloigner les plus denfes lorfque l'on veut diminuer

la vivacité du roulis. Les regles de la ſtabilité étant les plus importantes, on eſt obligé de mettre les poids les plus denſes dans
la partie inférieure, & en général tous les poids le plus bas
qu'il eſt poſſible : leur tranſpoſition ne peut donc avoir que
très - rarement lieu dans le ſens de la hauteur, elle ne peut
être que latérale.

Il eſt eſſentiel de remarquer que l'augmentation de momens
dans le ſens latéral, eſt la même lorſqu'on les rapporte à l'axe
vertical ; & il eſt toujours vrai de dire, que *la tranſpoſition
latérale des poids, en rendant le roulis plus lent, rend auſſi les
mouvemens de converſion plus lents.* A la vérité, comme la
ſomme totale des momens d'inertie, rapportés à l'axe vertical,
eſt plus conſidérable que celle des momens par rapport à l'axe
longitudinal, cette augmentation, quoique la même, en eſt
une moindre partie proportionnelle.

Il ne faut pas même penſer que la ſeule tranſpoſition poſſible,
qui eſt celle du leſt de fer, faſſe un grand changement dans la
durée des roulis. Comme on peut déduire de ce que la longueur
du pendule ſynchroſne eſt en raiſon directe du moment d'inertie
& inverſe de la ſtabilité, que connoiſſant deux de ces choſes,
on connoît la troiſieme, il s'enſuit que lorſqu'on connoît la
ſtabilité du Navire, ce que l'on a enſeigné (N° 29.) à déterminer par l'expérience, il n'y a plus qu'à rechercher la longueur du pendule ſynchroſne, ou la durée des balancemens du
roulis qui donnent cette longueur (voyez N° 30). En multipliant la ſtabilité du Vaiſſeau par la longueur de ce pendule, on
a les momens d'inertie du Vaiſſeau, à peu près ; c'eſt ainſi que
j'ai trouvé que pour *la Malicieuſe*, Frégate de 32 canons, ils
étoient, lorſque je l'ai commandée, d'environ 150.000 tonneaux pieds. Pour rendre les roulis plus lents de $\frac{1}{50}$ ſans toucher
à la ſtabilité, il faudroit que les momens d'inertie augmentaſſent
dans le rapport, de (50^2 à 51^2) ou de $\frac{1}{25}$: il faudroit donc une
augmentation de 6.000 tonneaux pieds, ou tranſporter 60 ton-
neaux à 10 pieds ; ce qui ſeroit impoſſible, car preſque tout a
ſa poſition déterminée ; ainſi les poids en leſt & vivres, qui
ſont la ſeule partie variable du chargement d'un Vaiſſeau, étant
donnés, toutes les fois que l'on arrimera à peu près ſuivant

les

les regles de la ſtabilité, la promptitude des roulis pourra être
regardée comme donnée.

32. Il eſt utile de jetter un coup d'œil ſur ce qui arriveroit
dans deux Navires ſemblables & ſemblablemen: chargés. Le
nombre des parties, lequel eſt proportionnel à la ſurface des
coupes, ſuivra le rapport du quarré des largeurs; de plus, le
centre moyen ſe trouve éloigné de l'axe dans la même raiſon;
le moment d'inertie, lequel eſt compoſé du nombre de parties,
multiplié par le quarré de leurs diſtances, eſt donc comme le
quarré quarré des largeurs; mais la ſtabilité n'éprouve qu'un
changement proportionnel au cube; la longueur du pendule
ſynchroſne, qui eſt égal au moment d'inertie diviſé par la ſtabilité, changera donc comme les largeurs, & par conſéquent la
durée des oſcillations en ſuivra la raiſon ſousdoublée.

Mais comme les Navires ſemblables, & d'une largeur très-
différente, ne peuvent être ſemblablement chargés, on peut
croire que cette loi, que le temps des oſcillations eſt en raiſon
ſousdoublée des largeurs, n'eſt pas applicable à l'état préſent de
la conſtruction. En général les Navires marchands ſeuls peuvent être regardés comme ſemblables, pour le déplacement,
aux Navires de guerre; mais le moment d'inertie du chargement des Navires marchands, eſt moindre que celui des Navires
de guerre, & la ſtabilité eſt en général plus foible lorſqu'ils ſont
chargés en marchandiſes; ce qui forme une compenſation auſſi
exacte, que la variabilité des chargemens des Vaiſſeaux de
guerre & des Bâtimens marchands, dans leurs diverſes campagnes, peut le permettre. Il en eſt de même des Frégates comparées aux Navires de guerre; enſorte que, malgré la différence
de conſtruction de ces Bâtimens, les durées des balancemens
du roulis ſont à peu près comme les racines des largeurs.

Toute cette théorie qui juſqu'ici eſt la même dans cet
Ouvrage & dans ceux de MM. Bouguer, Euler, l'Abbé le
Boſſut, &c., eſt fondée ſur deux ſuppoſitions : la premiere,
que la réſiſtance de l'eau eſt petite & peut ſe négliger; mais
cette ſuppoſition n'altere pas eſſentiellement la théorie : elle
rend ſeulement la partie ſubſéquente d'une oſcillation, ſoit
l'aſcenſion, ſoit la deſcenſion, moindre que la précédente; la

F

feconde, c'eft que le roulis tire fon origine d'une caufe étrangere qui ceffe abfolument, & que ce n'eft qu'une continuation
de l'effet de cette premiere caufe.

I I.

33. Ayant déja traité du roulis, en tant qu'il eft produit par
les agitations de la mer, dans un Mémoire particulier, je ferai
entrer ici ces confidérations phyfiques. M. Euler, dans fon
dernier Ouvrage, intitulé, *Théorie complette de la conftruction
& de la manœuvre des Vaiffeaux*, femble les avoir reconnues,
car il dit : « les élévations & abaiffemens fucceffifs des lames,
» feroient capables de produire un balancement dans le Vaif-
» feau, quand il n'auroit pas été incliné par une autre force. »

Voici ce qu'il ajoute : « Pour déterminer les mouvemens qui
» font imprimés alors au Vaiffeau, la théorie nous abandonne
» entiérement, vu que nous ignorons abfolument les loix felon
» lefquelles une eau agitée pouffe les corps qui y nagent ; que
» d'un autre côté, la formule trouvée ci-deffus pour la ftabilité
» ne fauroit plus avoir lieu pour la même raifon, & la longueur
» du pendule fynchrofne devient abfolument fauffe ; auffi l'ex-
» périence nous a donné à connoître que les forces qu'une mer
» troublée par les vagues exerce fur le Vaiffeau, font tout-à-fait
» différentes de celles qu'on obferve dans une mer calme ; on a
» même remarqué que lorfqu'un Vaiffeau eft porté en haut par
» les vagues, il y monte par un mouvement accéléré, & il
» retombe en bas par un mouvement retardé ; ce qui paroît
» directement oppofé aux principes qu'on fe forme communé-
» ment fur l'action des eaux. »

34. Il eft d'autant plus effentiel de difcuter les loix que fuit
la mer agitée, que, felon M. Euler, il n'y auroit aucune théorie
réelle de la conftruction, puifque même celle de la ftabilité
feroit incertaine ; ainfi on rapportera ici les principes généraux
de la théorie des fluides ; on fera voir qu'ils ont lieu dans la
mer agitée. Ce que je dirai peut être regardé comme inconteftable ; j'ai donné une attention particuliere à cette partie, &
les événemens de la mer, un démâtement total entr'autres,
m'ont donné lieu d'en vérifier diverfes circonftances.

Le premier principe eſt qu'un corps quelconque dans un fluide agité ou non, occupe un déplacement égal à ſon poids.

Le ſecond eſt que la ligne qui joint les centres de gravité & de figure, eſt toujours perpendiculaire à la ſurface du fluide, dans le lieu où eſt ce corps, ſoit que la ſurface ſoit horizontale, ou inclinée. Lorſque cette ſurface eſt horizontale comme dans les mers calmes, qui n'en eſt qu'un cas particulier, cette perpendiculaire eſt une ligne verticale. On reconnoît la vérité de ces principes, quand on voit des débris d'une groſſe mer.

3° Si quelque cauſe étrangere occaſionne un tel mouvement au corps flottant, que la ligne qui joint les centres de gravité & de figure, ceſſe d'être perpendiculaire à la ſurface du fluide, il tendra à revenir à cette ſituation par un mouvement d'oſcillation.

Dans cette théorie générale, il s'agit du fond des vagues ; qui en eſt l'eſſentiel ; comme elles ſont aprés des coups de vent, lorſque le calme ſurvient, car alors elles ont une forme très-réguliere. Celles que nous nommerons *accidentelles*, qui ſe joignent à celles-ci dans les coups de vent, en altérent à la vérité la figure. Ce ſont ces dernieres qui ſe développent & forment des briſemens ſur la ſurface de la lame : elles ne peuvent être conſidérées ici.

35. De cette théorie des vagues il réſulte que ſi leur poſition étoit conſtante, la poſition du Vaiſſeau reſteroit conſtante, & ce qui, dans la ſituation naturelle, eſt la ligne de flottaiſon, le ſeroit dans toutes les ſituations par rapport à la vague ; mais elle s'éleve ou s'abaiſſe ſucceſſivement, ce qui rend à la vérité ce réſultat impoſſible à démontrer par l'expérience, mais ne doit pas nous empêcher de nous y arrêter, pour avoir une idée nette des roulis & tangages.

Si les vagues étoient immobiles & n'avoient que les mouvemens ſucceſſifs d'élévation & d'abaiſſement, le Vaiſſeau reſtant dans la même place ſeroit ſoumis aux mêmes inclinaiſons ſucceſſives, que s'il en parcouroit l'étendue, les vagues n'ayant aucun mouvement d'élévation & d'abaiſſement, pourvu que le temps fût le même. Nous préférons de conſidérer le Vaiſſeau dans les différens points de la vague, parce que la figure eſt plus développée ; au reste, il est évident que rien n'est altéré par cette maniere de représenter ces positions du Vaisseau & de la vague.

Le Vaisseau qui (*Figure 14.*) auroit en 1 , pour perpendiculaire à la flottaison, la ligne M O ; arrivé en 2 , aura pour perpendiculaire une ligne N O inclinée en sens contraire.

Ce mouvement n'est pas un roulis à la vérité dans le sens considéré dans toutes les théories, mais relativement à l'effet & aux risques de la mâture, c'est la même chose ; & si par hasard le pendule synchrosne aux oscillations du Vaisseau, l'est aussi à celles des vagues, les oscillations seront les plus simples de toutes. Je répete ici qu'il s'agit de la vague principale. Cette assertion de l'avantage de l'égalité de temps des oscillations du Vaisseau & des vagues, est précisément opposée à l'opinion de M. Euler (même Traité de la construction & manœuvres des Vaisseaux.) Voici une expérience connue qui servira à décider entre les deux opinions.

Quand on démâte de tous mâts dans une grosse mer, l'oscillation propre du Vaisseau est d'une bien moindre durée que celle des vagues , & cependant les roulis sont alors non-seulement d'une très-grande vivacité, mais d'une très-grande étendue.

Comme la premiere idée qui se présente est que la grande amplititude des roulis d'un Vaisseau démâté vient de ce que , dans cet état, il n'éprouve presqu'aucune résistance de l'air; je l'ai calculée pour *la Malicieuse*, Frégate de 32 canons ; si on la considere *à sec*, c'est-à-dire, les voiles exactement serrées , la surface des mâtures & manœuvres est environ 800 pieds; on peut négliger la surface des hauts de la Frégate, l'oscillation a environ $4''\frac{1}{2}$ de durée, arc ou éloignement de la verticale $39^{d}\frac{1}{2}$ environ, quand le platbord vient à l'eau dans le roulis. Vîtesse supposée uniforme pour la mâture 16 pieds par seconde , la résistance calculée sur ces données ne seroit pas un $\frac{1}{205}$ de diminution dans l'amplitude du roulis.

Nota. Pour mesurer l'angle du roulis je me suis servi de deux méthodes : la premiere, c'est de considérer, par exemple, les divers points des haubans, qui vus d'un point fixe, correspondent à la vue de l'horizon ; la feconde a été de voir jufqu'où le Navire enfonce dans l'eau dans fes roulis ; mais cette derniere méthode exige les calculs du Vaiffeau incliné. Il m'a paru qu'en général les fils à plomb, à caufe de leurs mouvemens d'ofcillation propre, donnent des angles apparens ou écarts de la verticale plus grands que les véritables ; cependant ils font préférables quand on veut connoître le mouvement d'un corps qui n'eft pas totalement dépendant de celui du Navire.

En cherchant le même effet, quand on a toutes voiles dehors, on trouve une quantité quinze fois plus grande ; ce qui eft peu confidérable : d'ailleurs les temps, qui demandent la plus grande attention, ne permettent de porter que peu de voiles, & encore ce font les plus baffes ; ainfi la premiere détermination eft la plus exacte, & on peut dire qu'en aucun cas la réfiftance de l'air n'eft fenfible.

36. Quand la durée des ofcillations des vagues & du roulis eft très-différente, il en réfulte une grande irrégularité & violence dans les mouvemens du Vaiffeau. Suppofons, pour le faire comprendre, le Vaiffeau en o, (*Figure 15.*) & que fa flottaifon naturelle foit parallele à la furface du fluide au point o, dès qu'il fe fouftrait, il en réfulte un mouvement d'ofcillation pour le Vaiffeau, qu'il faut compofer avec celui de la vague. Si les ofcillations du Navire étoient quatre fois plus promptes que celles des vagues pendant qu'il parcourt la demi-courbe o. 2. 4. il y aura quatre ofcillations du roulis proprement dit ; quand le Vaiffeau fera fur la lame en 1, ce qui ne devroit changer l'angle avec la verticale que de la quantité o. C. 1, l'ofcillation particuliere du Vaiffeau fera que cet angle changera d'une quantité double. Il reviendra enfuite par fon mouvement de roulis dans un fens oppofé au mouvement que donneroit la vague, enforte que l'angle avec la verticale fera à peu près le même jufqu'à ce que le Vaiffeau foit fur la vague en 2 ; ce fera la même chofe de 2 en 3 & de 3 en 4. Cet exemple fuffit pour montrer comment les ofcillations du Vaiffeau doivent fe compofer ; quoique l'on puiffe obferver qu'aucun Bâtiment n'a une telle promptitude de roulis par rapport à celle de la vague ; cependant on a pu fuppofer ce rapport tel qu'on

a voulu, & on a préféré un multiple pour donner une idée plus simple de cette composition. On voit que le défaut de synchronisme rend le roulis plus fatiguant, par les inégalités d'accélération. En comprenant de même les mouvemens de roulis, pour divers rapports des oscillations des vagues & du Vaisseau, on trouvera que les oscillations des Vaisseaux, quand elles sont les $\frac{1}{3}$ ou $\frac{1}{4}$ de celles de la vague, sont très-fatiguantes pour la mâture, & donnent des roulis d'une très·grande amplitude.

37. Comme on s'est proposé dans ce Traité de tirer des conséquences utiles, on examinera principalement ce que demandent les grosses mers ; car on ne peut rendre les oscillations plus lentes ou plus promptes selon le changement des vagues.

Si le Vaisseau occupoit une espace insensible dans la vague ; les plus foibles, dans le cas du synchronisme, donneroient la même inclinaison que les plus fortes ; & cette inclinaison iroit jusqu'à 45^d environ, mais le Vaisseau y occupe une espace sensible ; les vagues de 32 pieds de hauteur ont environ 150 pieds d'étendue, celles de 20 en ont 112 : la moitié de ces dernieres est 56 ; un Vaisseau qui occuperoit une moitié de la vague, n'auroit guere que 22 pieds $\frac{1}{2}$ d'inclinaison ou fort peu plus ; les Frégates même y sont sensiblement étendues. Des vagues de 24 pieds de haut ont près de $4''\frac{1}{3}$ de durée, & les oscillations des autres vagues sont comme les racines des hauteurs.

Comme les vagues de 24 pieds ne sont pas extrêmement rares, il faut donc que les oscillations des Vaisseaux, pour se bien comporter, aient environ $5''$; les Frégates peuvent avoir des roulis un peu plus prompts, parce que les vagues de 18 pieds les agitant comme celles de 24 pieds agitent les Vaisseaux, & étant plus communes, il est bon d'y avoir égard.

On doit éviter, avec le plus grand soin, de rendre les roulis beaucoup plus prompts qu'ils ne le sont dans l'état présent de la construction, & il est à propos d'examiner l'effet de la rentrée ; quoique l'on ait négligé jusqu'ici de considérer les hauts des Navires, on ne peut s'empêcher de reconnoître que, dans les grands roulis, ils doivent contribuer à leurs qualités. Tout le monde dit qu'elle rapproche les poids du centre ; cela est

vrai ; mais quel eſt l'effet de cette diſpoſition conſidérée ſeule ?
Le moment d'inertie ſeroit diminué d'une quantité inſenſible ,
& par conſéquent le roulis deviendroit un tant ſoit peu plus
prompt. Les poids rapprochés du centre ne ſont pas non plus
un avantage pour la ſtabilité ; tout ce que l'on pourroit dire ,
c'eſt que l'artillerie fatigue un peu moins les beaux ; que cela
procure une très-foible diminution de poids.

J'ai calculé que , dans *la Malicieuſe* , le moment d'inertie
n'eſt pas augmenté de $\frac{1}{60}$, ce qui ne feroit pas $\frac{1}{120}$ de diminution
ſur la durée du roulis. Cette différence eſt inſenſible.

38. On remarquera qu'il n'eſt pas néceſſaire de connoître
le lieu du centre de la charge , pour avoir le changement des
momens d'inertie cauſé par la tranſpoſition latérale des poids :
car (*Fig. 16.*) ſoit que ce centre ſoit en C , ou en G ou en Q,
le changement du moment d'inertie , quand le poids eſt tranſ-
poſé de R en B , eſt toujours P (BC²—RC²). Si le centre eſt
en C , il eſt évident que dans la premiere poſition qu'occupe le
poids P , ſon moment d'inertie eſt P (RC²), & dans le cas
de la deuxieme il eſt P (BC²) ; ſi le centre eſt en G , le
moment d'inertie du poids P , dans la premiere poſition , eſt P
(GA²+RC) , & dans la deuxieme il eſt P (GA+BC) , & la
différence eſt toujours la même, c'eſt-à-dire P (BC²—RC²).

Mais ce changement de moment n'eſt pas la ſeule choſe à
conſidérer. La ſuppreſſion totale de la rentrée augmenteroit
de $\frac{1}{10}$, les largeurs à la flottaiſon quand le vibord eſt à l'eau, &
qu'on ſuppoſe de plus les fonds donnés ; ainſi le metacentre ,
pour cette ſuppoſition , s'éleve au deſſus du centre de figure
dans le rapport du cube de 10 à celui de 11 , ou comme 3 : 4
ſans compter que le centre de figure lui-même s'éleve ; ainſi
le metacentre , qui pour de certaines Frégates eſt élevé de 9
pieds 6 pouces au deſſus du centre de figure & d'environ 3
pieds 2 pouces au deſſus du centre de la charge , ſera élevé
de 12 pieds 8 pouces au deſſus du premier centre , & de 6 pieds
4 pouces au deſſus du deuxieme , ſans compter l'élévation particuliere du centre de figure inclinée. Ainſi la longueur du
pendule qui meſure les oſcillations, lequel eſt en raiſon inverſe
de la ſtabilité ou de cette diſtance, (N° 32.) eſt moindre de

moitié , & par conséquent les roulis font plus vifs dans le rapport de $\sqrt{1}$ à $\sqrt{2}$ ou de 5 à 7.

À la vérité , ce pendule synchrosne varie avec la diftance du metacentre au centre de la charge ; mais en raifon réciproque , la plus petite longueur eft lors de la plus forte inclinaifon , & la plus grande a lieu quand le Navire eft dans fon état naturel. On voit que les ofcillations fe font par un mouvement accéléré, enforte qu'il parcourt le milieu de l'arc de fon amplitude avec une grande viteffe ; ainfi les diverfes circonftances de l'état du Vaiffeau ont fort peu de temps pour agir , & c'eft principalement l'état du Vaiffeau , dans le commencement de fon ofcillation , qui en fixe la vivacité.

On a cru cependant devoir chercher la différence , que la variation de hauteur du metacentre , dont l'augmentation a été fuppofée proportionnelle à l'angle du roulis ou à l'écart de la verticale , y apporte. Suppofant de plus que , dans la plus forte inclinaifon , cette augmentation eft égale à la premiere hauteur ; on a trouvé la différence infenfible. Ainfi les roulis d'une Frégate dureroient une feconde de moins ; ce qui fatigueroit extrêmement la mâture. Comme la folution exacte de ce problême tient à la théorie des pendules dont elle eft un cas particulier , on fe contentera de ces raifonnemens généraux (1).

39. On en tirera des conféquences qui méritent la plus grande attention. *Un Vaiffeau qui a une ftabilité confidérable par la forme de fes fonds , ou par la diminution des poids fupérieurs , doit avoir plus de rentrée pour ne pas fatiguer fa mâture.* Mais comme il eft vrai que , d'un autre côté , la rentrée eft très-

---

(1) Dans les petits arcs décrits par les pendules, il eft démontré qu'un poids décrit la quinzieme partie de fon amplitude dans $\frac{1}{5}$ du temps de l'ofcillation ; la feptieme partie de l'amplitude totale ou les $\frac{2}{7}$ de la demi-amplitude dans un quart de la durée ; la moitié de la demi-amplitude dans le tiers de la durée , & en général fi on a (*Fig. 17.*) un pendule fixe en M , & qui ofcille dans l'arc AEDEC , tirant la droite AC qui coupe le diametre ID en H ; fi on partage la ligne HD en 2 au point K , de ce point décrivant le cercle HGDG ; le temps que le corps emploie à defcendre de A en E , eft à l'ofcillation totale , comme l'arc HG , compris entre les lignes AC & EE , eft à la circonférence du cercle. On voit par là combien peu de temps le poids refte dans les parties inférieures , les feules où l'augmentation de longueur du pendule foit fenfible , & qu'ainfi on peut les négliger.

défavantageufe

défavantageufe pour la tenue des mâts , il ne faut pas négliger de fe fouftraire à la néceffité d'en avoir une confidérable.

Ainfi il ne faut pas trop diminuer la bricolle , & c'eft une regle de conftruction par rapport aux qualités des Navires de guerre. *On doit donc leur donner une artillerie fuffifante :* car cette bricolle diminuant la ftabilité , il faut y fuppléer par la diminution & la tournure de la réntrée , alors les mâts feront mieux appuyés , & on ne perdra pas inutilement la force des Navires ; ce qui fait que (*dans la Figure 18.*) je préfere la tournure de l'allonge de l'unicorne à celle de la firene.

Les Conftructeurs , & en particulier le célebre Olivier ; ont reconnu la néceffité en diminuant les poids fupérieurs , de changer la forme des hauts , augmenter l'inclinaifon de l'allonge. Ces raifons juftifient en partie la rentrée exorbitante du *Chameau ;* mais il eût mieux valu ne pas fe mettre dans le cas qu'une rentrée fi confidérable fût néceffaire.

A plus forte raifon *les Navires ne doivent pas fortir en dehors au maître gabarit :* car fi leur ftabilité eft fuffifante pour les petites inclinaifons , leurs roulis feront trop vifs.

Les petits Navires qui feroient faits pour naviguer le long des côtes où la mer eft belle ; mais les rifées fréquentes doivent avoir moins de rentrée , que s'ils vont fouvent dans les groffes mers.

40. On a pu remarquer que , dans cette théorie , la grandeur du roulis dépend de l'efpace que le Vaiffeau occupe par fa largeur dans la vague , & du rapport de leurs ofcillations. Dans la théorie ordinaire où le roulis eft confidéré fans ce rapport , plus le roulis a de vivacité , moins il a d'étendue , & il en réfulteroit que les roulis les plus vifs ne feroient pas les plus dangereux pour la mâture ; car la totalité des arcs décrits par la mâture , en temps égaux , feroit la même ; & plus le roulis feroit vif , moins la mâture s'écarteroit de la verticale ; ce qui la fatigueroit moins.

Il étoit donc à propos de montrer que la théorie ordinaire eft infuffifante , quoique vraie ; parce qu'on doit y faire entrer abfolument la confidération des vagues. Sans cela on tireroit des conféquences abfolument contraires à l'expérience. Toute

perfonne qui ayant paffé par la fâcheufe fituation d'un démâtement total, aura voulu méditer fur cet événement, en fera
convaincue.

Tout ce qui a été dit du roulis paroît convenir au tangage.
Mais on doit obferver que comme les Vaiffeaux à caufe de
leur longueur portent prefque toujours fur plufieurs vagues,
au moins fur les deux moitiés de la même, les réfultats ne
peuvent être que fort altérés.

Mais c'eft principalement lorfqu'il s'agit du tangage, qu'il
faut examiner s'il eft avantageux de faire enforte que le Navire
fuive les mouvemens de la mer, ou qu'il s'y refufe, ce n'eft
que pour les cas extrêmes que cette difficulté peut être réfolue.
Le Navire, qui ne fuivroit pas les mouvemens de la mer, feroit
fatigué par les fortes lames, les vagues le choqueroient de même
qu'elles s'élevent contre un rocher, ou contre un Navire échoué,
elles mettroient en pieces un pareil Navire par la force de leur
choc. Tous les mouvemens fe feroient par fecouffes violentes :
il eft donc préférable de faire enforte que le Navire fuive, autant
que faire fe peut, les mouvemens de la mer. Ainfi *c'eft une
regle d'arrimage de foulager les extrémités du Navire, & porter
tant qu'il fe peut les poids vers le centre ;* car on doit regarder
le tangage moins comme un mouvement d'ofcillation, que
comme un choc. On a vu que, par rapport au roulis, la variation poffible de la difpofition du chargement n'a qu'un effet
infenfible ; ce qui fait la différence des regles d'arrimage pour
le roulis & le tangage, c'eft que le roulis fe rapporte plus aux
mouvemens d'ofcillation ; cependant, comme les mêmes remarques ont lieu quand il s'agit du choc des vagues, on doit avertir
que dans les Navires qui par leur grandeur ont les mouvemens
fort lents, eu égard à ceux des vagues, il faut éviter d'éloigner
les poids du centre, & il feroit avantageux, fi cela étoit poffible,
de rendre les ofcillations du roulis & des vagues ifochrones.

41. Ceux des Lecteurs qui voudront connoître plus particu-
lierément la théorie ordinaire, pourront voir les Mémoires
de M. l'Abbé le Boffut & Euler qui ont remporté le prix, ainfi
que ceux de M. Bouguer & Euler. Comme ce qui regarde les
vagues a été négligé dans tous ces ouvrages, je dois avertir que

M. l'Abbé le Boffut a trouvé quelqu'utilité dans cette maniere de confidérer le roulis ; & fon fuffrage me flatte infiniment.

M. Euler, dans le Traité du Navire & celui de la Théorie complette de la Conftruction, &c. dit : *Lorfqu'un Vaiffeau eft porté en haut par les vagues, il y monte avec un mouvement accéléré, & il retombe en bas par un mouvement retardé ; ce qui paroît directement oppofé aux principes qu'on fe forme de l'action des eaux.* Je crois qu'il eft utile de faire quelques obfervations fur cette affertion. Si l'action de l'eau agitée étoit totalement différente de celle qu'elle a quand elle eft calme, toute théorie feroit inutile ; mais je puis affurer que cette circonftance n'a pas lieu, & M. Euler aura été trompé par quelques rapports ; on y trouve même quelque chofe de vague : car quand le Vaiffeau monte fur la vague par la partie de l'avant, la chûte de l'arriere eft à confidérer ; ainfi effectivement le Vaiffeau en total ne monte ni ne defcend, puifque fi par le défaut de foutien de la partie de l'arriere, cette partie tombe, l'avant s'éleve. De plus, il ne s'éleve que jufqu'à un certain point par un mouvement accéléré, & l'accélération diminue comme dans les pendules, comme dans les roulis ; fans cela il faudroit que le Navire paffât du mouvement le plus accéléré pour s'élever, au mouvement le plus prompt pour s'abaiffer, ce qui eft phyfiquement impoffible.

CHAPITRE VI.

Des Vagues.

42. CE qui a été dit jusqu'ici fait connoître qu'il est utile d'entrer dans le détail de la cause produisante des roulis, c'est-à-dire des vagues. Le rapport qui se trouve entre cette connoissance & l'estime du sillage, a engagé M. le Monnier à joindre à son Traité du Pilotage le Mémoire que j'avois fait il y a une dixaine d'années sur cette partie de la théorie des fluides.

Je donnerai une Table de ce qui a rapport aux vagues pour les différentes vîtesses du vent, supposant la densité de l'eau & de l'air 784 & 1 : dans les temps où le rapport des densités est 900 & 1, les vîtesses du vent de la premiere colonne, pour produire les mêmes effets, doivent être augmentées de $\frac{1}{14}$. Cette Table est calculée, pour le rapport des autres colonnes entre elles, d'après la théorie de Newton, vérifiées par les observations ; & j'ai eu lieu d'observer que la surface supérieure de l'eau prend une vîtesse, qui est à celle du vent en raison sous-doublée inverse des densités.

Table des Vagues. Les Densités du Vent & de l'Eau, étant 1 & 784.

VITESSE du Vent.	VITESSE de l'eau à la surface.	HAUTEUR des Vagues.	LARGEUR des Vagues.	VITESSE des Vagues.	HAUTEUR de l'eau sur les Côtes.
7 pieds.	0 p. 25	0 p. 22	0 p. 60	1 p. 30	
14	0. 50	0. 50	1. 30	2, 70	
21	0. 75	1. 25	6. 00	4. 00	
28	1. 00	2. 00	9. 30	5. 50	
42	1. 50	4. 58	21. 00	8. 30	
56	2. 00	9. 00	37. 50	11. 00	1 p. 00
70	2. 50	12. 50	59. 00	13. 80	1. 70
84	3. 00	18. 00	85. 00	16. 50	2. 50
98	3. 50	24. 08	113. 00	19. 20	3. 50
112	4. 00	32. 00	150. 00	22. 00	4. 50
128	4. 50	40. 50	190. 08	25. 00	6. 00

On peut être surpris des grandes vîtesses que le vent peut avoir, selon moi; mais elles font plus proportionnées aux vîtesses des nuages & aux effets des vents violents, que celles qu'on a coutume de suppofer d'après Muffchembrock. Un Vaiffeau ou Frégate fait fouvent 12 nœuds fous la mifaine, ou 20 pieds par feconde; fi on fait attention qu'alors la mifaine, étonnamment courbée, n'offre qu'une foible furface, qui, avec celle de la mâture, n'eft pas plus que les $\frac{3}{4}$ de la voilure totale vent arriere, on reconnoitra que ces vîtesses ne font pas exagérées. Des duvets ou autres chofes de peu de poids, mais cependant d'une plus grande pefanteur que l'air naturel, peuvent-ils prendre toute la vitesse du vent?

On remarque que quoiqu'un vent de 112 pieds par feconde foit néceffaire pour élever des lames de 32 pieds, fa denfité étant la 784.e partie de celle de l'eau, cependant il peut exifter indépendamment de la vague; ce n'eft qu'après quelque temps qu'elle s'éleve jufqu'à ce point: de même la vague fubfifte après la ceffation du vent, comme tout le monde le reconnoit; les dimenfions des vagues relatives au vent, c'eft-à-dire les trois & quatrieme colonnes, font peut-être fufceptibles d'une diminution d'un vingtieme.

43. Pour faire les obfervations qui ont rapport aux vagues, il faut bien vérifier les fabliers, fi l'on s'en fert, & les lignes de lock mouillées; il faut les faire dans les mers libres, car fans cela les vagues feroient plus courtes, & principalement diriger fa route dans le fens du méridien. On trouvera toutes ces attentions dans le Livre & Mémoire cités.

Pour obferver la hauteur des vagues, rien n'eft plus facile. Il faut voir à quelle hauteur on eft placé fur les ponts & gaillards, quand la mer eft libre: deux pieds dont l'œil feroit trop bas, font une quantité fenfible. Il faut auffi prendre les inftans où le Vaiffeau eft fenfiblement horizontal, pour éviter de fe tromper dans l'eftimation de la hauteur au deffus du niveau naturel de l'eau.

C'eft vent arriere, qu'il eft le plus facile d'obferver la vîtesse des vagues. Je fuppofe que le Vaiffeau parcourt 560 pieds, dans le temps qu'il traverfe une vague, dont la hauteur obfervée eft

24 pieds, ce qui par la Table donne une largeur de 112 pieds; la vîteſſe de la vague pendant ce temps aura été 560—112 ou 448 pieds. Si au contraire les vagues vont plus vîte que le Vaiſſeau, ce qui arrive quelquefois quoiqu'on tâche de l'éviter, parce qu'alors leur choc eſt dangereux, ſi le Vaiſſeau faiſant le même chemin, étoit dépaſſé de la largeur d'une vague, ſa vîteſſe ſeroit 560+112 ou 672, ou les $\frac{6}{5}$ du chemin du Vaiſſeau. On peut faire cette obſervation, le Vaiſſeau parcourant un plus grand nombre de lames, & alors le réſultat eſt plus exact.

Le moindre uſage rend ces obſervations faciles; on doit les ceſſer lorſque des vagues ſe croiſent irrégulierement.

On a déduit les largeurs des vagues de leurs vîteſſes par les corollaires 1 & 2, propoſition 46 du deuxieme livre des principes de Newton, & cela ſe trouve conforme à l'obſervation. J'ai auſſi trouvé que le rapport de leur hauteur & largeur eſt celui du ſinus verſe de 45^d au double de ce ſinus, c'eſt-à-dire, certainement plus que quadruple : l'on peut donc ſuppoſer que la forme des vagues régulieres telles qu'elles ſont après la ceſſation du vent, peut ſe réduire à des arcs de 90^d, ayant alternativement leurs centres au deſſus & au deſſous des lignes des ſommités & abaiſſemens. La force du vent trouble cette forme par les vagues accidentelles, le côté de la vague le plus à l'abri ou ſous le vent, eſt alors plus à plomb, ce qui en facilite le développement, & le côté du vent eſt plus incliné; enſorte qu'elles approchent plus alors d'avoir la forme ABPDE, que celle de A o 1 2 4 E; mais on ne peut demander ici des formes préciſes, il ſuffit d'en remarquer à peu près les effets & la figure.

On a joint une ſixieme colonne, qui n'a aucune eſpece de rapport aux qualités des Vaiſſeaux, ni à la Marine; c'eſt celle qui dénote l'élévation de la mer ſur les côtes après les coups de vent. Je n'en ſuis pas auſſi aſſuré que des autres colonnes, parce que cela dépend de diverſes eſtimes réunies: je crois cependant qu'elle approche d'être aſſez exacte. Elle eſt calculée ſur les faits ſuivans. Il eſt certain que l'eau s'éleve ſur les côtes, & dès-lors il ſuit que cette élévation ne vient pas du principe de l'égalité du poids moyen des colonnes qui compoſent la vague; car alors le niveau moyen de l'eau reſteroit le même:

Figure 15.

il étoit donc naturel de chercher une égalité d'effort; ainſi l'eau s'éleve ſur les côtes d'une quantité telle que l'effort moyen eſt égal à l'effort moyen des vagues.

Au reſte, j'ai averti dans le Traité du Pilotage, qu'il m'a paru que l'on ne peut pouſſer les colonnes au-delà de 140 pieds de viteſſe pour le vent; encore ceci n'a-t-il lieu que dans les ouragans.

Si l'on nomme r le rayon, a l'abaiſſement des centres au deſſous des lignes des abaiſſemens de la lame, ou l'élévation au deſſus de leurs ſommités, y les hauteurs de la lame au deſſus de ces centres ou leur abaiſſement, x le ſinus de 45^d, l'effort des lames eſt $(y - a^2)$ pour la partie convexe, & $(r - y^2)$ pour la partie concave, & le total des efforts à cauſe de $yy = rr - xx$ devient $3 r^2 x - \dfrac{r^2 x}{3} + a^2 x - 2 (r + a) \int y\, dx = 2 (a + \zeta)^2 x$ nommant ζ la hauteur au deſſus du niveau moyen de l'eau; ce qui étant réduit, donne environ pour ζ la ſeptieme partie de la hauteur de la vague; indépendamment de cette cauſe la mer s'éleve, parce que la côte étant inclinée, ſon mouvement ſe décompoſe.

La connoiſſance de cette partie de la théorie des fluides a une trop grande utilité, pour la perfection de l'hydraulique, pour ne pas eſpérer qu'on pardonnera d'en avoir traité, quoiqu'elle ſoit foiblement liée à la conſtruction des Vaiſſeaux. On voit, par la vîteſſe des vagues, que leur effort n'a pas lieu de ſurprendre; enfin, il nous ſuffit d'avoir expoſé des vues qui ſemblent mériter quelqu'attention.

CHAPITRE VII.

Théorie de la réſiſtance des fluides.

I.

44. Jusqu'ici nous avons conſidéré le Vaiſſeau en repos, ou au moins ſans mouvement progreſſif. Nous allons maintenant le conſidérer ayant un tel mouvement, ou ce qui eſt la même choſe, le mouvement progreſſif de l'eau contre un corps en repos. Pour parvenir à en donner une idée claire, on commencera par rappeller les principes inconteſtables de la théorie des fluides.

L'effort qu'éprouve une ſurface expoſée à l'action d'un fluide en repos, eſt égal à l'étendue de cette ſurface multipliée par la hauteur du niveau de l'eau au deſſus du centre de gravité de la ſurface. La vérité dc cette propoſition ſe prouve par l'expérience fondamentale, qui eſt que les corps occupent un déplacement égal à leur poids & par la décompoſition des efforts, en deux efforts perpendiculaires l'un à l'autre, dont la direction de la ſurface eſt la diagonale.

Ainſi (*Figure 19.*) l'action verticale de l'eau ſur la ſurface dont PI repréſente une coupe, ou plutôt ſur cette coupe, eſt comme le poids du volume HPIA, & comme BI=HA multiplié par HE, diſtance du niveau de l'eau au centre de gravité du triangle. L'action totale ſur la ſurface PI, eſt à la verticale comme PI : BI. C'eſt la même choſe, ſi on ne conſidere que les trapezes élémentaires, N*n*, M*m*.

L'action de l'eau dans le ſens BI horizontal, provenant de l'action ſur la ſurface PI, eſt à l'action verticale :: PB : BI, & cette action doit avoir ſon effet, à moins qu'elle ne ſoit contrebalancée par un effort égal & oppoſé; de même que l'action ou pouſſée verticale, eſt contrebalancée par la peſanteur, qui lui eſt égale & oppoſée. L'immobilité d'un corps flottant montre

donc

donc que les impulsions horizontales se détruisent, quelque soient les courbes qui composent la surface, pourvu qu'il y ait un fluide environnant. Ce que l'expérience montre, se déduit des mêmes principes; car l'impulsion horizontale est toujours PB. HE, & cela soit que la surface ait une inclinaison PI ou PO, ou quand même PO deviendroit PB par l'anéantissement du côté BO. Mais s'il n'y a pas de fluide environnant, comme cela se trouve aux vannes, portes de bassin, d'écluse, &c. l'impulsion horizontale se trouve entiere. Si même le fluide agissant sur la partie ALI, avoit une densité différente de celui qui agit sur la partie HPI; par exemple, si un bassin étoit rempli d'eau douce, & si les portes recevoient l'action extérieure de l'eau de mer, il y auroit une action horizontale égale à la diffé-rence des densités du fluide.

45. Si l'on a un plan vertical (*Figure 20.*) exposé à l'action d'un fluide extérieur PBEE, & d'un fluide intérieur OBII: l'action horizontale totale est PB. $\frac{PB}{2}$—OB. $\frac{OB}{2}$, & comme PB =OB+OP, elle est égale à OP, différence des niveaux de l'eau multipliée par $OB + \frac{OP}{2}$, ou la hauteur moyenne des deux plans intérieur & extérieur.

Supposons maintenant que les fluides intérieur & extérieur aient eu originairement la même hauteur BO : mais que quel-que cause donne une vîtesse au fluide extérieur, il s'élevera en OP, ensorte que la vîtesse qui proviendra de la hauteur CP, sera absolument égale à celle du fluide : alors il n'aura plus de vîtesse pour choquer le plan, mais une force de pression qui lui est égale, & on pourra confondre ces expressions.

Pour soutenir le plan PB dans cette position, il faut que l'appui soutienne un effort de la même quantité, ou qu'une autre force égale repousse le même plan dans une direction opposée.

46. De ces mêmes principes & de la décomposition du mou-vement, on conclura les loix de l'impulsion d'un fluide, dont la vîtesse a une direction oblique à la surface. Soit le triangle PCA (*Figure 21.*) supposons que le fluide ait une vîtesse dans la direction OP : cette vîtesse, relativement à la surface, est la

H

même que celle du fluide qui va de p en P. faifant Op parallele
à AP, par les regles de la compofition des mouvemens, pP ou la
vîteffe relative eft à l'abfolue comme le finus total eft au finus
d'incidence. Cette décompofition des efforts, qui eft un principe général de méchanique & du mouvement, fe retrouve
avoir à chaque inftant une application dans la Marine. La portion d'effort, tranfmis par un cordage tendu obliquement, confidéré par rapport à une certaine direction, eft comme l'obliquité du cordage. Plus les haubans, par exemple, font obliques
par rapport aux mâts, moins ils les foutiennent latéralement.

Toutes les expériences ont montré que les fluides agiffent
comme le quarré des vîteffes, ou comme les hauteurs des
niveaux qui donnent ces vîteffes. Tout le monde en convient;
ainfi l'effort de l'eau, puifque la vîteffe eft diminuée comme le
finus d'incidence diminuera comme le quarré des finus d'incidence.

Il réfulte de tout ce qui a été dit jufqu'ici, qu'ayant un
folide (*Figure 22.*) dont PDAR repréfente une tranche, tant
qu'il eft immobile, les actions fur PD & PR, dans le fens perpendiculaire à DR, font égales à celles qui s'exercent fur AD
& DR, dans le fens AC oppofé à PC, & perpendiculaire à
DR; mais fi le corps va chercher le fluide, & fe meut felon
CP, il y aura une nouvelle vîteffe du fluide proportionnelle,
comme on vient de remarquer au finus d'incidence. Nous la
nommons *Vîteffe d'accès.* Ce corps ne peut s'avancer vers le
fluide, fans que la partie poftérieure ne fe fouftraye à fon action:
nous nommerons la quantité dont la partie poftérieure évite le
fluide, *Vîteffe de fuite*, qui eft pareillement comme le finus
d'incidence.

M. Bouguer a paru, dans le chapitre du Traité du Navire
qui traite de la poupe, reconnoître les mêmes principes ; mais
il n'en a pas tiré tout le parti qu'il eût pu, & c'eft la caufe de
l'imperfection, où il a laiffé plufieurs parties de la théorie des
Vaiffeaux qui en dépendent. Comme c'eft la bafe des mouvemens des fluides, on croit devoir y infifter, & montrer que
les mêmes principes ont lieu pour la partie poftérieure de la
carene, que pour la partie antérieure. Dans le cas de l'immo-

bilité, perfonne n'en doute ; le corps étant en mouvement , il n'y a de différence que dans les fignes ou directions , & les circonftances l'indiquent.

Si le fluide MD, a une vîteffe d'accès MI, la partie DN ne fuit le côté DA, que de la quantité LN : cette vîteffe de fuite eft une diminution de la vîteffe avec laquelle le fluide fuit la tranche DA.

C'eft une chofe indifférente qu'un corps foit pouffé avec une plus grande force , ou foutenu par un moindre effort ; car on n'a jamais à confidérer que la différence d'effort ; fi par exemple le folide, dont PDR eft une tranche , eft pouffé dans le fens PC par un effort de 100 livres, & repouffé par un effort égal, il n'y a pas d'action ; s'il étoit pouffé par un effort de 100 ou 150 livres, & repouffé avec une force de 50 ou 100 livres , l'effort feroit de 50 livres.

On voit par-là que l'effort total fur le fluide eft compofé de l'effort réfultant de la vîteffe d'accès du fluide , & du moindre foutien provenant de la vîteffe de fuite. Si les furfaces antérieures & poftérieures font femblables, on peut ne confidérer que la furface antérieure ; ainfi qu'on a fait jufqu'ici pour chercher l'impulfion directe ; mais fi elles font différentes , il faut chercher les efforts réfultans pour la proue & la poupe, & en prendre la moitié : car des expériences ont montré quelle eft l'action de l'eau ayant une vîteffe déterminée fur un plan d'un pied quarré expofé directement à l'action du fluide. Si on calculoit l'excès d'action de l'eau, & le défaut de fon foutien , chacune de ces furfaces auroit la moitié de l'action totale. Il faut toujours retrouver l'effort donné par l'expérience. C'eft toujours l'action fur le même pied , mais dont on attribue la moitié au défaut de foutien , & l'autre moitié à l'excès d'impulfion.

Quelque puiffe être l'action des fluides, foit celle du finus d'incidence ou de fon quarré , ou telle autre que l'on fuppofe , la même loi aura lieu pour l'avant & l'arriere ; parce que la décompofition des mouvemens eft une loi générale & reconnue de la méchanique , & que c'eft le feul principe que l'on fuit dans cette théorie.

H ij

47. Les principes d'hydroſtatique paroiſſent donc établir (N° 46.) que l'action de l'eau ſuit la raiſon des quarrés des ſinus d'incidence ; on y oppoſe des expériences faites par une perſonne très-éclairée (M. de Borda) : expériences d'ailleurs très-fidellement rapportées.

Il eſt inconteſtable que l'expérience doit l'emporter ſur les conſéquences tirées d'une théorie ſouvent imparfaite , dans laquelle il eſt facile d'avoir négligé des conſidérations eſſentielles ; mais auſſi on a pu négliger quelque conſidération dans les expériences. Dans celles de M. de Borda (Mémoires Académie Royale des Sciences, année 1763) on trouve qu'un cube que l'on fait aller par l'angle , diminue inſenſiblement la réſiſtance abſolue, & de $\frac{1}{16}$ ſeulement ; elle diminue moins que la raiſon du ſinus d'incidence. En tireroit-on la conſéquence , que les diverſes formes des corps influent très-peu ſur la réſiſtance ? Ce n'eſt donc qu'après un examen très-attentif que je les ai cru inſuffiſantes, pour déterminer la loi qu'elles ſuivent. Il ſera cependant à propos que ceux qui voudront s'inſtruire particuliérement de cet objet , voient le Mémoire ci-deſſus cité, & celui de M. de Borda, année 1767.

A ces expériences je vais en oppoſer quelques autres. J'ai remarqué bien des fois que des Navires qui diminuent la réſiſtance comme 1 eſt à 10, & où elle eſt $\frac{1}{32}$ environ du quarré de la demi-largeur , conſervent les flottes où il y a toujours de mauvais voiliers, avec les huniers ſur le tón, quelquefois cargués , quand elles ont vent arriere. L'étendue de leurs voiles eſt environ $\frac{1}{9}$ de celle des autres Navires , & cette étendue eſt la meſure la plus exacte du rapport de leur réſiſtance. La plus grande étendue proportionnelle des maîtres gabarits des autres Navires , & une ſimple diminution de réſiſtance dans la raiſon des ſinus d'incidence , ne pouvoit faire une ſi grande différence : on trouveroit ſeulement le rapport de 1 à 2 environ.

Perſonne ne rend plus de juſtice que moi à M. de Borda, ne cherchant que le vrai, ſans aucun ſyſtême particulier, ſes expériences ſont certaines & font voir le vrai génie d'obſervation. Mais je crois que le point de traction doit être conſidéré ; car ce point ne peut être une choſe indifférente. Un axiome qu'il

eſt important de ſe rappeller, c'eſt que les mêmes cauſes pro-
duiſenr les mêmes effets, & que ſi l'effet eſt différent, il faut
chercher une cauſe différente. Les fonds étant les mêmes,
variant le point velique, il réſulte des différences de marche :
donc ce point doit être conſidéré, le point velique reſtant le
même & variant la différence de tirant d'eau, il en réſulte dans
des différences de marche : donc il faut auſſi conſidérer les
fonds.

Ces raiſons jointes à quelques expériences particulieres,
mais peu préciſes, me font encore admettre la loi du quarré
du ſinus d'incidence, pour repréſenter les impulſions de l'eau ;
cependant, pour rendre le Traité complet, je n'ai pas négligé
l'hypothèſe où elles ſuivent la raiſon ſimple de ces ſinus.

I I.

Des réſiſtances directes.

48. On a vu ci-deſſus que la réſiſtance (*Fig. 21.*) qu'éprouve
la ligne AC, eſt diminuée comme le quarré du ſinus d'incidence : quarré du ſinus total ou comme ($AC^2 : AP^2$), ce qu'il eſt
très-facile de calculer par la méthode de M. Bouguer, qui
conſiſte à tirer du point C, la perpendiculaire CD, ſur l'hypotheſe AP : puis du point D, une autre perpendiculaire DE ſur
la ligne CP : on multiplie enſuite la ligne AC par la ligne CE,
qui eſt le quarré du ſinus d'incidence, & c'eſt l'impulſion réelle,
ou par la ligne IK pour repréſenter l'impulſion abſolue ; car la
ligne CE : CP : : le quarré du ſinus d'incidence : au ſinus total.
Ce qui ſe démontre d'une façon élémentaire, car AC : AP : :
CD : EC ou $AC^2 : AP^2 : : CD^2 : EC^2$, & $DC^2 = CP$. CE donc
$AC^2 : AP^2 : : CP : CE$. On peut porter ces lignes ſur celle des
plans du compas de proportion, c'eſt la maniere la plus courte.

Une demi proue PDBA (*Figure 23.*) ſuppoſée compoſée
des droites PD, DB, BA. s'avançant ſelon l'axe CP, la partie
PD recouvre DE, la partie DB recouvre BF, & la partie AB
recouvre AG : leur ſomme eſt AC, on les calculera toutes
en cette ſorte portant DE qui eſt de 20. 5 parties égales ſur la

ligne des plans de 10 à 10, DP ira de 14 à 14, ce qui montre que la résistance sur cette partie diminue comme 10 : 14 de même pour BF & AG : on donne cette forme à ce calcul :

DE $=$ 20. 5	de 10 à 10	DP va de 14 à 14 résist. 14. 60
BF $=$ 8	de 10 à 10	BD de 35 à 35 2. 25
AG $=$ 6	de 1 à 1	AB de 11 à 15 0. 40
résist. abs. 34 5		résistance relative 17. 25

Cette méthode est une approximation, puisqu'on réduit la surface courbe à des lignes droites.

49. S'il s'agissoit de courbes géométriques , on pourroit trouver la résistance d'une façon géométrique. Si l'on proposoit de connoître celle qui prouve le demi-cercle ABD (*Fig. 24.*) l'on en prend une partie EI, comprises entre les ordonnées EM & Im , cet arc de cercle couvre la partie Ee : la résistance est comme le quarré du sinus d'incidence , mais par la propriété du cercle , si on tire le rayon EC, le sinus d'incidence Ee : petit arc du cercle EI sinus total : : l'ordonnée Em : au rayon CE ; ainsi à chaque point la résistance relative qui suit le rapport du quarré du sinus d'incidence , au sinus total, est dans la raison du cercle qui a EM pour rayon , au cercle qui a CE pour rayon. Ainsi la résistance directe est à la relative comme le cylindre qui a pour base le grand cercle de la sphere , & pour hauteur le rayon , est à l'hémisphere ou : : 2 : 3 ; on trouveroit par les mêmes raisonnemens que dans l'hypothese des sinus, la résistance relative est à l'absolue : : l'ordonnée : au rayon ou comme le cercle : quarré du rayon, mais la forme méchanique des courbes qui composent le Vaisseau , oblige de suivre les méthodes d'approximation indiqués ci-dessus.

Il est aisé de trouver les impulsions latérales (Voyez les Figures 21 & 23.) car à cause de la décomposition des mouvemens, l'impulsion directe est à la latérale comme AC : CP ; ainsi l'impulsion directe est AC. $\frac{AC^2}{AP^2}$ & la latérale est CP $\frac{AC^2}{AP^2}$, & supposant que ce même triangle soit situé verticalement, ensorte que la ligne AC soit verticale , la même décomposition du mouvement, fera que l'impulsion directe fera AC : $\frac{AC^2}{CP^2}$ & la verticale CP . $\frac{AC^2}{AP^2}$; effectivement il n'y a de différence que dans la position du triangle, mais c'est toujours la même obliquité.

50. Nous allons examiner maintenant ce qui arrive quand le fluide a une direction oblique; on sait que si on a deux angles exprimés par A & B, le sinus de (A+B) = sin. A. cos. B + cos. A. sin. B & que le sinus de (A—B) = sin. A. cos. B —cos. A. sin. B; comme cette démonstration ne se trouve pas dans tous les élémens, nous la rappellerons ici. On en trouvera une autre, Géométrie de M. Besout, N° 284.

Soit l'angle ACP = PCB (*Figure 25.*) l'angle désigné par A; si on tire le rayon CR, faisant avec CP l'angle PCR, désigné par P dans la formule, l'angle BCR est l'angle A+B, ou la somme de ces angles : l'angle ACR qui en est la différence est A—B, RO est sinus de l'angle B, CO son cosinus, AI sinus de l'angle A ou ACP, CI son cosinus, BE est sinus de A+B & AV est sinus de A—B.

On a l'analogie suivante CO ou cos. B : RO ou sin. B :: CI ou cos. A : HI $= \frac{\text{sin. B . cos. A}}{\text{cos. B}}$, à cause des triangles semblables RCO & HCI, BH=BI+IH= sin. A+ $\frac{\text{sin. B cos. A}}{\text{cos. B}}$, ou $\frac{\text{sin. A cos. B+sin. B cos. A}}{\text{cos. B}}$ & AH ou sin. A—HI= $\frac{\text{sin. A cos. B—sin. B cos. A}}{\text{cos. B}}$; mais les triangles RCO, HBE, HAV sont semblables, car l'angle BHE=CRO puisque les lignes RO & AB sont paralleles, de même l'angle HEB = l'angle RDC étant droits l'un & l'autre; les triangles AHV & HDE étant semblables, on a les analogies suivantes. CR : CO . : BH . BE :: AH : AV & R : cos. B :: $\frac{\text{sin. A. cos. B+sin. B. cos. A}}{\text{cos. B}}$: BE sin. A + B = $\frac{\text{sin. A. cos. B+sin. B. cos. A}}{r}$ :: $\frac{\text{sin. A. cos. B—sin. P. cos. A}}{\text{cos. B}}$: AV. sin. de A —B = $\frac{\text{sin. A. cos. B—sin. B. cos. A}}{r}$ & faisant $r=1$, BE =sin. A. cos. B +sin. B. cos. A & AV= sin. A. cos. B — sin. B. cos. A.

31. Ceci étant démontré, si la proue que nous supposons rectiligne, est représentée par les lignes PB, PA, faisant avec

l'axe PC un angle égal, supposons que le fluide au lieu de suivre la direction PC, en ait une PL oblique, la partie AP de la proue sera frappée avec une obliquité égale à la somme des angles APC+CPL, & la partie PB le sera avec une obliquité égale à la différence de ces angles; ainsi la résistance sur PA $=$ PA . AO; le sinus de l'obliquité pour la partie AP de la proue comme il vient d'être dit ci-dessus $=$ sin. APC : cos. CPL +sin. CPL. cos. APC, & celui de l'obliquité pour la partie BP est sin. APC . cos. CPL — sin. CPL . cos. APC, & nommant pour abréger sin. CPA, ou CA, ou son égal CB y, son cos. CP x, le sinus de l'obliquité du fluide ou de l'angle CPL, m : son cos. n. La résistance directe pour la partie la plus exposée à l'impulsion est $y (yn+xm)^2$ & pour la partie la moins exposée, ou CB elle est $y (yn-xm)^2$, ainsi la somme des produits ou la résistance sur les deux côtés à la fois est $2y (y^2 n^2 + x^2 m^2)$ ou à cause de $x^2 = r^2 - y^2$ elle est $2y (r^2 m^2 - m^2 y^2 + n^2 y^2)$ ou à cause de $r = 1$ on a $2 (m^2 y + n^2 - m^2) \frac{y^3}{x^2 + y^2}$ puisque $r^2 = x^2 + y^2$ comme cette expression est la même

pourvu que les deux côtés PA , PB soient également inclinés sur l'axe, & que la ligne BL tombe en dedans de CPD, la grandeur de y ne change rien à la solution & le triangle peut être infiniment petit ou fini. On est convenu en France de désigner la circonstance particuliere où les côtés sont infiniment petits par la caractéristique d, ainsi l'expression quand on considere deux triangles élémentaires ou infiniment petits, est

$$2 m^2 dy + (n^2 - m^2) \frac{dy^3}{dx^2 + dy^2}$$ & la résistance pour une courbe entiere seroit $2 \int (m^2 dy + (n^2 - m^2) \frac{dy^3}{dx^2 + dy^2} = 2 m^2 y + (n^2 - m^2) \frac{\int dy^3}{dx^2 + dy^2}$; expression qui est la même que celle de M. Bouguer, à la réserve qu'on a substitué le rapport des sinus, cosinus & rayon, à celui des tangentes, rayon & sécantes.

En examinant l'expression $2 (m^2 y + (n^2 - m^2) \frac{\int dy^3}{dx^2 + dy^2}$ on voit que si l'obliquité du fluide est nulle, ou s'il se meut parallelement à l'axe, m étant $= 0$ & $n = r$, elle se réduit à

$2 \frac{\int d y^3}{a x^2 + y^2}$, pour un triangle fini feul $\frac{y^3}{x^2+y^2}$, ou $\frac{CA^3}{PA^2}$, ce que l'on favoit déja.

Si l'obliquité eft de 45^d, les finus & cofinus m & n font égaux, & $n^2 - m^2 = 0$. dont tout fe réduit au premier terme $2 m^2 y$, & comme $2 m^2$ ou le double du quarré du finus de 45^d = le quarré du rayon, la réfiftance eft y, ou la moitié de la réfiftance directe qui eft $2 y$, & cela quelque puiffe être la longueur de CP.

Cette même expreffion $2 (m^2 y + (n^2 - m^2) \frac{\int d y^3}{a x^2 + d y^2})$ à caufe de $r^2 = n^2 + m^2$, devient $2 m^2 y + 2 (r^2 - 2 m^2) \frac{\int d y^3}{a x^2 + d y^2}$ & la réfiftance pour la route directe $2 r^2 \frac{\int d y^3}{a x^2 + a y^2}$ étant retranchée, le refte $2 m^2 (y - 2 \frac{\int d y^3}{d x^2 + a y^2})$ eft l'augmentation de réfiftance cauſée par l'obliquité de la route, qui eft proportionnelle a m^2, ou au quarré du finus de l'obliquité, & il en réfulte que fi on connoît l'augmentation de réfiftance pour une route, on la connoît pour toutes les autres.

Cette même expreffion, qui, quand on confidere un triangle feul, eft $2 m^2 (y - 2 y^3)$ fait voir que la réfiftance n'augmente avec l'obliquité, que quand cette quantité eft pofitive; ainfi $y - 2 y^3$ ou $1 - 2 y^2$ doit être pofitif & 1 ou r^2, doit être plus grand que $2 y^2$: par conféquent fi l'angle CPB ou CPA eft moindre que 45^d; la réfiftance augmente avec l'obliquité de la route, & s'il excéde 45^d la quantité devenant négative, la réfiftance diminue par l'augmentation d'obliquité.

Cette théorie eft abfolument fondée fur la confidération des triangles finis & fur une géométrie élémentaire, & par tout où on trouve la caractériftique d qui montre qu'on confidere des parties dy ou dx infiniment petites, on peut fubftituer des parties finies dont l'affemblage forme la bafe, ou la longueur de la proue.

52. Dans le même triangle, fi l'angle CPI eft plus grand que l'angle CPB, AO eft toujours le finus de l'angle ACP + CPI, la ligne BI qui eft en dehors de BC repréfente la différence des angles, & cette quantité eft une viteffe de fuite,

ou la vîteſſe avec laquelle le côté PB eſt ſoutenu dans l'état d'équilibre , eſt moindre de cette même quantité , l'impulſion directe provenante de l'action du fluide ſur PA , eſt toujours $y . \frac{(yn + xm)^2}{y^2 + x^2}$, mais l'action ſur PB au plutôt le défaut d'impul-ſion ſur cette partie eſt $y . \frac{(yn - ym)^2}{y^2 + x^2}$; & comme le défaut d'im-pulſion dans un ſens eſt la même choſe que l'excès d'impulſion dans le ſens oppoſé, on doit changer les ſignes. L'action totale ſera donc $\frac{4mnxy^2}{x^2 + y^2} = 4mn\frac{(x - x^3)}{x^2 + y^2}$ & (*par le N° 46.*) on doit prendre la moitié de cette quantité.

On voit que quelque ſoit la forme de la proue , ou les an-gles CPA , CPB , la réſiſtance augmente juſqu'à ce que l'obli-quité ſoit de 45^d ; car la réſiſtance ne varie qu'à proportion du rectangle mn , & l'on ſait que le plus grand rectangle formé par le ſinus & le coſinus eſt celui où ils ont 45^d , alors la réſiſtance devient $\frac{2xy^2}{x^2 + y^2}$, ou elle eſt à la réſiſtance directe comme x eſt à y ou : : CP : CA.

Ce ſecond cas n'a pas été examiné par M, Bouguer , ni par les autres Auteurs ; il eſt cependant très-étendu , car les cour-bes qui entrent dans la conſtruction du Vaiſſeau, deviennent pa-ralleles à l'axe en approchant du milieu ; ainſi cette pattie s'y trouve compriſe pour peu qu'il y ait d'obliquité , & elle s'étend plus ou moins vers les extrêmités ſelon la quantité de la dérive & la forme du Navire. En général, lorſque la dérive eſt de 45^d , toute la carene des Frégates ſe trouve compriſe ſous cette ſolu-tion. Quand la dérive eſt très-foible comme de 2 à 3^d , on peut s'en tenir à la ſolution relative au premier cas. Il eſt eſſentiel de bien méditer ce deuxieme cas , parce qu'il eſt lié à la théorie de la poupe & qu'il en eſt la baſe.

Lorſque l'obliquité eſt égale à l'angle CPA , les deux expreſ-ſions , ſavoir $\frac{4xmny^2}{x^2 + y^2}$ & $2m^2y + 2(n^2 - m^2)\frac{y^3}{x^2 + y^2}$ ſont les mêmes , car alors $m = y$ & $n = x$ elles deviennent donc $\frac{4x^2y^3}{x^2 + y^2}$ & $2y^3 + \frac{2x^3y^3 - 2y^5}{x^2 + y^2}$ ou $\frac{4x^2y^3 + 2y^5 - 2y^5}{x^2 + y^2}$ qui ſont abſolument les mêmes.

III.

De l'Impulsion latérale.

97. Il faut faire attention que dans le premier cas , l'impulsion latérale provenante du choc de l'eau sur le côté PA (même figure) a une direction dans le sens ACB, & celle qui a lieu sur le côté PB, a une direction dans le sens BCA ; opposé à ACB ; ainsi elles doivent être souftraites l'une de l'autre ; & comme PB ou PA étant la résistance totale , CP est la latérale , elle est CP. $\frac{AO^2 - BL^2}{PA^2}$, qui en désignant les mêmes lignes par les mêmes lettres devient $x \left(\frac{(yn + xm)^2 - (yn + xm)^2}{x^2 + y^2} \right)$ & à cause de de PA² ou $r^2 = x^2 + y^2 = 1$, on a $4\,mnx^2y$ ou $4\,mn (y - y^3)$; expression conforme à celle de M. Bouguer.

Dans le second cas, BI est la vitesse de fuite , il y a un défaut d'impulsion sur le côté P B, & l'effort opposé est plus considérable ; ainsi la résistance latérale est $x\,(yn + ym)^2 + (xm - yn)^2$ ou $2x \left(n^2 + (m^2 - n^2)\,\frac{x^2}{x^2 + y^2} \right)$.

On a vu ($N^o\,46$), que les résistances pour chaque surface doivent être la moitié de celle qu'on trouve quand on se contente d'en calculer une seule.

Il est à propos de comparer ce résultat avec celui que donnent les théories ordinaires ; quand le Vaisseau va latéralement selon ces théories, la résistance latérale , qui est toujours $4\,nmx^2y$, devient nulle , parce qu'alors $n = 0$; ce qui ne peut être. Je trouve qu'elle est $\frac{x^3}{x^2 + y^2}$ ou $\frac{CP^3}{PA^2}$, ce qui est évident il n'y a nulle différence entre cette espece de résistance & celle d'un Vaisseau qui ayant pour largeur la ligne CP, iroit directement dans le sens C A, & ce n'est qu'une maniere différente d'envisager le même effet.

I V.

Remarques générales.

54. Il étoit néceſſaire de conſidérer d'abord des lignes cour-bes, ou, ce qui eſt la même choſe, des corps dont toutes les tranches horizontales ſont des coupes égales ; il faut mainte-nant ramener cette théorie à l'examen des ſurfaces courbes ; dans leſquelles les diverſes tranches ſont inégales. De cette diſpoſi-tion, il réſulte une inclinaiſon dans le ſens vertical & une nou-velle décompoſition ; ainſi (dans la *Figure 26.*) ou A B D eſt une coupe verticale, AP la longueur de la proue, & APB une portion de ligne d'eau, le ſinus d'incidence n'eſt pas la ligne AB, mais la perpendiculaire a la ſurface que je nommerai Y ; pour éviter de la confondre avec AB, ligne horizontale qui a été nommée y : effectivement ce ſinus Y, eſt la vîteſſe d'accès du fluide ; ainſi la réſiſtance à cauſe de cette decompoſition diminue comme Y^2 à y^2. La réſiſtance verticale ſuit les mêmes formules que la réſiſtance directe.

S'il s'agit de ſurfaces dont les coupes ſont inégales à cauſe de la nouvelle décompoſition qui ſe fait dans le ſens vertical, la perpendiculaire à la ſurface verticale eſt toujours Y ; mais l'impulſion abſolue ſur la ſurface totale eſt déterminée par ſon inclinaiſon, la largeur à conſidérer, eſt la perpendiculaire à PB, ou diminue $:: r : x$, on nommera c la ligne AD qui reſte la même ; & eſt le ſinus d'inclinaiſon, alors le ſinus total eſt $V\left(cc\dfrac{+y^2\quad x^2}{rr}\right)$ & les réſiſtances diminuent $:: c^2\ r^2 : c^2 r^2 + y^2$ x^2 ou $:: x^2 + y^2 : x^2 + y^2 \dfrac{y^2 x^2}{c^2}$ & comme il eſt facile de trouver une quatrieme proportionnelle à c, x & y, ſi on la nomme z l'expreſſion devient $2\,A\left(\dfrac{x^2+y}{x^2+y^2+z^2}m^2 + (n^2 - m^2)\dfrac{Y^2}{x^2+Y^2}\right)$. Il en eſt de même des autres cas & des impulſions, ainſi la 2e expreſſion qui eſt $4\,mnxy^2$ devient $4\,A\,mnxy\dfrac{x^2+y^2}{x^2+y^2+z^2}$.

Pour l'impulfion latérale, fi B eft le triangle élémentaire fini, la formule du premier cas $4\,mnx^2y$ devient $4\,Bmn$ $$xy\,\frac{x^2+y^2}{x^2+y^2+z^2}.$$

Celle du deuxieme cas devient $$2B\left(\frac{x^2+y^2}{x^2+y^2+z^2}n^2+(m^2-n^2)\frac{X^2.Y^2}{X^2+y^2.y^2}\right).$$

Pour les réfiftances verticales ; ce font les mêmes expreffions que pour la réfiftance directe ; il n'y a de différence que celle des triangles élémentaires que l'on nommera ici C.

V.

Calcul des réfiftances.

55. La méthode ordinaire de calculer les réfiftances des carenes pour toutes les fituations, étant extrêmement longue, j'ai tâché de l'abréger. Ce n'eft que par une comparaifon fréquente de l'expérience & des réfultats donnés par la théorie, qu'on peut en reconnoître la conformité, & il feroit à craindre que des opérations très longues & très-ennuyeufes ne fuffent prefque jamais entreprifes.

On divifera la furface de la proue par plufieurs plans verticaux & horizontaux, à égale diftance les uns des autres ; les plans verticaux font repréfentés par ABCDEFG (*Figure 27.*) & les plans horizontaux, par 11. 22. 33. 44. La furface du maître gabarit fe trouve ainfi partagée en divers trapezes, qu'on divife en deux triangles, par des plans qui vont d'une interfection à l'autre. Cette préparation, qui eft la même que celle de M. Bouguer, étant faite, on trouve aifément le finus d'incidence. Propofons-nous le triangle dont DEM eft la projection ; on abaiffe de fon fommet E, la perpendiculaire EO, fur la bafe DM, fenfiblement droite & prolongée, s'il eft néceffaire, on forme enfuite un triangle EOV, dont le côté EO eft la longueur de la perpendiculaire, le côté EV eft la diftance des couples D & E ; prifes fur le plan de longueur, l'angle OVE eft le finus d'incidence de l'eau fur cette partie, & la ligne OV eft le finus total ; la réfiftance qu'éprouve le triangle de projection DEM est diminuée dans le rapport de EO^2 à OV^2; il en est de même du triangle ELM ; &c. au reste l'opération graphique par laquelle on décrit ce triangle EOV est absolument inutile ; & on n'en parle ici que pour expliquer la méthode ordinaire de calculer.

La résistance absolue qu'éprouve le triangle DEM est égale à sa surface , & il est inutile de la multiplier par la distance d'une coupe à l'autre. Pour avoir la surface des triangles , il est commode de prendre l'excédent des largeurs des différentes coupes, & de supposer la distance des lignes d'eau de 20 parties égales, pour qu'en multipliant les bases ou excédens des largeurs par la moitié de leur hauteur, il n'y ait qu'un o à ajouter , & que la surface du triangle soit multipliée par un nombre suffisant de parties : on évite par-là les multiplications en pieds , pouces & lignes , lesquelles sont toujours incommodes.

La supposition d'un nombre à volonté pour exprimer les distances des lignes d'eau , n'altere pas le rapport des impulsions absolues & relatives. On prend ensuite avec un compas qui reste fixe, la distance d'un coupe à l'autre , & avec un autre compas la longueur de la perpendiculaire E O ; qu'on porte sur la ligne des plans du compas de proportion de 10 à 10, de 1 à 1 , ou sur quelqu'autre nombre par lequel la multiplication soit facile. Le compas de proportion restant ainsi ouvert, le compas fixe sera porté sur cette même ligne des plans , d'un nombre à l'autre correspondant. Je suppose que la perpendiculaire EO , allant de 10 à 10 , l'ouverture du compas fixe aille de 52 à 52 , ce qui , par la construction de la ligne des plans , montre le rapport du quarré de la perpendiculaire , & celui de la distance des couples ; le quarré du sinus total , qui est égal à la somme des deux autres, est 62 ; ainsi on multiplie la surface par 10 & on la divise par 62 , le quotient est l'impulsion relative. Si le sinus d'incidence étoit assez petit pour qu'étant porté de 1 à 1 , l'ouverture du compas fixe excédât celle de l'extrêmité de la ligne des plans, il faudroit le doubler ou le tripler ; alors on quadrupleroit , ou on multiplieroit par 9 , le nombre sur lequel tombe le compas fixe.

Le compas de proportion seroit plus commode pour cette

opération, fi prolongeant la ligne des plans vers le centre, on y marquoit les points de $\frac{1}{5}$ & $\frac{1}{10}$, ce qu'il eft très-facile de faire exécuter; alors on multiplieroit par 5, ou par 10, le nombre fur lequel tombe le compas fixe.

Il ne refte plus que cette analogie à faire : la demi-largeur en parties égales multipliée par la hauteur du tirant d'eau au milieu, aufli mefurée en parties égales : la demi-largeur en pieds & pouces multipliée par le même tiraut d'eau en pieds & pouces :: la fomme des réfiftances relatives : plan réfiftant; à la vérité, il femble que l'on n'ait qu'une moitié du plan réfiftant, puifqu'on n'a mefuré qu'une moitié, mais aufli (*par le N₀. 46*) il ne faut prendre que la moitié des réfiftances ordinaires, quand on calcule les deux furfaces antérieures & poftérieures, comme eft utile de le faire.

Ce que je nomme le compas fixe fert pour toutes les diftances de couples égales ; lorfqu'elles font inégales, comme il arrive vers les extrêmités, il faut en prendre à chaque fois les diftances.

Les rapports ainfi trouvés font employés pour toutes les autres réfiftances latérales ou verticales. Les triangles latéraux fe prennent fur le plan de longueur & font égaux, à la réferve de ceux des extrêmités.

Les triangles de projection pour la réfiftance verticale fe prennent fur le plan des lignes d'eau, & quand les diftances des couples entr'elles, ainfi que les diftances des lignes d'eau font égales ; connoiffant la réfiftance directe, une feule analogie fuffit pour connoître la verticale. La diftance des lignes d'eau : intervalle des coupes :: réfiftance relative directe : réfiftance verticale. Pour la partie comprife entre le dernier couple & l'étrave, il faut la traiter féparément, à caufe de la diverfité des longueurs des triangles de cette partie.

Dans les routes directes, il n'y a pas d'impulfion latérale réfultante, parce que celles d'un côté détruifent celles de l'autre; il faut maintenant montrer à calculer les routes obliques.

56. L'augmentation des réfiftances directes, lorfque les routes font obliques, eft(*par le N 51.*) $2\,m^2\,dy - 2\int \frac{dy^3}{dx^2 + dy^2}$. Lorfque

cette formule eſt appliquée aux ſurfaces élémentaires, elle eſt $\int 2$ m^2 A $\left(\dfrac{x^2 + y^2}{x^2 + y^2 + z^2} - 2 \dfrac{Y^2}{x^2 + Y^2} \right)$: la deuxieme partie de la formule eſt double de l'impulſion directe, la premiere partie eſt la ſurface des triangles, diminuée dans le rapport des quarrés des lignes x & y, & des lignes x, y & z : on fera donc une ſomme des valeurs de ces triangles ainſi diminués, & on en retranchera le double de l'impulſion directe : on multipliera le reſte par le quarré du ſinus de l'obliquité.

La réſiſtance latérale exprimée par $2\, m\, n \left(y - \dfrac{y^3}{x^2 + y^2} \right)$ ſe trouve par les mêmes réflexions ; elle devient $2mn$ A $\left(\dfrac{x^2 + y^2}{x^2 + y^2 + z^2} - \dfrac{Y^2}{x^2 + y^2} \right)$: ainſi de ces triangles diminués par la double inclinaiſon, on retranche l'impulſion directe & on multiplie ce reſte par le ſimple rectangle formé par le ſinus & le coſinus de l'obliquité, pour éviter d'en prendre enſuite la moitié (*ſuivant le N°. 46.*] La réſiſtance verticale ſe calcule par les mêmes moyens que la réſiſtance directe, les ſeuls triangles de projection ſont différens.

On s'eſt attaché principalement dans cette méthode à éviter les opérations graphiques, & à ne pas l'aſtreindre à des diſtances égales, que la forme des extrêmités ne permet pas en cette partie ; ce qui la rend plus générale que celle de M. Bouguer.

57. Dans les routes obliques, la formule, quand la dérive excede l'angle du côté du Vaiſſeau avec la parallele à la quille, n'eſt pas la même. Pour calculer cette partie il faut voir ſur le plan des lignes d'eau le point où l'angle de la dérive eſt tangent ; à compter de ce point vers le milieu, la réſiſtance eſt égale à la ſurface des triangles élémentaires de longueur diminuée pour l'inclinaiſon, & multipliée par le quadruple du rectangle du ſinus & du coſinus de l'obliquité, ou plutôt par le double pour éviter d'en prendre enſuite la moitié [*ſelon le N. 46.*].

On trouvera à la fin de ce Traité un exemple de ces calculs, qui eſt néceſſaire pour une exacte intelligence des opérations.

Il ne reſtera plus qu'à examiner ſur quelles directions s'exercent ces diverſes impulſions ; pour cela on conſidere chaque

impulſion

Impulsion; comme si elle étoit réunie dans le centre de gravité de son triangle de projection, & on cherche les momens par rapport à un point quelconque, conformément au grand principe de statique qu'on a exposé en traitant du centre de gravité.

CHAPITRE VIII.

Des Conoïdes de moindre résistance.

I.

58. QUOIQUE la forme des conoïdes de moindre résistance ne puisse être adaptée aux Vaisseaux, nous croyons ne pouvoir nous dispenser de les examiner. Lorsque nous reviendrons ensuite aux figures que la pratique a fixées pour divers Navires, on sera plus à portée d'en apprécier tous les avantages.

Toutes les tranches qui forment la proue, étant semblables, il doit y avoir un rapport entre leurs distances, qui fait que la résistance est diminuée le plus qu'il est possible.

Si, par exemple, on connoît les deux extrêmités A & B d'un solide que nous supposons circulaires, & dont les diametres sont 1 & 9, pour que la résistance soit diminuée le plus qu'il est possible, le cercle C qui a un diametre moyen 5, ne doit pas être au milieu de la distance, mais il doit être plus éloigné du plus grand cercle B, & la raison en est apparente. Les couronnes formées par la différence des cercles A, C & C, B font 24 & 56 ; c'est donc sur cette plus grande couronne qu'il importe le plus de porter la diminution ; mais il y a des limites qu'il faut découvrir. Cette question étant une de celles qu'on nomme *de maximis & minimis*, il est à propos d'en rappeller les principes.

Ce qu'on appelle une quantité parvenue à son *maximum* ou à son *minimum*, est une quantité parvenue à son plus grand ou son moindre degré. De cette définition il suit que, tant qu'elle augmente, elle n'est pas parvenue à son *maximum*, puisqu'un instant après elle est plus grande : il en est de même du *minimum* ; ainsi lorsqu'une quantité est la plus grande ou la moindre possible, son accroissement ou sa différence est nulle. Cette regle eſt générale pour les quantités qui ont des limites : on peut même obſerver dans les choſes de pratique, que, quand elles ſont près du point où eſt le *maximum*, une foible variation dans la poſition n'apporte qu'un changement inſenſible dans la quantité.

C'eſt par le moyen de ces réflexions qu'on trouve le *maximum* ou le *minimum* dans les queſtions qu'on propoſe ; à la vérité la différence étant nulle pour l'un ou l'autre, il reſteroit une incertitude, ſi la conſidération du problême qu'on veut réſoudre, ne faiſoit voir lequel de ces deux cas a lieu.

59. Pour revenir maintenant à la queſtion propoſée, ſoient les couronnes A, B (*Figure 28.*) dont les aires ſuivent le rapport de 1 à *m*. Je ſuppoſe maintenant que leur diſtances ſoit IL, mais qu'on propoſe de la partager en deux parties, I l & l L, enſorte que les réſiſtances qu'éprouvent les deux couronnes priſes enſemble, ſoit la moindre poſſible. Soit I l, X, l L, x : les ſurfaces des couronnes A & B, dont la largeur eſt a, ſont a & $m\,a$, & les réſiſtances ſeront en général $m\,a \dfrac{\cdot\, a^r}{(\sqrt{a^2 + X^2})^r}$ & $a \dfrac{\cdot\, a^r}{(\sqrt{a^2 + x^2})^r}$ qui lorſqu'elles ſuivent la loi des quarrés des ſinus d'incidence, & qu'on ſuppoſe $a = 1$, deviennent $\dfrac{m}{X^2 + 1}$ & $\dfrac{1}{x^2 + 1}$. Les ſeules longueurs I l & l L ſont ſuſceptibles de variation, & il faut, quand la réſiſtance eſt à ſon moindre degré, qu'une variation infiniment petite dans ces longueurs n'en change pas la quantité, ou que ſa différence ſoit nulle, elle eſt $- \dfrac{2\,m\,X\,dx}{(X^2 + 1)^2} - \dfrac{2\,x\,dx}{(x^2 + 1)^2}$: mais comme I l $= X$ ne peut augmenter, ſans que l L, ou x ne décroiſſe, ſi dx eſt poſitif pour X, il ſera négatif pour x, ainſi il faut en changer un des ſignes, & la différence eſt $\dfrac{2\,m\,X\,dx}{(X^2 + 1)^2} - \dfrac{2\,x\,dx}{(x^2 + 1)^2} = 0$ & diviſant par $2\,dx$, on a $\dfrac{m\,X}{(X^2 + 1)^2} = \dfrac{x}{(x^2 + 1)^2}$, ou enfin $m\,(x^3 + 2x + \dfrac{1}{x}) = X^3 + 2X + \dfrac{1}{X}$; & cette derniere partie de l'équation eſt toujours proportionnelle à *m*, ou au rapport des aires des couronnes, & cela, ſoit qu'elles

foient finies, ou infiniment petites. Il eft feulement à propos d'obferver que, quand elles font infiniment petites, elles font proportionnelles aux largeurs ou ordonnées, & fi on les nomme y, alors
$m = y$ & X n'eft autre chofe que la fous tangente du conoïde.

60. Les largeurs étant dans le rapport de $X^3 + 2X + \frac{1}{X}$,
leurs accroiffemens ou différences font comme $3X^2\,dX + 2\,dX$
$- \frac{dX}{X^2}$; on peut donc dire y ou $\int dy : \int(3X^2\,dX + 2\,dX - \frac{dX}{X^2})$
qui lui eft égal : : dX ou X fous tangente, a un quatrieme terme
qui lui fera pareillement égal. C'eft $\int(3X^3\,dX + 2X\,dX - \frac{dX}{X})$
qui eft la fomme des dX, mais fous une autre expreffion ; elle
eft $\frac{3}{4}X^4 + X^2 - LX - A$. Ce dernier terme eft une conftante
qu'il faut déterminer. Pour cela il faut voir fi le conoïde a quelque largeur au fommet, & quel eft l'angle de l'ordonnée avec
la fous tangente.

Soit (*Figure 29.*) AB que je nomme b, le diametre de la
bafe d'un cône, ou le côté de la bafe d'une pyramide. La furface fera proportionnelle à b^2. Suppofons maintenant que la
hauteur de cette pyramide tronquée CH foit fort petite, &
qu'elle foit exprimée par a; que b décroiffe d'une quantité y ou
AL, qui peut être plus ou moins grande, pourvu que le total
des réfiftances fur les furfaces qui recouvrent AB, foit un *mini-
mum*. La réfiftance fera $b^2 - \frac{2b a^2 y + a^2 y^2}{a^2 + y^2}$ qui quand a eft infiniment
petit par rapport à b, devient $b^2 - \frac{2b a^2 y}{a^2 + y^2}$ qui doit être un *minimum* ou $a^2\,dy + y^2\,dy$ doit égaler $2y^2\,dy$ ou $y = a$, ainfi
l'angle au fommet eft 45^d. Ce réfultat eft le même que celui
de Newton (*L.iv. 11. prin. fch. prop.* 34) où il examine les
cônes tronqués de moindre réfiftance ; lorfque la hauteur eft
infiniment petite, la longueur de la fous tangente eft égale
à l'ordonnée, & un tel cône tronqué fe confond avec le
conoïde d'une hauteur infiniment petite. Au fommet de la
courbe $\frac{dX}{dy}$ ou $\frac{X}{y} = 1$ & la quantité $\frac{3}{4}X^4 + X^2 - LX - A$,

Ou $\frac{1}{4} + 1 - 0 - A$ devant être égale à 0, $A = \frac{7}{4}$ & non pas $\frac{1}{12}$, comme l'a fait M. Bouguer ; ce qui rend son conoïde trop obtus au sommet, & le prolonge au delà de ce qu'il doit être : au reste, ce n'est qu'une quantité insensible à corriger dans sa Table. La premiere ordonnée doit être celle exprimée par 400, les abcisses doivent être diminuées de 78.

On a observé que les différences étant nulles, soit que l'on cherche le *maximum* ou le *minimum*, la seule consideration du problême peut le déterminer : il est certain que la courbe trouvée ne donne pas un *maximum* de résistance, car le *maximum* est lorsqu'il n'y a aucune proue ; elle est donc le *minimum*.

J'ai cru qu'il étoit utile d'entrer dans une explication de cette solution, quoique nécessairement plus compliquée que tout ce qui a été traité jusqu'ici ; parce que toutes les autres s'y rapportent, que M. Euler même n'a pas cru la solution assez déterminée. (*Scien. Nav. 698*).

61. Pour ce qui concerne les résistances qu'éprouvent les conoïdes, il est certain que les résistances absolues sont proportionnelles au quarré des largeurs ou aux surfaces : elles sont donc comme $(X^3 + 2X + \frac{1}{X})^2$ rapportées aux sous tangentes, les résistances relatives sont comme les surfaces choquées & comme le quarré du sinus d'incidence. Elles sont en général $2y\, dy\, \frac{\cdot dy^2}{aX^2 + dy^2}$, ou comme $(6X^5 + 16X^3 + 12X + 0 - \frac{2}{X^3}(dX \cdot \frac{dy^2}{\cdot dX^2 + dy^2})$ & comme $dX = \frac{X\,dy}{y}, \frac{dy^2}{dX^2 + dy^2} = \frac{1}{X^2 + 1}$; la résistance pour l'élément de la surface est $(6X^5 - 16X^3 + 12X + 0 - \frac{2}{X^3})\, dX$ divisé par $X^2 + 1$. L'intégrale est $\frac{3X^4}{2} + \frac{10}{2}X^2 + 2LX + \frac{1}{X^2} + A$ constante de 8. 50 parties ; ainsi si l'on veut savoir quelle seroit la résistance relative, quand $X = 3y$. La résistance absolue est le quarré de $33\frac{1}{3}$, ou 1111 : la relative est 121. 5 $+$ 45. 0 $+$ 2. 2 $+$ 0. 1 $+$ 8. 5 ou 188, elles sont à peu près $:: 6 : 1$ ou $:: \frac{2X^2}{3} + \frac{4}{9}\frac{28}{27X^2}$.

Il ne reste plus qu'à donner quelques dimensions du conoïde :

la premiere colonne exprime le rapport de la fous tangente à l'ordonnée , la deuxieme la longueur de l'abaiffe , la troifieme celle de l'ordonnée pour divers points du conoïde.

Sous Tangentes.	Abcisses.	Ordonnées.	Sous Tangentes.	Abcisses.	Ordonnées.
1. 0	00	4. 00	4. 0	204. 87	72. 25
1. 5	3. 90	7. 04	4. 5	324. 63	100. 34
2. 0	14. 56	12. 50	5. 0	490. 40	135. 20
2. 5	32. 88	21, 02	5. 5	713. 08	177. 55
3. 0	66. 91	33. 33	6. 0	1004. 46	228. 17
3. 5	121. 80	50. 15	6. 5	1377. 42	287. 77

I I.

Conoïdes de moindre réfiftance, l'impulfion étant en raifon des finus d'incidence.

62. On doit à l'incertitude qui regne encore fur la véritable loi des impulfions du fluide, d'examiner l'hypothefe où les fluides agiffent en raifon des finus d'incidence. Cet examen ne fera pas fans utilité, car où les deux hypothefes donneront des figures très-différentes, & ce fera un moyen de plus de reconnoître la loi réelle par le moyen de quelques obfervations, ou elles donneront des conoïdes peu différens; alors on retirera la même utilité en employant l'une ou l'autre de ces figures.

Pour trouver les rapports des ordonnées & dimenfions du conoïde, la réfiftance $m\,a\,\dfrac{\cdot a^r}{\sqrt{(a^2+X^2)^r}} + a\,\dfrac{\cdot a^r}{\sqrt{(a^2+x^2)^r}}$ qui eft l'expreffion générale trouvée (N° 60.), faifant a & $r = 1$, puifque la réfiftance fuit la raifon fimple des finus, devient $\dfrac{m}{\sqrt{(X^2+1)}}$ & $\dfrac{1}{\sqrt{(x^2+1)}}$ dont la différence doit être égale à 0 ou $\dfrac{mX}{(X^2+1)^{\frac{1}{2}}} = \dfrac{x}{(x^2+1)^{\frac{1}{2}}}$ & $X^4 + 3X^2 + 3 + \dfrac{1}{X^2}$ eft proportionnel à m^2 ou au quarré de l'ordonnée y eft à peu près $X^2 + \frac{3}{2} + \dfrac{3}{8X^2} - $ &c.

& l'abciſſe qui eſt égale $\int X\,dy$ eſt $\frac{2}{3}\frac{X^3}{}+\frac{1}{4}X - A$ & A. $=$, à peu près 2.00 parties.

Pour chercher l'angle au ſommet de la courbe, la largeur y de la couronne étant infiniment petite par rapport à b (*Fig.* .) la réſiſtance totale $bb - 2\,by + \frac{2\,by^2}{\sqrt{(a^2+y^2)}}$ doit être un *minimum* ou la différence de $-y + \frac{y^2}{\sqrt{a^2+y^2}}$ doit être un *minimum* ou $2\,a^2\,y + y^3 = (a^2+y^2)^{\frac{1}{2}}$ & $y - (\sqrt{\frac{1}{4}}-\frac{1}{2})^{\frac{1}{2}}\,a = 0.786$ ſi on fait $a = 1$ & ſi $y = 1$, $a = 1.272$.

Voici les dimenſions de ce conoïde.

SOUS TANGENTES.	ABCISSES.	ORDONNÉES.	SOUS TANGENTES.	ABCISSES.	ORDONNÉES.
1. 272	0. 00	3. 16	5	81. 00	26. 02
2	3. 66	5. 60	6	141. 33	37. 50
3	16. 25	10. 55	7	226. 50	50. 50
4	41. 20	17. 50	8	338. 00	65. 50

Le rapport des diminutions de réſiſtances eſt celui de $\frac{4}{3}X^3 + 4X - \frac{3}{2X} - A : X^4 + 3X^2 + 3 + \frac{1}{2}X^2$ & $A = 6$ à peu près.

Nota. Quand on veut calculer la réſiſtance d'un Vaiſſeau par les méthodes d'approximation, ſuivant cette hypotheſe, on fait les mêmes préparations (*des Nos 55 & 56*). La ſeule différence, c'eſt qu'on porte les perpendiculaires (*Figure 25.*) ſur la ligne des parties égales du compas de proportion. Il faut abſolument prendre les hypothénuſes par une meſure actuelle.

I I I.

Conoïde de la plus grande vîteſſe.

63. On ne cherchera les conoïdes de la plus grande vîteſſe

que dans l'hypothefe ordinaire des réfiftances. On fait que la marche des Vaiffeaux, abftraction faite de quelques circonftances qui ont lieu dans la pratique & que nous traiterons ci-après, eft en raifon non-feulement de la plus grande réfiftance, mais encore de la plus grande étendue de voiles qu'on peut porter; mais la ftabilité étant la même, on portera une plus grande ou une moindre quantité de voiles, felon qu'on les augmentera en hauteur ou en largeur, fuivant la pofition du centre de la charge relativement à celui de la carene & felon l'obliquité des routes. Nous fuppoferons ici les centres de la charge & de la carene réunis, & que l'augmentation des voiles fe fait dans le fens de la largeur, parce que cette folution convient auffi aux cas où le centre de la charge étant à la moitié de la diftance du metacentre au centre de gravité, on augmente les voiles en hauteur.

On fe contentera de donner les réfultats principaux.

La proue de la plus grande vîteffe étant en raifon directe de la plus grande ftabilité & inverfe de la réfiftance, eft $\int y^3 dx$, divifé par $\frac{\int y \, dy^3}{dx^2 + dy^2}$, & faifant dy comparé aux $dx = 1$ elle eft $\int y^3 dx$ divifé par $\int \frac{y}{(dx^2 + 1)}$ qui réduits felon la méthode (*du N 60.*) donne $y^2 = X^3 + X$, & la fous tangente eft à peu près $\frac{1}{5} X^{\frac{5}{2}} - X^{\frac{1}{2}}$ &c. A qui n'eft guere que $\frac{3}{19}$, ce qui donne la Table fuivante.

SOUS TANGENTES.	ABCISSES.	ORDONNÉES.	SOUS TANGENTES.	ABCISSES.	ORDONNÉES.
1. 468	0. 0	2. 15	6.	50	14. 90
2	1. 8	3. 17	7.	75	18. 70
3	7. 5	5. 48	8.	106	22. 80
4	17. 0	8. 25	9.	142	27. 20
5	31. 3	11. 40	10.	182	31. 70

Il eft inutile d'entrer dans une plus grande difcuffion, car indépendamment de toutes les caufes qui font varier cette folution, & qu'on a rapportées ci-deffus, qui feroient même que
la

la proue de la plus grande vîteſſe au plus près ne ſeroit pas celle qui conviendroit vent arriere ; comme la ſtabilité ne dépend que de la flottaiſon, la proue de la plus grande vîteſſe ne devroit différer de celle de la moindre réſiſtance que dans cette partie, & la ſolution eſt donc réellement défectueuſe : à la vérité on a été obligé de ſuppoſer que la baſe eſt la même que celle du conoïde de moindre réſiſtance, & qu'il ne s'agit que de la recouvrir par des figures ſemblables dont il faut régler les intervalles.

On a réuni dans la même Figure 30, cette proue & celles des conoïdes de moindre réſiſtance dans les deux hypotheſes principales ; on a ſuppoſé que les longueurs & largeurs des Vaiſſeaux ſuivent le rapport de 4 à 1 pour ces trois proues, & que leurs baſes eſt la même : par ce moyen il eſt plus facile de juger de la différence de forme qui réſulte de ces diverſes ſuppoſitions. Mais en général la pratique exclut ces figures, parce qu'elles ont trop peu de ſtabilité & de déplacement.

64. Nous nous propoſerons une queſtion plus applicable à la pratique, & dont on doit la premiere idée à M. Euler. Le déplacement étant une des données eſſentielles, on fera entrer cette conſidération, on ſuppoſera la forme de la maîtreſſe coupe circulaire, les longueurs, largeurs & déplacement donnés, & l'on cherchera la forme que doit avoir le Navire pour éprouver la moindre réſiſtance.

64. Pour concilier, autant qu'il eſt poſſible, les diverſes qualités des Vaiſſeaux, nous ſuppoſons ici le déplacement donné, ainſi que la longueur & la largeur ; nous ſuppoſons en outre qu'un tel Navire eſt compoſé de deux parties, celle qui eſt vers les extrêmités, qui eſt le conoïde de moindre réſiſtance, l'autre au milieu où la principale largeur ſe conſerve. Cette figure eſt avantageuſe pour la marche, ayant la moindre réſiſtance poſſible ; on trouveroit même quelques Navires qui n'en ſont pas fort différens.

Il eſt évident que les axes étant donnés, le déplacement le plus foible que puiſſe avoir le Vaiſſeau, eſt celui qui réſulte du conoïde de moindre réſiſtance ; car ſi on rendoit la proue encore plus aiguë, il n'en réſulteroit que des déſavantages : la

L

ſtabilité ſeroit moindre , & la réſiſtance augmenteroit ; mais il arrive toujours qu'on eſt obligé de donner aux Navires , une capacité plus grande que celle du conoïde.

Tout le monde ſait , & on a vu dans le premier Chapitre que la capacité d'un corps eſt égale à celle de tous ſes élémens ; ainſi la capacité d'un Vaiſſeau eſt égale à la ſomme de tous les déplacemens particuliers compris entre les diverſes coupes , ſoit verticales ou horizontales. Celle d'un Priſme ou d'un corps compoſé de coupes ſemblables , eſt exprimée par la formule $\int yy dx$; & comme on a vu (n° 59) que $y = x^3 + 2x + \frac{1}{x}$, & que $dx = 3x^3 dx + 2x dx - \frac{dx}{x}$ la ſolidité eſt $\frac{3x^{10}}{10} + \frac{14x^8}{8} + \frac{25x^6}{8} + \frac{20x^4}{4} + \frac{5x^2}{2} + Lx + \frac{1}{x^2} - 14$. Pour ſimplifier cette valeur & la rapporter à une quantité connue , on la réduira au cube de la plus grande largeur , ou $y^3 = b^3$. Cette quantité devient $b^3 \left(\frac{3x-1}{10} - \frac{1}{20x} - \frac{1 \&c.}{30x^3} \right)$ en ſorte que ſi x eſt 2 , ou ſi la ſous tangente eſt double de l'ordonnée à la baſe , cette quantité devient $\frac{137}{240} b^3$; ſi $x = 3$; elle eſt $\frac{211\frac{1}{2}}{240}$; ſi $x = 4$, c'eſt $\frac{284}{240}$; ſi $x = 5$, c'eſt $\frac{357\frac{1}{2}}{260}$; ſi $x = 6$ on a $\frac{430 b^3}{240}$.

65. On a calculé les ſolidités pour les cas où le rapport des longueurs aux largeurs , étant celui de 41 , les maîtreſſes coupes occupent différens eſpaces , la carene étant formée en conoïde ; le déplacement eſt 394 parties dont la carene en priſme occuperoit 960.

Si la première coupe occupe $\frac{1}{8}$ de la longueur , la ſolidité eſt 464 parties ; ſi elle occupe $\frac{1}{4}$, la ſolidité eſt 539 ; ſi elle occupe $\frac{3}{8}$ la ſolidité eſt 613 ; pour une demi longueur , la ſolidité eſt 692 ; pour $\frac{5}{8}$, elle eſt 773 ; pour $\frac{3}{4}$, elle eſt 857 ; pour $\frac{7}{8}$, elle eſt 934 ; enfin ſi elle continue pendant toute la longueur , la ſolidité eſt 960.

Cette Table , comparée avec celle du conoïde de la première hypotheſe , ſuffit pour calculer tous les Vaiſſeaux par le moyen des parties proportionnelles. Je ſuppoſe que la longueur d'un Navire n'étant que triple de ſa largeur , on cherche quelle doit être la longueur du conoïde , pour que la ſolidité ſoit les deux tiers du prisme formé sur la maîtresse coupe : ce prisme ayant sa longueur triple de la largeur , auroit 720 de solidité dont les deux tiers sont 480. Pour réduire ce Navire à celui de la Table , je le suppose allongé d'un tiers , & que la maîtresse largeur se conserve dans cet espace; la solidité du Navire proposé augmentera de deux cens quarante parties , & sera sept cens vingt : alors on trouve que la maîtresse largeur se conserveroit pendant $\frac{13}{24}$ de la longueur , & que le conoïde en occupe $\frac{11}{24}$. Il n'y a plus qu'une réflexion à faire pour rapporter le Navire à celui de la Table ; on a supposé que la maîtresse largeur se conserve pendant un espace égal à la largeur, de plus qu'elle ne fait effectivement ; on a supposé pareillement la longueur plus grande de cette même quantité; ainsi elle n'est effectivement que de dix-huit parties , au lieu de vingt-quatre , & la maîtresse largeur se conserve seulement pendant cinq parties , la longueur du conoïde reste la même.

On ne doit pas observer que tout ce qui est dit de la proue a lieu pour la poupe selon le n° 46.

J'ai principalement considéré les conoïdes ou les coupes qui diminuent vers les extrémités, tant en hauteur qu'en profondeur, parce que les Vaisseaux doivent être ainsi construits ; je ne parle pas des proues du plus grand mouvement, parce que cette solution joint plusieurs causes de variété à celles qui ont lieu pour la proue de la plus grande vitesse , & que la figure de la proue du plus grand mouvement, vent arriere, n'est pas celle qu'on trouveroit au plus près , ce qui rendroit cette solution trop vague.

Il n'a pas été possible d'éviter dans ce Chapitre d'employer une Géométrie plus qu'élémentaire ; on suivra dans le reste de ce Traité la même méthode qui avoit été employée jusqu'ici.

CHAPITRE IX.

Théorie de la Mâture ou des effets de l'eau & du vent combinés ensemble.

I.

66. EN examinant les efforts de l'eau, on a appris à trouver leur centre moyen. L'impulsion directe s'exerce dans une direction perpendiculaire au maître gabarit, dans tous les Navires où les deux moitiés font semblables : s'il s'agit de routes obliques, le centre d'impulsion est toujours sous le vent, parce que c'est le côté où s'exerce le plus grand effort. Comme on fait que toute impulsion qui ne passe pas par le centre de gravité, donne un mouvement de conversion, & que le côté qui reçoit le plus grand effort, doit le plus céder à son action, il est visible que cette impulsion tend à faire arriver le Vaisseau, ou le faire présenter plus directement au courant. Son moment est égal au produit de la résistance directe par la distance horizontale de son centre au milieu ; ceci est fondé sur les principes les plus incontestables de la méchanique.

De même dans les routes obliques, l'impulsion latérale donne un mouvement de conversion, quand elle ne passe pas par le centre de gravité : si son centre est en arriere, l'effort est pour faire arriver, & par conséquent additif à celui de l'impulsion directe ; si ce centre est en avant, ce qui, vu l'état ordinaire de la construction arrive toujours, l'effort est pour venir au vent, & par conséquent opposé à celui de l'impulsion directe. Tout ceci est encore incontestable ; M. Bouguer & les autres Auteurs ne font entrer dans les calculs que l'avant des Vaisseaux, d'où il résulte que le centre des impulsions est beaucoup plus en avant. Je calcule l'avant & l'arriere. Dans l'incertitude où le Lecteur peut être, il est à propos qu'il calcule les Vaisſeaux dans l'une & l'autre de ces hypothefes, & qu'il compare les réſultats avec l'expérience.

Le Vaiſſeau ne peut ſuivre conſtamment la même route, ſi l'effort de l'impulſion de l'eau n'eſt détruit par un effort égal & oppoſé. Cet effort eſt celui que l'on tire de l'action latérale du vent. Suppoſons, pour donner une idée claire de cette théorie, que l'impulſion directe ſoit égale à un plan réſiſtant de trente pieds réunis à quatre pieds du milieu, ſon effort pour faire arriver eſt cent vingt : ſi l'impulſion latérale eſt en mêmetemps de quarante pieds, & ſe réunit à huit pieds en avant du centre de gravité, ſon effort, pour faire venir au vent, eſt trois cens vingt ; ainſi l'effort total, pour venir au vent, eſt deux cens : il faut donc que le moment de l'effort latéral ſoit égal à celui-ci.

C'eſt un principe que l'action & la réaction ſont égales & oppoſées ; ainſi le Vaiſſeau ayant eu trente pieds de réſiſtance directe, & quarante de latérale, les efforts du vent décompoſés en directs & latéraux, ont ſuivi le même rapport ; & l'effort du vent étant quarante, pendant que les momens doivent être deux cens, le centre d'impulſion du vent, doit être à cinq pieds, en avant du centre de gravité : & alors l'effort du vent qui tend à faire arriver, eſt égal à ceux de l'eau pour faire venir au vent : c'eſt donc dans ce point qu'on a montré a calculer, que doit être le centre des impulſions du vent ; &, s'il n'y avoit qu'un ſeul mât, il faudroit l'arborer dans ce centre d'impulſion : mais s'il y en a pluſieurs, il faut que les voiles, de part & d'autre, ſoient en équilibre. Il eſt eſſentiel d'obſerver que ſi ce centre dépend de la proue uniquement, les mâts ſeront en équilibre autour du même point de l'avant, quel que puiſſe être le prolongement & la figure de l'arriere. On donnera le calcul de la poſition des mâts de l'unicorne dans cette hypothefe, on y trouvera des contradictions avec l'expérience, telles qu'il ne ſera pas poſſible de douter qu'on ne doive auſſi calculer l'arriere.

67. Quand on attribue aux Vaiſſeaux la forme qu'ils ont le plus ordinairement, le centre des impulſions dans les routes peu obliques, coupe la quille environ à $\frac{1}{20}$ de la longueur en

avant du centre de gravité : mais ce point varie confidérablement, il n'eft le même ni dans les différens Vaiffeaux, ni pour les différentes vîteffes du même Vaiffeau, ni lorfque la différence de tirant d'eau varie. On peut même regarder comme un à-peu-près utile, que *quand le Vaiffeau eft plus fur l'avant de un pied & demi par l'arrimage, le centre d'effort de l'eau fe rapproche de l'avant d'un pied environ.*

Pourvu que les voiles foient en équilibre autour de ce centre d'effort, on peut mettre telle variété que l'on veut dans les combinaifons ; c'eft ce qu'on remarque dans les petits Navires, les uns n'ont qu'un mât, non compris le beaupré, les autres deux ou trois ; les proportions de ces mâts varient ainfi que leurs centres d'effort ; auffi la figure des petits Navires eft-elle plus variée que celle des grands Bâtimens.

I I.

De la Figure qu'il faudroit donner aux Vaiffeaux ; pour qu'ils gouvernaffent parfaitement bien, par le moyen des voiles.

68. Quand le Vaiffeau fuit une route conftante, l'effort du vent, fuppofé conftant, contrebalance l'effort de l'eau pour faire tourner la proue ; mais fi cet effort diminue parce que le vent perd de fa force, ou parce qu'on ferre une partie des voiles, l'impulfion de l'eau ne diminuera pas dans le même rapport, au même inftant ; ainfi l'effort du vent étant moindre que celui de l'eau, cet excédent d'impulfion portera le Navire au vent : ce premier effet eft fuivi d'un autre tout-à-fait oppofé, le Vaiffeau, par fon détour, donnera lieu à l'eau de frapper une grande partie de la poupe, ce qui la fait arriver.

Cet accident ne peut avoir lieu fi la direction du choc de l'eau paffe par le centre de gravité, parce qu'elle ne donne alors aucun mouvement de converfion. Un grand nombre de figures rempliroient cet objet, telles font toutes celles où la proue & la poupe font femblables ; il n'en eft même aucune où cette condition ne pût être remplie, si elle étoit d'une grande importance; mais comme ce point varie selon les divers degrés de vîtesse du Navire, & d'un instant à l'autre, il suffit que la distance du centre d'effort au centre de gravité, ne soit pas trop considérable.

69. M. Bouguer, ce savant estimable, dont on ne remarque les erreurs que parce que son ouvrage est trop utile, pour les y laisser subsister ; ce savant qui a eu la gloire de porter la théorie dans un sujet où elle avoit jusques-là été étrangere, dont nous suivons même les principes, en regrettant qu'il ne les ait pas portés plus loin, après avoir entrevu quelque rapport avec la partie postérieure de la carene ; ce savant, dis-je, nous fournit une observation très-utile.

« Lorsque le Vaisseau s'incline beaucoup dans les routes obli-
» ques, vu les gabarits ordinaires, le centre d'impulsion se porte
» plus avant ; ainsi la position de la voilure restant la même, le
» Vaisseau vient plus au vent. M. de Radouay, ancien Officier
» Général de la Marine, fit heureusement usage de cette re-
» marque dans une occasion très-importante. Son Navire se
» perdoit infailliblement, à ce qu'il nous assure, si, pour le faire
» arriver, il n'eût fait passer la plus grande partie de son équi-
» page du côté du vent, pour diminuer l'inclinaison. Au reste,
» on voit que cette manœuvre ne doit réussir que dans les Vais-
» seaux d'une certaine forme ; mais elle n'en est pas moins utile
» à connoître, puisque cette forme est celle que les Navires ont
» ordinairement ».

70. On vient de considérer l'effet des impulsions de l'eau ; le mouvement de conversion horizontal qui en résulte; lorsque leur centre n'est pas dans l'axe vertical qui passe par le centre de gravité : il faut considérer à présent la même action, pour donner un mouvement vertical ; mouvement qui éleve la proue & fait plonger la poupe.

L'impulsion directe, si elle s'exerce sur la même ligne horizontale où est le centre de gravité, ne fait plonger le Vaisseau ni en avant, ni en arriere ; voyez (*Fig.* 31) qui représente une coupe longitudinale, & où G est le centre de gravité. Si l'impulsion moyenne est plus basse, comme en I, l'effort du fluide ne peut repouffer le point I en arriere, fans que la ligne AM ne vienne *am*, ou que le Vaiffeau ne plonge en avant : fi l'impulfion agit fur un point plus élevé que le point G, le Vaiffeau au contraire plongera fur l'arriere ; ainfi l'effet de l'eau qui provient de l'impulfion directe, peut plonger le Vaiffeau fur l'avant ou fur l'arriere ; mais ce n'eft jamais que d'une quantité infenfible. L'effort du vent eft toujours pour plonger le Vaiffeau en avant : à caufe de l'égalité de l'action & de la réaction, l'effort du vent dans les routes directes, eft égal à celui de l'eau ; fon bras de levier eft fa hauteur moyenne au deffus du centre O de la charge. Si donc on nomme P l'effort de l'eau ou du vent qui lui eft égal, l'effort du vent pour faire incliner le Vaiffeau, fera P. F G : l'effort de l'eau qui lui eft égal, fera P. $\pm$ G I ou la ligne $+$ a lieu, fi I eft plus bas que G, parce que les deux efforts produifent le même effet, & le figne $-$ fi I eft au deffus de G ; ainfi l'effort total eft toujours FI.

I I I.

71. Il faut maintenant confidérer l'effort de la pouffée verticale. Par fon excès d'impulfion fur l'avant & fon défaut d'impulfion fur l'arriere, l'avant & l'arriere s'abaiffent ; mais le total de la pouffée verticale refte à-peu-près le même, & le Vaiffeau a le même tirant d'eau au milieu. M. Bouguer a cru (pages 513 & 514 du Traité du Navire) que le Vaiffeau s'élevoit dans fa totalité. Ce réfultat différent vient de ce qu'il fait toujours abftraction de la poupe ; comme ce feroit le cas, fi l'arriere étoit terminé par un plan vertical égal à la maîtreffe coupe ; mais cette hypothefe n'eft que poffible, elle eft trop éloignée des principes de conftruction, pour être admife.

Comme ces actions verticales agiffent l'une en avant, l'autre en arriere du centre de gravité, & que la direction de leur effet eft oppofée, elles donnent un mouvement angulaire de converfion dans le même fens, ou, fi l'on veut, les deux forces élevent l'une & l'autre l'avant ; ainfi le moment de l'action verticale de l'eau eft toujours oppofé à celui du vent, & ils doivent avoir des fignes différens. Il eft à propos de donner un

exemple

exemple de calculs qui peuvent avoir lieu. Je suppose que l'impulsion verticale soit $\frac{40}{2}$ pieds réunis à 50 pieds en avant du centre de gravité ; que le défaut de cette impulsion sur l'arriere, soit $\frac{35}{2}$ & le centre à 40 pieds en arriere; que le centre moyen de l'impulsion directe qui est $\frac{30+25}{2}$ soit réuni à 5 pieds au dessous du centre de gravité ; l'effort total du vent sera 25 pieds que je suppose à 80 pieds au dessus de ce même point. L'effort, pour faire incliner sur l'avant, sera 25.(80 + 6) ou 2150 ; celui pour soulever l'avant, sera $\frac{40}{2} \times 50 + \frac{35}{2} \times 40$ ou 1700 ; ainsi l'effort total sera pour plonger le Vaisseau sur l'avant, ce sera 2150—1700 ou 450.

On remarque que la figure du Vaisseau étant donnée, il y a telle hauteur moyenne de voilure où l'effort du vent pour plonger & celui de l'eau pour élever l'avant, sont égaux : il faut que le produit de la résistance directe, par la résistance de son centre à celui du vent, soit égal aux momens naissans de l'impulsion verticale : par exemple, ces derniers momens étant 1700, & la résistance directe ou l'effort du vent qui lui est égal, étant 25, il faut que l'intervalle entre les centres de l'impulsion directe & du vent, soit 68, ou diviser 1700 par 25; alors, par la supposition, le centre des voiles seroit à 62 pieds au dessus du centre de la charge ; mais on n'a pas besoin de le savoir, il faut seulement qu'il soit à 68 pieds au dessus du point I; c'est cette hauteur qui est nommée *Point vélique :* il m'a paru préférable d'éviter la composition des forces, & examiner chaque effet en particulier, parce que c'est la marche la plus générale & la plus simple. On voit (n°. 46) la raison qui fait que l'on prend la moîtié des impulsions calculées ; on peut se contenter de rapporter au milieu l'action verticale, sans chercher le lieu du centre de gravité; il n'y aura jamais aucune erreur sensible. En général, plus les impulsions verticales comparées aux directes, sont considérables, plus le point vélique est élevé parce que l'effort vertical est plus grand & a un plus grand bras de levier, & il en résulte que *l'allongement d'un Vaisseau éleveroit ce point à-peu-près en raison du quarré des longueurs, si l'on pouvoit faire abstraction des résistances de l'étrave.*

M

72. On n'a confidéré la hauteur du point vélique que relativement aux routes directes ; mais dans les routes obliques , il
faut décompofer les actions de l'eau & regarder l'axe tranfver-
fal comme l'axe du mouvement ; du refte les principes font les
mêmes.

Ce point vélique latéral eft toujours peu éloigné du centre
de la charge , & à la moitié ou au tiers de la diftance du métacentre au centre de gravité. On peut toujours fuppofer que
l'effort du vent, pour faire incliner, eft égal au plan réfiftant
latéral, multiplié par la diftance du centre moyen latéral au deffus de la flottaifon : ceci n'eft qu'un à-peu-près. Cette théorie
générale nous donne une regle de conftruction affez importante.
*Tout le refte étant égal, la profondeur de tirant d'eau , augmente
le bras du levier avec lequel le vent agit ; 1° parce que le centre
d'impulfion directe eft plus bas ; 2° parce que le rapport de l'impulfion verticale à l'horizontale diminue ; cela peut faire une
différence de 2 à 3 pieds.*

73. Comme on s'eft fervi plufieurs fois de cet axiome , que
l'action & la réaction font égales , il eft effentiel d'en expliquer
quelques circonftances , auxquelles on n'a pas donné toute
l'attention qu'elles méritoient.

Suppofons un Navire retenu par fon centre de gravité, l'effort du vent fera plonger l'avant du Vaiffeau , & le moment de
fon effort pourra être exprimé par celui de la quantité dont
le Vaiffeau eft plongé ; mais fi le Vaiffeau n'eft pas retenu par
fon centre de gravité , il fera pouffé en avant, & plongé fur
l'avant; toute la partie qui a eu fon effet , en plongeant le Vaiffeau , ne le pouffe pas de l'avant , & eft détruite par la réaction,
de même que la partie qui pouffe le Navire eft détruite par fon
effet ; mais fi la réfiftance verticale empêche que le vent ne
plonge ; alors il eft employé tout entier à pouffer en avant.
C'eft une réflexion de la plus grande importance. On conviendra que cette partie de notre théorie qui eft nouvelle, fera con-
teftée : mais elle n'en eft pas moins certaine, & nous invitons
nos Lecteurs à la vérifier ; on y verra la caufe de ces expériences fi difparates, qui ont lieu quand on cherche la réfiftance des
fluides ; celle de ces inégalités de marche fans caufe apparente ,

& qui ne peuvent être attribuées à un enfoncement infenfible
de la proue : c'eft peut-être l'obfervation la plus importante
de ce Traité de conftruction.

I V.

De la Vîteffe du Vaiffeau:

74. On commencera par rechercher la vîteffe qu'un Vaiffeau peut prendre dans les routes directes. On fuppofera que la
denfité de l'eau eft à celle du vent comme 800 à 1 ; l'action du
vent eft en raifon des denfités & du quarré des vîteffes. Comme
il s'en faut beaucoup que celle du vent foit infinie, par rapport
à celle du Vaiffeau, il n'agit que par la vîteffe relative. Il eft
évident que l'action du vent égale à l'étendue de la furface des
voiles, multiplié par le quarré de la vîteffe relative, & la denfité, eft auffi égale à l'action de l'eau qui eft le produit du plan
réfiftant par le quarré de la vîteffe du Navire, & la denfité de
l'eau : on a calculé la Table fuivante : la vîteffe abfolue du
vent y eft toujours fuppofée de 60 parties : la premiere colonne
eft la vîteffe du Navire ; la feconde le rapport entre les furfaces
des voiles & le plan réfiftant fuppofé 1, pour produire une telle
vîteffe ; la troifieme fuppofe la furface des voiles ordinaires
pour une Frégate telle que *la Sirene*, *la Thétis*, & montre
quel devroit être le plan réfiftant pour produire la vîteffe de
la premiere colonne.

30	800	7 pieds $\frac{1}{2}$	19	271	35 pieds	13	61	98 p. $\frac{1}{3}$
28	613	9 $\frac{3}{4}$	18	143	41 $\frac{1}{3}$	12	50	120
26	468	12 $\frac{1}{2}$	17	124	48 $\frac{1}{3}$	11	40 $\frac{1}{3}$	149
24	365	17	16	106	57	10	32	189
22	268	22 $\frac{1}{2}$	15	89	67 $\frac{1}{2}$	9	25	240
20	200	30	14	74	81	8	19	317

Comme dans les tempêtes où l'on ne met que la misaine,
la voilure est à peu-près $\frac{1}{3}$ de celle qu'on porte dans les beaux
temps, les Vaisseaux les plus mal construits, prennent environ
$\frac{2}{15}$ de la vîtesse du vent; mais ils font à peu-près par la force
du vent seule $\frac{2}{3}$ de lieue ou à cause de la lame, 9 nœuds $\frac{1}{2}$ au
plus, encore faut-il des vents prodigieux; j'ai même remarqué
qu'il leur est difficile de fuir la lame avec la misaine seule.

Je suppose dans ces calculs, faits principalement pour le beau
temps, que la voile reçoit à peu-près la même impulsion que si elle
étoit platte; car dans la partie concave, il y a nécessairement de
l'air qui n'a pas d'issue, qui est par conséquent pressé par le fluide,
je ne regarderai cependant ceci que comme une hypothese : M.
Euler nous a montré que ce qui a rapport à la courbure des voiles est insoluble; elle dépend du poids de la voile, du degré &
du rapport de l'élasticité des fils qui la composent, & forment la
chaîne & la *trame* ainsi que du rapport de leurs grosseurs, des *ra-
lingues* & du degré de leur tension & de la force du vent; toutes
choses nécessairement variables, & qui ne peuvent être sou-
mises aux expériences : vent arriere, je ne me suis pas apperçu
que la courbure médiocre des voiles, ait nui à la marche; mais
c'est une observation que je ne donnerai que commme très-in-
certaine, au reste la théorie la confirme.

75. Dans les positions obliques, on ignore si l'air agit dans la
raison du sinus d'incidence ou de son quarré. Les expériences
que Newton a faites avec les pendules semblent indiquer la loi
de sinus simples, & avec les globes tombans, on trouve la loi
du quarré; celles de M. de Borda ne donnent pas la même loi
pour les surfaces courbes & droites : on examinera d'une maniere
approchée, cette action du vent sur les voiles dans les deux hy-
potheses.

Les voiles des bâtimens mâtés en quarré font au plus près
un angle moyen avec la quille de 30 ^{d} & 37 $\frac{1}{2}$ avec le vent.
La surface des voiles, pour un bâtiment de 31 pieds de large,
est environ 11200 pieds sans compter les voiles d'étay & de
civadieres. La surface exposée au vent étant diminuée en raison
de l'obliquité, & l'effort étant supposé diminuer encore dans
le même rapport, la surface se réduit à 6830, & l'effort à
4160, frappés directement, & l'effort, pour aller en avant, étant

à l'effort total (*Fig.* 32) comme MO : CM n'eſt que 2080, la mâture & cordages font , pour aller en arriere , un effort d'environ 230 pieds , ainſi l'effort total à conſiderer eſt 2080 — 230 ou 1850.

Mais un Vaiſſeau qui marche bien , la mer étant belle , prend environ le tiers de la vîteſſe du vent au plus , à peu de différence près , & il s'éleve au vent de $\frac{1}{4}$ de ſa marche ou de $\frac{1}{12}$ de la vîteſſe du vent , la dérive étant de 6 à 7 ^{d} , ainſi la vîteſſe relative du vent , ſa vîteſſe abſolue étant 60 , eſt 65 parties , & ſon effort eſt 65^2 × 1850 ſurface des voiles : vent arriere , une telle Frégate auroit $\overline{40}^2$ × 5400 ; ainſi le rapport des efforts eſt 100 & 123 , & celui des vîteſſes 10 au plus près , & 11 vent arriere.

Si l'on fait attention que cette ſolution ſuppoſe une telle Frégate bien en aſſiette au plus près & vent arriere , on verra que ces marches peuvent venir à l'égalité dans ces deux poſitions ; & qu'il eſt même poſſible qu'un Vaiſſeau aille au plus près plus vîte qu'il ne va vent arriere : il y auroit encore une moindre différence de vîteſſe que celle que j'ai trouvée, ſi j'avois compté toutes les voiles , telles que les civadieres & voiles d'étay ; le rapport des marches ne ſeroit que 10 & 10 $\frac{1}{2}$. Quand on navigue à huit ou 12 quarts , la vîteſſe augmente de près de $\frac{1}{3}$; à 10 quarts , il y a encore quelqu'augmentation.

Lorſqu'on calcule les vîteſſes que doit avoir un tel Vaiſſeau dans les différentes routes , ſelon l'hypotheſe des réſiſtances en raiſon des ſinus d'incidence , toutes les vîteſſes trouvées ci-deſſus , ſont plus fortes & principalement dans les routes les plus obliques , & la vîteſſe au plus près ſeroit plus forte que vent arriere de $\frac{1}{4}$ ce qui , quand on meſure les vîteſſes avec le lock ordinaire , paroîtroit donner environ $\frac{1}{4}$ de plus de vîteſſe que vent arriere , à cauſe du tranſport du bateau de lock dans ces routes , ce qui me porte à croire qu'il faut ſuivre la maniere de calculer ci-deſſus ou celle des quarrés des ſinus.

76. L'effort du vent , pour faire avancer le Vaiſſeau , eſt proportionnel au quarré du ſinus d'incidence , multiplié par le ſinus de la voile avec la quille ; car la partie de la ſurface qui reçoit le vent , eſt proportionnelle au ſinus de ſon obliquité : la force

de l'impulsion est encore proportionnelle au sinus de cette obliquité ; ainsi la quantité d'impulsion est comme le quarré de ce sinus: mais une partie tend à pousser le Vaisseau latéralement, & l'autre à le pousser selon la direction de la quille, & cette derniere partie est comme le sinus de l'angle de la voile avec la quille ; il y a donc une certaine obliquité qui doit donner la plus grande vîtesse possible. Soit O l'obliquité de la voile, par rapport à la quille, & I le sinus de l'angle d'incidence du vent sur la voile: A le sinus de l'angle du vent avec la quille : OII doit être un *maximum* ou 2 O. cos I = I. cos O dans le cas du *maximum* ou A = 3 O cos I par le (n° 50) ce qui donne la construction suivante; on prend le tiers de C A, sinus de l'angle A (*Fig.* 32) qu'on marquera I, puis on tire LO parallele à P C, on a donc

$$CM, CH :: MN : HR \text{ ou } r : \cos I :: \operatorname{Sin} O : \frac{\operatorname{Sin} O.\ \cos I}{\sqrt{}} = HR$$

= par la construction $\frac{A}{3}$.

Nota. On suppose qu'on sait résoudre le problême suivant; une base étant donnée, & une droite donnée de position sur cette base; trouver sur cette droite le point duquel tirant aux deux extrémités de la base, deux lignes, l'angle compris sera droit. *Nota.* Dans l'hypothese des sinus, on trouveroit que quand O I est un *maximum*, l'angle d'obliquité & d'incidence doivent être égaux.

Tout ceci ne peut être regardé que comme des solutions approchées, à cause de la courbure des voiles & des augmentations de résistances, quand les routes sont obliques ; de plus, dans les routes où le vent prend un peu de l'arriere, une partie des voiles couvre l'autre : il y a différens reflêts du vent: le vent d'ailleurs, après avoir frappé une surface d'une certaine étendue, prend une inflexion, enforte qu'une surface égale, mais placée à une certaine distance de la premiere, recevroit encore de l'impulsion vers les bords, & d'autant plus qu'elle feroit plus éloignée ; on ne peut donc faire une table des vîtesses qui convienne à tous les Vaisseaux en général : on doit se borner aux à peu-près tirés des calculs dont on a donné un modele (n° 75 ;)ce sont ces considérations qui m'ont engagé à ne pas donner les tables des vîteſſes de M. Euler, parce qu'elles ſeroient inutiles.

77. Il en eſt de même de ce problême célebre de manœuvre où on propoſe de gagner au vent, le plus qu'il eſt poſſible, la ſolution ſeroit toujours imparfaite, portant ſur une trop grande quantité de ſuppoſitions. Elle dépend de la quantité des voiles, & œuvres mortes, & manœuvres du Vaiſſeau, de la courbure des voiles & de la maniere dont ſe fait la décompoſition de l'effort du vent, de l'aſſiette du Vaiſſeau, de la forme des fonds, de la force de la mer, enfin de l'enſemble de tout ce qui peut former des difficultés; enſorte que toutes les cauſes d'erreur s'accumulent & ſe multiplient. On s'en rapportera donc au manœuvrier attentif qui ne manquera pas de diriger ſa route de maniere à remplir cet objet, s'il y a un peu de mer de l'avant, ou ſi ſon Navire marche mal, il naviguera moins près du vent : il lui ſuffira, pour ſe diriger, de ſavoir que la dérive eſt à peu-près en raiſon inverſe du quarré de la vîteſſe.

Avant de terminer les réflexions ſur la marche des Vaiſſeaux, il faut porter nos attentions ſur le mouvement apparent du vent. Si le Vaiſſeau qui a, par exemple, le vent par le travers, étoit ſuppoſé immobile, la direction & la vîteſſe apparente du vent ſeroient les mêmes que les réelles; mais ſuppoſons-le en mouvement, il ſe formera un vent qui viendra de l'avant, par la même raiſon qu'une perſonne qui court dans un temps calme, reſſent une fraîcheur, comme ſi le vent venoit du côté vers lequel il court. Si le chemin du Vaiſſeau eſt $\frac{1}{3}$ du vent, on formera, pour connoître la direction apparente du vent, un triangle rectangle ABC (*Fig.* 33.) dont le côté AB eſt la vîteſſe réelle du vent; le côté BC eſt la vîteſſe du Vaiſſeau, AC la vîteſſe relative de l'air, & l'angle CBA, eſt la différence des directions réelles & apparentes, enſorte que le vent paroîtra prendre ſon origine en C, & dans cet exemple, le vent paroîtroit 29° $\frac{1}{4}$ plus de l'avant qu'il ne l'eſt réellement. Dans les calculs que nous avons faits juſqu'ici, nous avons ſuppoſé le vent réel, on en a calculé l'effort (n°. 75); mais il y a une déduction à faire ſur cet effort, l'angle de la voile avec la quille étant 30 ^{d}, & la fomme des voiles étant 11200, l'effort fe réduit à un effort de 2800, ou diminue, comme le quarré du finus de l'obliquité, & il n'y a encore qu'une moitié de cet effort qui pouffe en arriere, ainfi c'eft 1400; mais la vîteffe du vent provenant du mouvement du vaiffeau, étant $\frac{1}{3}$ de celui du vent réel, fon effort eft $\frac{1}{9}$, & par conféquent il eft égal au 9e de 1400 pieds ou 159 pieds, ce qui diminueroit de $\frac{1}{24}$, les vîteffes de cet article, pour le plus près. En général lorfqu'on eft en mer on ne voit plus que la direction & la vîteffe apparente du vent; mais comme ces directions & viteffes apparentes font compofées de mouvemens réels, on les décompofe pour avoir les autres mouvemens, de même qu'on a compofé les mouvemens particuliers, favoir le mouvement du vent abfolu & celui qui vient de la vîteffe du Navire pour avoir le mouvement apparent.

On a pu s'appercevoir de quelle utilité eft la connoiffance de la compofition des mouvemens. On la retrouve à chaque pas dans le méchanique ; on la retrouve dans le pilotage ; car un Vaiffeau qui fait 100 lieues au N E, fait deux routes de 70. 7 lieues au N. & autant à l'E ; cette opération qui fe fait journellement dans le pilotage, a lieu dans l'occurrence préfente, fi au lieu d'un Vaiffeau, il s'agit du vent qui faffe 100 pieds par feconde au N E.

78. On trouve (Traité du Navire page 428) : «Nous nous » imaginerons que pendant que le vent parcourt l'efpace CG » fur la direction VG (*Figure* 34) le Navire A B dont D E eft » la voile paffe par le mouvement de fon fillage de C en *c*; les » divers points de la voile fuiront par rapport au vent, de la quan- » tité CF ; & ne feront par conféquent frappés que par le furplus » FG, dont le vent va plus vîte. Le Vaiffeau eft ici repréfenté » lorfqu'il va au plus près ou contre l'origine même du vent ; » mais quoique le Navire avance vers le vent, fa voile étant » fuppofée prolongée en F, coupe fucceffivement, à caufe de fa » fituation, divers points F, dont le progrès fe fait dans le » même fens que celui des particules, & elle fe fouftrait d'autant » plus à l'impulfion, pendant que divers parties du Vaiffeau, &
» une

une voile difpofée d'une autre maniere, pourront être choquées avec plus de vîteffe.

Cette opinion m'a paru devoir être difcutée par l'expérience; on voit que la mer étant belle, il y a peu de différence de marche au plus près & vent arriere, ainfi le Vaiffeau fuiroit plus le vent au plus près que vent arriere, à peu-près dans le rapport de 4 à 3. Cependant les fens font voir en mer que le vent eft plus fort au plus près que vent arriere, il en réfulte-roit que la vîteffe d'un Vaiffeau au plus près, ne feroit pas même, dans les plus belles mers, la moitié de celle qui a lieu vent arriere; car la vîteffe trouvée pour le Vaiffeau, n° 75, feroit diminuée dans le rapport de 65 vîteffe du vent, par notre hypothefe à 30 vîteffes, fuivant le raifonnement de M. Bouguer.

Il eft aifé de faire voir les conféquences qui en réfulte-roient. Je fuppofe que le vent ait une foible vîteffe égale à celle d'un courant qui tranfporte le Navire de C en c, & que la voile DE fait avec le vent un angle de 30^{d}, alors le mouvement du Vaiffeau lui feroit retrancher plus que la vîteffe du vent; cette voile expofée aux vents venant du côté V por-tée en partie par le courant vers V, fe trouveroit avoir une impulfion oppofée.

Nota. Le quartier de réduction eft l'inftrument le plus con-venable pour réfoudre les divers problêmes qui ont rapport à la décompofition des mouvemens.

Quoique l'on ait porté la théorie dans ces principes de la manœuvre; on fe gardera bien de laiffer penfer que fon exé-cution doive être affujettie à la regle au compas. Il eft avantageux fur-tout dans l'objet que nous traitons de nous en rappeller les principes; il eft encore affez utile de les avoir connus; mais le manœuvrier a un coup d'œil qui raf-femble les diverfes combinaifons, & démêle fur le champ ce qu'il doit faire. Tous les problêmes phyfiques qu'on peut réfoudre, ont des limites affez étendues, entre lefquels leur *maximum* fe foutient : ce coup d'œil du manœuvrier

faifit donc ce point avantageux : vouloir chercher plus de
précifion, ce feroit s'appéfantir inutilement. Peu de principes généraux , & le coup d'œil , ce font les parties que
nous avouerons , fans peine , être fupérieures à une théorie
timide.

CHAPITRE X.

De la Mer agitée.

79. Pour que ce Traité ait une utilité réelle, il est nécessaire de parler de la Mer agitée : cette considération modifie les regles qui ont été données précédemment. Qu'on ne s'attende pas à trouver ici un sujet traité avec précision, il n'en est pas susceptible ; mais il donne lieu aux observations les plus utiles.

Quand la mer est agitée, il en résulte une *résistance accidentelle*, sur-tout au plus près ; ce que je nomme résistance accidentelle, est celle qui fait que le tirant d'eau, la voilure & la vîtesse des vents étant les mêmes, la vîtesse du Vaisseau diminue : or il est certain que, quand la mer est agitée, quand on voit par l'inclinaison latérale que la force du vent est la même, la marche des Vaisseaux diminue souvent de plus de moitié de ce qu'elle seroit d'une belle mer. Après avoir calculé le *Défenseur*, Vaisseau de 74 canons, la *Malicieuse*, Frégate de 32 & quelques autres, il m'a paru qu'on pouvoit regarder la résistance accidentelle comme égale à la surface absolue d'une partie du maître couple qui auroit pour hauteur le quart de celle de la vague, prenant cette partie vers la flottaison. Ayant perdu ces calculs qui sont très-ennuyeux, très-hypothétiques, je n'ai pas cru devoir les recommencer ; il suffit d'avertir que le résultat de cette supposition, est aussi conforme à la perte de marche des Vaisseaux, qu'on peut le desirer : cette espece de résistance accidentelle que j'ai principalement reconnue dans des vents faits, augmente lorsque le Vaisseau présente plus à la lame que 6 quarts, & peut devenir double de celle qui a été établie ci-dessus, comme la plus ordinaire.

Mais quelle que soit cette quantité, il en résulte que les Frégates ou petits Navires doivent perdre une plus grande partie

de leur marche au plus près que les Vaiſſeaux ; car leur réſiſtance accidentelle augmente dans la raiſon ſimple des dimenſions.
Ainſi une lame de 4 pieds pour un Vaiſſeau de 40 pieds de large,
donne la même réſiſtance accidentelle qu'une vague de 3 pieds
pour une Frégate de 30 ; & la vague étant la même, la Frégate auroit $7\frac{1}{2}$ de plus de réſiſtance accidentelle, ſi les deux
Navires étoient faits ſur le même plan ; ſuppoſant de plus que
la réſiſtance naturelle de la Frégate eſt 30 pieds, celle du Vaiſſeau réduite à celle de la Frégate, ſeroit pareillement 30 :
mais la réſiſtance accidentelle de la Frégate étant 30, celle du
Vaiſſeau réduite ſeroit $22\frac{1}{2}$; ainſi le Vaiſſeau ſe trouveroit
avoir une réſiſtance totale réduite de $52\frac{1}{2}$, pendant que la
Frégate auroit 60 ; la marche du Vaiſſeau ſurpaſſeroit d'un
quinzieme celle de la Frégate, quoique d'une belle mer,
elles fuſſent égales.

Ce que j'appelle réſiſtance réduite, eſt celle qui eſt diminuée comme le quarré de la largeur : telle eſt l'explication
de l'avantage des Vaiſſeaux, quand il y a de la mer de
l'avant.

Ce n'eſt pas la même choſe vent arriere, quand on fuit la
vague, à moins qu'il n'y ait beaucoup de différence entre la
force du vent & la hauteur de la vague. (Voyez la table
du n° 42).

80. Ce qu'il ne faut pas oublier, c'eſt que quelle que ſoit
la proportion de cette réſiſtance accidentelle, elle eſt conſidérable au plus près. Cela nous fournit une obſervation très-importante, c'eſt qu'un Navire fait pour très-bien marcher au plus
près d'une belle mer, mais qui n'auroit pas une grande ſtabilité, ne pourroit ſe relever d'une côte, dont un Navire qui auroit de la ſtabilité ſe releveroit ; car cette réſiſtance accidentelle qui eſt fort conſidérable dans ces temps, & eſt égale pour
les deux Navires, rend le total des réſiſtances preſque égal.

Pour en donner un exemple, ſuppoſons deux Navires de
32 pieds de large, dont l'un ait 50 pieds de réſiſtance d'une
belle mer, l'autre 25, le rapport des vîteſſes ſeroit 5 & 7 ;
ſi par la force des vagues, la réſiſtance accidentelle augmente
de 96 pieds à chacun de ces Navires, ce rapport des réſiſtan-

ces qui étoit 1 à 2 , devient celui de 5 à 6 ; il faut joindre à cela que , quand la dérive eſt forte , les réſiſtances approchent de l'égalité ; il ne reſte peut-être que la différence de 10 à 11 , & ſi le Navire qui a peu de réſiſtance avoit une ſtabilité bien moindre , il ne pourroit ſe relever de la côte , pendant que l'autre Navire s'en releveroit. Quand la mer eſt belle , ce Vaiſſeau fait pour bien marcher , tiendroit le mauvais voilier avec la moitié des voiles ; mais quand la mer eſt mauvaiſe , il en faudroit la même quantité , à peu de choſe près ; par cette raiſon , la proue de la plus grande vîteſſe d'une belle mer , n'eſt pas la proue de la plus grande vîteſſe d'un grand vent & d'une mauvaiſe mer , & dès-lors on voit le peu d'utilité des figures de moindre réſiſtance.

J'ai dit , n° 77 , que la dérive eſt en raiſon doublée inverſe de la vîteſſe ; ſi un Vaiſſeau ayant une vîteſſe de 100 parties à $\frac{1}{2}$ quart de dérive , & ſe trouve perdre la moitié de ſa marche par des réſiſtances accidentelles , quoiqu'il ait la même voilure & que le vent reſte le même , ſa dérive ſera de deux quarts. C'eſt ce que j'ai obſervé pluſieurs fois ; ainſi toutes les parties de la phyſique ſe lient , & les expériences , pour l'exactitude du chemin , ſe trouvent être de la plus grande utilité pour appuyer nos regles de conſtruction : on en donnera la raiſon , la réſiſtance latérale eſt toujours preſque la même , parce qu'elle eſt preſque abſolue , & ſa différence n'eſt au plus que d'un cinquieme ; mais cette réſiſtance eſt l'effort de l'eau décompoſé. Elle eſt proportionnelle au quarré de la vîteſſe , & puiſque cette vîteſſe ſe trouve diminuée de moitié , ſon action ſera diminuée d'un quart. Si l'on nomme V la viteſſe du Vaiſſeau , & O le chemin fait en travers , la réſiſtance latérale eſt V O ; c'eſt toujours l'expreſſion de la réſiſtance latérale ; donc ſi V diminue de moitié , la dérive ſera double , & alors à cauſe que le chemin parcouru eſt moindre de moitié , cette dérive qui forme une quantité double , répondra à un angle quadruple à peu-près.

Remarques importantes.

81. La viteffe du Navire fait que l'eau s'éleve contre l'avant, & fe fouftrait de l'arriere, d'autant plus que les extrêmités font plus obtufes : delà il arrive que le Vaiffeau eft toujours plus ardent, & que le point vélique fe porte plus en avant par l'augmentation de la réfiftance latérale fur la partie de l'avant, & la diminution de celle de l'arriere : cet effet eft fort confidérable , & peut porter le point vélique 12 pieds plus en avant que fon lieu calcule ordinaire : quelques expériences connues permettent de trouver cet effet qui confirme notre théorie. On fait que l'eau faifant 10 pieds par feconde , ou deux lieues par heure , s'éleve de 20 pouces , fa hauteur décroît comme le quarré du finus d'inclinaifon , ou comme le quarré de fa vîteffe relative, ce qui donne une flotaifon réelle courbe, qu'on peut calculer fuivant les regles communes : au refte , cette élévation de l'eau fur l'avant & l'abaiffement vers l'arriere n'ont d'effet fenfible que pendant un huitieme de la longueur du Vaiffeau à prendre de l'étrave & de l'étambot. Il ne refte plus, pour compléter les obfervations effentielles fur la marche des Vaiffeaux, qu'à rappeller aux Lecteurs ces vérités qu'ils auront fans doute obfervées , & qui ont été la bafe des changemens qu'on a faits à la théorie ordinaire.

Des Vaiffeaux , au même tirant d'eau, conftruits fur le même plan , avec la même quantité de voiles , ont fouvent une différence de marche confidérable : il y en a donc au moins un qui ne marche pas auffi bien qu'il feroit poffible ; peut-être tous les deux ne font pas au point de leur plus grande marche , mais au moins eft-il fûr qu'un des deux n'y eft pas ; je nomme cette difficulté à marcher, *réfiftance accidentelle.*

Si deux Navires conftruits de même , mais dont l'un eft plus lége que l'autre, ayant la même quantité de voiles, ont , d'un beau temps, une différence de marche , en forte que celui qui eft plus lége dans tous fes points, marche plus mal , ce Vaiffeau a encore certainement une réfiftance accidentelle ; car nulle loi de réfiſtance ne peut la rendre plus forte pour le Navire plus lége , & qui offre une ſurface moindre : il y a donc d'autres cauſes : ce ſont des vérités ſi évidentes qu'il ſuffit de les expoſer.

CHAPITRE XI.

De la facilité de gouverner par le Gouvernail.

82. **M.** Bouguer a recherché quel eſt l'endroit où doit être la plus grande largeur des Vaiſſeaux, pour conrtibuer, le plus qu'il eſt poſſible, à l'action du Gouvernail; la ſolution ſuppoſe un chargement proportionnel aux capacités de chaque partie, & cette diſpoſition n'étant pas poſſible, elle m'a paru ſans objet, auſſi M. Euler ne s'en eſt pas occupé.

La facilité que les Vaiſſeaux ont à tourner par le moyen du Gouvernail, dépend évidemement de deux choſes, de la grandeur du moment de l'action latérale de l'eau ſur le Gouvernail, & de la facilité qu'a le Vaiſſeau à prendre un mouvement de converſion. Soit la ligne AB (*Fig.* 35) qui repréſente l'axe du Vaiſſeau, que l'eau aille choquer le Gouvernail BC incliné, l'action de l'eau ſera, à inclinaiſon égale, proportionnelle à l'étendue BC du Gouvernail; mais comme nous ſuppoſons que la direction de l'eau eſt parallele à BC, ſon effort diminue dans le rapport du quarré du ſinus d'incidence au ſinus total, ou comme $\overline{CE}^2 : \overline{BC}^2$; mais il n'y a d'employé à tourner qu'une partie de l'effort qui eſt à celui-ci, comme BE : BC, puiſque l'impulſion totale ſur BC, ſe réduit en deux efforts, l'un qui eſt direct, & fait une augmentation de réſiſtance, l'autre perpendiculaire à BE qui peut être exprimé par cette même ligne, c'eſt un dernier effort qui tend à faire tourner le Vaiſſeau, & il eſt, par ce qu'on vient de dire $BC \times \dfrac{\overline{CE}^2}{\overline{BC}^2} \times \dfrac{BE}{BC}$

ou $B E \dfrac{\overline{CE}^2}{\overline{BC}^2}$.

Suppoſons qu'on cherche l'inclinaiſon du Gouvernail où cet effort eſt le plus grand, comme on ſait que $\overline{CE}^2 = \overline{BC}^2 - BE^2$, puiſque ce ſont les deux côtés d'un triangle rectangle B E $\dfrac{\overline{CE}^2}{\overline{BC}^2}$ ou $\dfrac{\overline{BC}^2 . BE - BE^3}{\overline{BC}^2}$ doit être un *maximum* nommant BC

V

r ou 1 & BE *x* on a $x - x^3$ qui doit être un *maximum*, ce qui arrive quand $3x^2 = 1$ ou que $x = 1\sqrt{\frac{1}{3}}$.

Cette solution montre que l'angle du Gouvernail le plus avantageux est celui où il fait avec le prolongement de la quille, un angle de 54^d 44 minutes; c'est ce que tous les Auteurs ont démontré jusqu'ici.

Si on suppofoit que l'eau agit dans la raison des sinus d'incidence, ce seroit BE. CE qui seroit le *maximum*, & l'angle EBC seroit de 45^d : car tout le monde sait que le plus grand rectangle formé par le sinus & le cosinus, est celui où ils sont l'un & l'autre de 45^d. Reprenons notre première hypothese, & joignons-y (d'après MM. Bouguer & Euler) une attention qui a été négligée : le moment de l'action du Gouvernail est d'autant plus grand qu'il est plus éloigné du centre du Navire; ainsi en faisant l'angle EBC un peu moindre, le Gouvernail aura son centre plus éloigné de celui du Navire, & par conséquent son bras de levier sera un tant soit plus considérable.

Si la distance du centre du Navire au Gouvernail étoit infini par rapport à sa largeur, ce plus d'éloignement ne pourroit être qu'infiniment petit & n'altéreroit pas le résultat ; mais si elle n'est pas infinie; elle est au moins très considérable, & M. Bouguer a trouvé qu'il ne peut y avoir plus de $\frac{3}{4}$ de degré de différence : *b* étant la distance du centre de gravité du Navire, à l'extrêmité de la poupe, *a* la demie largeur du Gouvernail, on a $\sqrt{\frac{a^4}{9b^2} + \frac{1}{3}a^2} - \frac{a^2}{3b}$ pour la valeur de *x* ou du côté EB, mais ces recherches sont peu importantes.

83. On a regardé le mouvement du fluide comme étant parallele à l'axe ; supposons maintenant qu'il suit les cotés du Vaisseau, ce qui lui donne une direction différente. L'axe du Vaisseau étant encore AB (*Fig.* 36), la forme de la partie postérieure de la carene étant HBI, le fluide frappe la face antérieure du Gouvernail BC avec l'obliquité HBC; & la face postérieure avec l'obliquité IBC : cette face même n'est pas choquée, si le Gouvernail fait avec le prolongement de la quille un angle moins aigu que le côté BI ne fait avec l'axe ou la quille AB (voyez le n° 53), ce sont les deux cas de

O

l'impulſion latérale. Dans le premier cas où les deux faces ſont choquées, l'expreſſion eſt $4\,mn\,(y-y^3)$ qui doit être un *maximum*, & alors $y = \sqrt{\frac{1}{3}}$, & eſt un angle de $35^d\,16$ min. ainſi dans ce cas quelque ſoit l'obliquité du fluide, l'inclinaiſon eſt la même.

Dans le ſecond cas, l'angle du Gouvernail avec le prolongement de la quille, eſt plus ouvert que celui du côté du Vaiſſeau avec l'axe, on retrouve l'expreſſion $2\,n^2\,x + 2\,(m^2 - n^2)\frac{x^3}{x^2 + y^2}$ qui doit être un *maximum*, alors $n^2\,dx + 3\,(m^2 - n^2)\,x^2\,dx = 0$ ou $x = \frac{n}{\sqrt{3\,(n^2 - m^2)}}$ expreſſion qui, quand m eſt nulle, devient $x = \sqrt{\frac{1}{3}}$ comme on l'a trouvé ci-deſſus, & quand les côtés du Vaiſſeau font avec la quille un angle de 45^d, n'offre aucune ſolution ; car alors le *maximum* ſeroit celui de la quantité de $2\,n^2\,x$ qui ne dépend que de la grandeur de x, lequel ne peut augmenter au delà de 45^d ſans retomber dans la premiere ſolution.

Si l'obliquité ou l'angle ABH eſt de plus de 45^d, alors la valeur de x eſt imaginaire, ce qui montre que ce cas ne peut avoir lieu, & qu'ainſi il faut ſe régler ſur la premiere ſolution.

84. La détermination de $35^d\,16''$ pour l'angle la plus avantageux, eſt très-étendue ; elle renferme tous les cas où les deux faces du Gouvernail reçoivent l'action du fluide, ſans qu'il importe de ſavoir ſi les routes font directes ou ſi elles ſont obliques. Le deuxieme cas où une ſeule face du Gouvernail eſt choquée par le fluide, ne laiſſe pas d'être compliqué. On reconnoît aiſément que quand l'angle qu'il fait avec l'axe du Navire, eſt égal à la dérive, il n'a nulle action, & que dans les cas où la barre eſt ſous le vent, & par conſéquent le Gouvernail eſt au vent, ſon action eſt pour arriver, à moins qu'il ne faſſe avec la quille un angle plus ouvert que celui de la dérive : comme la neceſſité d'allonger la *barre* ou levier pour diminuer la fatigue des timonniers, ne permet pas de faire faire au Gouvernail un angle de plus de 30^d avec le prolongement de la quille, on voit que ſon effet dans les *capes* eſt toujours à arriver : il faut expliquer cette penſée pour éviter qu'une fauſſe interpré-

tation ne la rende abfurde. On ne dit pas que, fuivant les diverfes pofitions du Gouvernail, un Vaiffeau, dans ces temps, ne puiffe venir au vent, & qu'ainfi on ne s'en ferve pour produire cet effet ; mais on dit que fi on pouvoit ôter le Gouvernail, le Navire feroit plus *ardent*, ou viendroit plus au vent qu'il ne le fait par fon ufage, que l'effort du Gouvernail eft toujours à arriver dans ces circonftances, mais du plus ou moins, & que c'eft par cette différence d'effort qu'il eft alors utile : il porte le centre des impulfions plus en arriere ; mais une fois l'équilibre établi, il fert également à altérer ou rétablir cet équilibre par fes divers mouvemens.

Enfin ces mêmes regles font voir que le Vaiffeau culant le Gouvernail dont la pofition feroit donnée par rapport à l'axe, auroit un effet oppofé à celui qui réfulte de l'impulfion du fluide, lorfqu'il vient de l'avant ; car l'effort du fluide fur la face poftérieure du Gouvernail étant décompofé, eft oppofé à celle qu'auroit le fluide s'il frappoit la face antérieure.

85. La facilité de gouverner dépend non - feulement de la quantité de l'effort latéral & de fon bras de levier, mais encore du moment d'inertie, qui par le n° 31, eft toujours rapporté à celui des axes paffant par le centre, autour duquel le Vaiffeau tourne ; on a vu que le moment d'inertie eft égal à la fomme du produit de chaque poids, par le quarré de fa diftance à l'axe auquel on le rapporte : ainfi dans les Vaiffeaux femblables, il eft comme la cinquieme puiffance d'une des dimenfions, la force du Gouvernail de fon côté, eft proportionnelle à la furface ou au quarré d'une dimenfion multipliée par le bras du levier qui en fuit la raifon fimple, enforte que la force, pour tourner, étant comme le cube & la difficulté comme la puiffance 5 : la difficulté relative eft comme la puiffance 2, & un Vaiffeau double d'un autre aura une difficulté quadruple. Tant qu'un effort agit conftamment, jufqu'à ce qu'il ait produit une réfiftance fenfible, il produit un mouvement uniformément accéléré, & qui eft comme le quarré des temps ; c'eft encore un principe inconteftable de la méchanique ; les mouvemens de converfion doivent donc être pareillement accélérés jufqu'à ce que la réfiftance latérale de l'eau la détruife, & par conféquent

elle doit être telle dans l'origine de ces mouvemens. Un Vaisseau qui auroit une difficulté quadruple d'un autre, décriroit dans le même temps un angle qui ne feroit que le quart de celui du premier Vaisseau ; mais dans un temps double de celui-ci, il décriroit un angle quadruple, & par conféquent égal à celui du premier Vaisseau, & ainfi les temps dans lefquels les Navires femblables & femblablement chargés, décrivent des angles égaux, font comme les dimenfions fimples ; en effet, tant que l'on fait abftraction de la réfiftance de l'eau, le mouvement de rotation eft un mouvement accéléré, car le premier mouvement de converfion acquis continueroit, quand même l'action du Gouvernail cefferoit, puifque la réfiftance feule de l'eau peut le détruire; mais comme cette action continue, il y a de nouveaux degrés de vîteffe de converfion.

Le temps des rotations eft en raifon inverfe de la racine quarrée de la furface du Gouvernail ; fi le Gouvernail reftant le même, on fait varier la feule longueur des Vaiffeaux, le moment d'inertie fera en raifon triplée, & le levier avec lequel le Gouvernail agit, croît en raifon fimple; ainfi le temps des rotations fera comme la longueur.

Mais tout ceci n'eft exact que dans les premiers inftans du mouvement, car bientôt la réfiftance les rend fenfiblement uniformes. Tout le refte étant égal, le Vaiffeau dont la furface eft plus grande, a de ce côté une plus grande réfiftance : la vîteffe angulaire ou l'angle de converfion étant le même, le Vaiffeau, dont la longueur eft la plus grande, va choquer latéralement le fluide, avec une vîteffe en raifon des longueurs, & la réfiftance eft encore en raifon doublée ; ainfi la réfiftance eft comme la troifieme puiffance des longueurs, ainfi fi le Gouvernail reftant le même, on fait varier les longueurs, le temps des converfions fera comme la puiffance $\frac{1}{2}$ des longueurs, fi la vîteffe eft plus grande, tout le refte étant le même, les mouvemens de converfion feront comme les vîteffes, ce qui eft évident, car l'effort augmente comme le quarré des vîteffes, & le temps des converfions eft en raifon doublée inverfe des efforts.

86. Pour trouver d'une façon générale quel doit être l'angle

du Gouvernail pour produire le plus grand effet dans les routes obliques qu'on suppofera (*Fig.* 35.) que le fluide au lieu de fe mouvoir parallelement à l'axe, a une certaine obliquité qui eft la direction BM nommant m le finus de fon incidence fur le Gouvernail, n fon cofinus, y la ligne CE qui repréfente l'effort direct du Gouvernail, x la ligne BE qui repréfente l'effort latéral, on a mmx pour l'effort latéral, lequel doit être un *maximum*, alors $2my = nx$, & comme la dérive eft donnée, & que fon fupplément eft égal à la fomme des angles m & y, nommant A , cette fomme, par les théorêmes généraux des valeurs des fommes des angles (n°. 50), & Géométrie de M. Bezout, 284) on a cos. $A = my + nx$, donc $nx = $ cos. $A - my = 2my$ ou cos $A = 3my$: on retrouve ici la marche du n° 76. On peut obferver que puifque $2m : n :: x : y$, fi $m = 45$ ^{d} $x = 2y$, & l'angle avec le prolongement de la quille eft 26 ^{d} $34'$.

On a confidéré les effets principaux, négligeant ceux qui, quoiqu'abfolument liés à l'effet du Gouvernail, ne changent qu'infenfiblement l'état du Navire ; tel eft celui par lequel l'ufage du Gouvernail donne une inclinaifon autour de l'axe horizontal fitué dans le fens de la largeur qui paffe par le centre de gravité du Vaiffeau. M. Euler en a parlé (*Théorie complette, &c.*) mais il fuffit de l'indiquer, & j'ai cru devoir négliger tout ce qui eft infenfible, & le remplacer par les obfervations utiles.

87. La facilité de gouverner n'eft pas au refte une expreffion claire & abfolument définie, c'eft quelquefois faire un mouvement de converfion dans le moindre efpace poffible, & c'eft en ce fens que je le prendrai toujours ; quelquefois c'eft faire un mouvement de converfion dans le moindre temps poffible. Ces deux effets ne font pas liés l'un à l'autre, la plus grande vîteffe du Navire peut rendre fon mouvement de converfion plus prompt, fur-tout pour de petits angles, & cependant l'efpace parcouru peut être plus grand : il eft certain que quand on fonge à la sûreté de la navigation, il eft préférable de tourner dans peu d'efpace : c'eft principalement dans les paffages étroits, où les courans font infenfibles qu'on en voit la vérité ; mais fi les courans font fenfibles, oppofés d'ailleurs à la route

du Vaisseau , ce qui est le plus avantageux , c'est de gouverner dans le moindre espace , non pas relatif , mais absolu possible. Dans un tel cas le Navire qui gouverneroit le mieux , seroit celui qui auroit seulement la vîtesse qu'il lui faut pour refouler le courant.

88. Pour qu'un Vaisseau gouverne bien , il faut qu'il ait le moindre mouvement d'inertie possible, ce que l'on peut exécuter par l'arrimage, en rapprochant de l'axe vertical qui passe par le centre de gravité les poids les plus lourds, autant qu'il se peut , & par conséquent on doit donner aux coupes des extrêmités une inclinaison verticale assez considérable ; car il arriveroit , de deux choses l'une , ou les capacités intérieures en seroient remplies, alors le Navire gouverneroit mal ; ou elles seroient vuides , ce qui (par le n° 36) nuiroit à la stabilité ; toutes les raisons possibles font voir pareillement qu'on doit porter vers les extrémités les parties les plus légeres du chargement : les Lecteurs voient de plus que cette disposition est avantageuse pour remédier à l'axe des Vaisseaux.

Pour diminuer l'*élancement* & la *quette* , on a mis vers les deux extrêmités des *Massifs* , d'une épaisseur égale à celle de la quille. Si on nomme leur surface A , & la surface longitudinale du Navire B , la distance au centre l , & la résistance des massifs sera $A\,l^3$: celle du Vaisseau, à cause des différentes vîtesses & bras de levier sera $\frac{B\,l^3}{4}$. B est la surface latérale prise sur le plan de longueur , mais qu'il faut en général diminuer d'un tiers , à cause des inclinaisons verticales. Si donc par B on entendoit la surface totale, les résistances seroient comme $A : \frac{B}{6}$.

Quoique la suppression de la quette augmente le bras du levier du Gouvernail , on voit que ce n'est pas une compensation ; si la quette est 3 pieds , la longueur du Navire 120 ; lorsqu'on la supprimera , la résistance augmentera de $\frac{1}{10}$: le bras du levier du Gouvernail ; & par conséquent sa force augmentera de $\frac{1}{80}$ seulement.

CHAPITRE XII,

Des Navires allant à la Rame

89. **L**es Bâtimens à rame ont besoin d'une moindre stabilité que ceux qui sont faits pour aller à la voile : le centre des efforts qui les poussent, n'étant pas fort élevé, ils doivent avoir peu d'inclinaison verticale, c'est ce qui constitue la différence principale de construction de ces Navires ; cependant comme ils vont quelquefois à la voile, aucun des principes établis ci-devant n'est indifférent pour leur construction, & il faut de plus examiner l'effet des rames. Pour cela nous supposerons (*Fig.* 37) d'abord le Navire immobile. Soit la *rame* F G attachée sur l'*apostis* ou *platbord* en D, ensorte qu'elle puisse recevoir un mouvement angulaire autour du point D, & faisons abstraction du poids de la rame ; sa vîtesse dépend du Rameur ou de sa force. La résistance que la rame éprouve en G de la part du fluide, est en équilibre avec l'effort qu'emploie le Rameur : supposons le mouvement angulaire donné, & examinons ce qui arrivera en allongeant la partie D G : on verra que le mouvement angulaire étant aussi donné, la vîtesse du fluide, sera aussi plus grande pour choquer la *palle R*, en raison des longueurs ; & comme les résistances sont comme les quarrés des vîtesses, elles sont donc comme les quarrés de DG ; en outre le bras de levier agit comme cette même longueur ; ainsi le moment de l'action de l'eau sur la palle, est comme le cube de la partie extérieure ou comme $\overline{DG}^3$; il faudroit donc, pour que le Rameur n'éprouvât qu'une résistance égale, diminuer la surface de la palle, comme $\overline{DG}^3$: mais alors la résistance de l'eau seroit diminuée dans le rapport de la longueur.

Il en résulte donc que dans ce cas, il seroit avantageux de diminuer la longueur de la rame, jusqu'à l'infini, si cela etoit possible, en augmentant la palle dans la même raison, ainsi que le dit M. Bouguer. (*Traité du Navire*, page 110.)

90. Suppofons maintenant le Navire en mouvement ; & la vîteffe donnée ; fuppofons en outre que la vîteffe du Rameur, pour agir commodément , foit encore donnée, & de deux pieds $\frac{1}{2}$ par feconde, il eft évident que la vîteffe de la palle fera dans le rapport de la partie F D, à DG, mais cette vîteffe n'eft pas celle de l'eau : elle doit être diminuée de toute la vîteffe du Navire : enforte que fi fa vîteffe étoit plus grande que célle de la palle, comme il peut arriver quand on va en même-temps à la voile, la rame feroit un obftacle à la marche. Le point où la rame ne fait nul effet, eft facile à déterminer par cette analogie : 2 $\frac{1}{2}$ pieds, vîteffe du Rameur, vîteffe du Navire que je fuppoferai ici 5 pieds, comme F D : D P : : 1 : 2, enforte que fi D P = 2 F D, la rame ne fera ni avancer ni reculer le Navire ; mais fi la partie D F eft plus courte, les rames retarderont le Navire, & fi la vîteffe étoit 7 $\frac{1}{2}$ pieds par feconde, il faudroit que D P fût plus grand que trois fois F D : dans ce cas l'effort de l'eau eft généralement comme $(\overline{DG - DP})^2$, & le moment de cet effort eft $(\overline{DG - DP})^2$ DG. La réfiftance a toujours pour bras de levier D G : mais ici il ne peut jamais devenir égal à o, ou fe confondre avec le point d'appui, il ne peut jamais être moindre que DP. L'effort, felon que la palle fera en G ou en g, à $\frac{1}{2}$ diftance de P à G, l'effort de l'eau fera quadruple en G de ce qu'il eft en g, ou, fi on veut que l'effort de l'eau foit le même, il faudra que la palle en g ait une furface quadruple. Il eft vrai que cet effort de l'eau ayant un bras de levier moindre dans le rapport de 7 à 8 : on pourra encore augmenter cette palle de $\frac{1}{8}$, fans que la fatigue du Rameur augmente, ce qui donneroit une vîteffe plus forte de $\frac{1}{15}$.

91. Il eft certain que s'il étoit permis de faire ces abftractions, fi la force du Rameur eft toujours la même, fi on pouvoit toujours augmenter l'étendue de la palle, il y auroit quelqu'avantage à la placer fort peu au delà de P, plutôt qu'en G. Dans la fuppofition que ces longueurs, à compter de D, fuivent le rapport de 3 à 4, l'augmentation de vîteffe feroit de $\sqrt{4}$ à $\sqrt{3}$, ou de près de $\frac{1}{8}$; mais comme la furface de la palle ne peut être augmentée au delà de certaines bornes, on eft obligé d'y renoncer,

Il femble qu'elle ne peut être commodément de plus d'un demi-pied par homme ; c'eft au moins la dimenfion que la pratique lui donne : quand on pourroit l'augmenter de moitié; il s'enfuivroit qu'elle ne pourroit être rapprochée que d'environ $\frac{1}{6}$ de la diftance P G ou de $\frac{1}{24}$ de la diftance totale au point D, ce qui ne feroit qu'une augmentation de vîteffe de $\frac{1}{50}$ environ. En général ($a\,x^2 + x^3$). S , eft conftant, S eft la furface, a & $a + x$ les parties D P & D G : mais il vaut mieux faire la rame plus longue: fans cela , fi l'on a des Rameurs vigoureux, on aura une perte réelle de vîteffe ; je fuppofe que le Vaiffeau puiffe faire $\frac{1}{10}$ de plus de chemin , alors le point P fera à 3. 3 parties du point D : ainfi la nouvelle palle aura une vîteffe de $\overline{\frac{54}{100}}^2$ fa furface eft $\frac{3}{2}$, donc l'effort de l'eau eft 218 r pendant que la palle ordinaire en G a une vîteffe de $\overline{\frac{70}{100}}^2$ ou 2450, & l'effort de l'eau eft plus fort de $\frac{1}{8}$, dans la difpofition la plus ordinaire. Il n'y a donc pas de rapport bien déterminé : il femble qu'on peut fuppofer que tous les défavantages font affez bien conciliés quand la partie P G eft égale à l'intérieure ; au refte, s'il paroît quelqu'incertitude dans la fixation préfente , c'eft qu'elle eft inévitable ; on peut s'en convaincre par la lecture des ouvrages de MM. Euler & Bouguer ; j'ai feulement cherché à rendre cette folution plus fimple.

On peut remarquer que les folutions de M. Euler dans le Livre intitulé *Scientia Navalis*, & dans la *Théorie complette de la Conftruction des Vaiffeaux*, font différentes. Nous donnerons ici les longueurs qui nous paroiffent convenables : le Rameur ayant une vîteffe de 2 pieds $\frac{1}{2}$ par ″, qui nous paroît l'effort ordinaire , fi le Vaiffeau fait 1500 toifes par heure, le rapport des parties intérieures & extérieures eft 10 & 20 & la longueur de la partie extérieure doit augmenter d'une partie pour 150 toifes de plus de viteffe , fi elle étoit 4500 toifes ce feroit le rapport de 10 a 40. Ce rapport eft proportionnel à la force du Rameur. S'il fait , par exemple 3 pieds par feconde , alors ce fera à 1800 toifes que correfpondra une augmentation de longueur de la partie extérieure de la rame double de l'intérieure.

92. Il eft à propos de donner une idée de la force que les Rameurs peuvent employer : on l'évalue communément à 32 l.

mais le temps qui eſt employé pour retirer la rame de l'eau, &
la remettre étant à peu-près la moitié du temps que le Rameur
travaille, on peut ſuppoſer que cet effort ſe réduit à 16 liv.
mais ce n'eſt pas la ſeule diminution. Lorſque le Vaiſſeau va
vîte & fait 3000 toiſes par heure, la longueur de la partie extérieure étant trois fois celle de la partie intérieure, il faut diminuer cette force dans le rapport de 3 à 1 : ainſi le Rameur
n'emploie que 5 liv. $\frac{1}{3}$ pour faire avancer le Navire. Quel que
foible que ſoit cet effort, je doute qu'il ſoit poſſible d'inventer
aucune machine où il y ait une moindre perte : celle qui réſulte
de la vîteſſe du Navire eſt indiſpenſable ; car il faut toujours
que la rame, ou ce qui en tiendra lieu, ait une vîteſſe plus
grande que celle du Navire ; ainſi pour donner 2 pieds $\frac{1}{2}$ de
vîteſſe à la rame ou à la machine, ſi la vîteſſe du Navire eſt
7 pieds $\frac{1}{2}$, il faudra qu'elle ait une vîteſſe de 10 pieds : ſi c'eſt
une roue, il faudra un diametre quadruple ; la ſeule choſe ſur
laquelle on puiſſe eſpérer de gagner, c'eſt ſur le temps que la
rame ne ſert point, qui eſt celui qu'on la tire de l'eau ; mais
je penſe que la rame étant un levier ſimple, ſe ramene plus
aiſément, ſur-tout ſi on charge la poignée, que toute autre
eſpece de machine, qui n'auroit pas un mouvement continu.
Comme l'effort du Rameur dans un temps donné, eſt conſtant ;
la continuité de mouvement eſt une perte ſur l'intenſité de la
force : & d'ailleurs, il eſt difficile d'établir dans les Navires
une roue, machine qui ſeule pourroit procurer un tel mouvement : il me ſemble donc qu'il eſt impoſſible de faire aucune
découverte utile en ce genre, à l'exception de proportionner
& agrandir les palles des avirons, quand la vîteſſe du Navire
doit être petite.

CHAPITRE XIII.

Des Mouvemens accélérés.

93. ON a jufqu'ici confidéré les vîteffes uniformes : cependant un Vaiffeau ne paffe de l'état de repos à celui du mouvement, ou réciproquement de celui du mouvement à celui
du repos, que par des nuances fucceffives d'accélération ou de
retardement. Si le vent pouffe un Vaiffeau, on voit que dans
un fort petit efpace de temps, c'eft le choc d'une très-foible
maffe d'air qui, fuivant les principes du choc des corps, fe trouve
agir fur une grande maffe. Une Frégate qui a 6000 pieds
d'étendue de voiles, & 800 tonneaux de poids, étant pouffée
pendant une " par un vent qui a 28 pieds de vîteffe, la denfité de
l'air étant à celle de l'eau, comme 784 eft à 1, reçoit un effort
ou un poids de 1 livre $\frac{1}{5}$ par pieds ou de 7200 liv. & la Frégate pefant 800 tonneaux, on fera cette analogie : 800 tonneaux ou 1600, 000 liv : 3200 :: 28 pieds : eft à un quatrieme qui fera l'efpace dont le Navire fera avancé pendant ce temps:
on trouvera 1 pouce $\frac{1}{2}$, alors la réfiftance de l'eau, le plan réfiftant étant de 30 pieds, fera égale à 9 onces. Dans la 10e ", la
vîteffe du Navire feroit 15 pouces à peu-près, & la réfiftance
feroit de 908 onces ou de 56 livres : la vîteffe relative du vent,
feroit 26 pieds 9 pouces, enforte que fon action feroit feulement 6780 livres, dont il faut ôter les 56 livres de réfiftance, il ne refteroit plus que 6824 liv. On trouveroit l'accélération pour cet inftant, en faifant l'analogie fuivante 1600,000:
6880 — 56 ou 6824:: 26 pieds 9 pouces : 4e terme qui feroit à
peu-près 1 pouce $\frac{1}{3}$, ainfi l'accélération feroit diminuée de $\frac{1}{9}$;
on peut chercher ainfi les accélérations par parties ; mais il eft
préférable de recourir à la théorie de la propofition 35 des Principes de Newton, pour les accélérations & retardemens.

1°.Si le globe & les particules font privés de toute force élaftique & réfléchiſſante, la réſiſtance qu'un globe éprouve, eſt à la force par laquelle tout ſon mouvement peut lui être ôté ou communiqué dans le temps dans lequel un globe quadruple parcourt la 3e partie de ſon diametre, comme la denſité du milieu eſt à la denſité du globe.

2°. La réſiſtance que le globe éprouve, eſt toute choſe égale en raiſon doublée de la vîteſſe.

3°. Cette réſiſtance eſt auſſi en raiſon doublée du diametre.

4°. Elle eſt auſſi comme la denſité du milieu.

On ſuppoſera maintenant un globe peſant 800 tonneaux, & ayant 30 pieds de réſiſtance, comme le globe diminue la réſiſtance de moitié, ſon grand cercle eſt 60 pieds & le diametre eſt 8 pieds $\frac{2}{3}$, & un tel globe, s'il peſoit autant que le Navire, auroit environ 66 fois la denſité de l'eau.

Par les Corollaires 7 de de la Propoſition 35 & 9 de la Propoſition 36 un globe qui ſe meut dans un fluide non élaſtique, & de la même denſité que lui, a plutôt perdu la moitié de ſa vîteſſe, qu'il ne décrit la longueur de deux de ſes diametres, & puiſque la perte de réſiſtance eſt comme les denſités, il faudroit multiplier 17 pieds $\frac{1}{3}$ double du diametre par, 66, on auroit près de 200 toiſes de chemin parcourus quand la vîteſſe du Navire eſt diminuée de moitié.

Mais comme il naîtroit des *réſiſtances accidentelles*, on calculera ce qui arriveroit ſi la réſiſtance étoit abſolue, elle ſeroit d'environ 280 pieds; le diametre d'un cercle dont l'aire eſt double, ſeroit de près de 27 pieds & la denſité de ce globe ſeroit environ $\frac{22}{9}$ de celle de l'eau; ainſi un pareil navire perdroit la moitié de ſa vîteſſe en parcourant environ ſa longueur.

Quoique ce ne ſoit exactement ni l'une ni l'autre de ces ſolutions, la derniere approche le plus d'être exacte, à ce qu'il m'a paru; au reſte ces expériences ne peuvent avoir lieu, que le vent par le travers, & ſont difficiles à faire.

On peut remarquer que dans toutes les hypotheſes, la vîteſſe du Navire ne ſeroit nulle, que dans un temps infini, à moins qu'on n'admît une réſiſtance proportionnelle au temps, telle que ſeroit la ténacité des parties du fluide, &c.

Les mouvemens de rotation occaſionnés par l'action du Gouvernail ſont accélérés au moins dans les premiers inſtans. On a vu (n° 31) que la difficulté du Navire à prendre du mouvement eſt égale au moment d'inertie rapporté à l'axe vertical qui paſſe par le centre de gravité. Comme on conſidere alors les momens abſolus, il faut réduire l'action du Gouvernail, à une quantité qui ſoit du même genre ; ainſi ſon action eſt, en raiſon de la ſurface reduite & du quarré de la vîteſſe moyenne. La théorie des oſcillations & rotations, ayant été ſuffiſamment établie, il ſuffit de donner un exemple de la maniere dont les calculs doivent ſe faire.

Suppoſons que la ſurface latérale du Gouvernail, réduite, ſoit égale à un plan de 8 pieds, choqué perpendiculairement ; que la diſtance à l'axe verticale qui paſſe par le centre de gravité, ſoit 60 pieds, la vîteſſe du Navire étant 15 pieds par ſeconde, ou un peu plus de trois lieues par heure, ſon déplacement 22400 pieds cubes ou 800 tonneaux, enfin que la diſtance moyenne dont on doit compter les momens d'inertie ſont 35 pieds, le moment d'inertie eſt 22400, 1225, ou 27,440,000.

On cherchera quel ſeroit l'angle de converſion, pour une intervalle de 10″ : comme il s'agit ici de mouvemens accélérés, on prendra le quarré de la moitié du chemin parcouru pendant ce temps, lequel eſt 150 pieds, le quarré de la moitié de ce nombre eſt 5625, qu'il faut multiplier par 8 pieds, ſurface réduite, & par le bras de levier 60, le produit eſt 2700000, & diviſant 27,440,440,000, par ce nombre, le quotient eſt 10.16, ainſi l'angle de rotation eſt de $5^{d}\frac{1}{2}$ ou $\frac{1}{10.16}$ du rayon.

« Ce genre de calcul ſe rapporte à celui de M. Euler (*Théorie
» complette de la Conſtruction & Manœuvre des Vaiſſeaux*) pour
» trouver l'accélération dans le mouvement de rotation, il faut
» ſelon les regles de la Méchanique, multiplier le moment des for-
» ces, par la double hauteur, dont corps les tombent dans une″,
» & diviſer le produit, par le moment d'inertie du Vaiſſeau ; ainſi
» l'expreſſion de l'accélération eſt $\frac{1}{4}$ du quarré de la vîteſſe, mul-
» tiplié par la ſurface réduite & par le bras du levier, & diviſé
» par le moment d'inertie. La fraction numérique qui en réſulte,
» exprimera toujours le ſinus de la vîteſſe angulaire qui ſera en-

» gendrée dans une feconde (le finus total étant un pied) & il
» faut avertir que la vîteffe angulaire , eft exprimée par l'angle
» qu'elle eft capable de parcourir dans une feconde , & l'angle
» dont le Vaiffeau tourne, eft la moitié de la vîteffe qu'on a
» trouvée ».

Mais auffi-tôt que le Vaiffeau commence à tourner autour
de fon axe vertical, & que par conféquent tant fa direction que
fa vîteffe éprouvent quelque changement, il eft clair que la force
de l'eau fur le Gouvernail eft changée : il ne peut fe faire un
grand mouvement de converfion, fans que toutes les quantités
du Numérateur ne changent, & fur-tout lorfqu'il s'agit de virer
vent devant ; fi l'accélération continuoït comme le quarré des
temps, un Navire tel que nous avons fuppofé, tourneroit de
90 ^{d} en 40 ″, & cela fans être aidé par les voiles.

Au refte, cette maniere de calculer les mouvemens de rotation que j'ai empruntée de M. Euler, ma paru plus fimple
que celle de M· Bouguer, en ce qu'elle n'a nul rapport au centre de converfion.

Effectivement, on fait que l'effort d'une livre, eft ce qui
fait parcourir à un poids d'une livre, une efpace de 15 pieds
par feconde, d'un mouvement accéléré, & 8 pieds feulement
à un poids de 120 liv. ainfi le chemin parcouru eft égal à l'effort
× 15 pieds, & dans l'exemple précédent, c'eft, 270 livres
ou 3 pieds ⅓ cubiques d'eau, multipliés par 15 pieds & par 8,
étendue de la furface, & par 60 bras de levier, la difficulté
à fe mouvoir étant toujours le moment d'inertie.

Il y a une obfervation à faire, c'eft que le centre de converfion, eft le point qui refte fixe, & autour duquel les deux
extrêmités tournent. Lorfque le Navire eft en repos, ce point
eft toujours le centre de gravité, parce que ce centre repréfente le mouvement du corps entier, & quand il eft fixe ; il
faut bien qu'il foit le centre du mouvement qui en eft le feul
point fixe. Dans toutes les recherches actuelles, il n'eft pas
néceffaire de connoître combien le corps entier du Navire, eft
tranfporté par l'action du Gouvernail ; c'eft un effet abfolument
diftinct, & qui n'eft pas plus à confidérer que ne feroit un
courant.

Ce qui eſt dit du Gouvernail peut s'appliquer avec la même facilité à l'effet des voiles, c'eſt le même genre de calcul, ce qui a déterminé à expliquer en détail ce genre d'actions.

Il eſt à obſerver que quand un Navire a une réſiſtance accidentelle, il gouverne moins bien par le gouvernail ; car l'action du vent eſt la même, mais le Navire marche plus mal. Si la réſiſtance accidentelle eſt telle que la viteſſe ſoit diminuée dans le rapport de 3 à 2, l'effort ſera diminué comme 9 eſt à 4, ainſi la même poſition du Gouvernail qui contrebalanceroit environ 9 pieds de différence de poſition de voilure, n'en pourra contrebalancer que 4, & il en eſt de même du mauvais voilier

95. Les accélérations de mouvemens dans les tangages peuvent ſe réduire aux mêmes principes ; c'eſt la difference de momens entre les diverſes parties du Navire & du déplacement qui eſt la cauſe de ce mouvement : plus cette différence eſt grande, plus l'action du tangage ſera vive, & delà il réſulte qu'un Navire dont la flottaiſon ſeroit très-groſſe, & conſerveroit long-temps une largeur conſidérable, les fonds du reſte étant extrêmement taillés, auroit le tangage le plus prompt, & de la plus grande étendue ; mais on a obſervé qu'il faut faire enſorte que le Navire ſuive les mouvemens de la mer, car plus il réſiſte à ſes agitations, plus les chocs ſont ſubits, ce qui eſt le plus dangereux pour la mâture.

Si l'action du Gouvernail ſe réduit en peu de temps à des mouvemens preſqu'uniformes, il n'en eſt pas de même du tangage, c'eſt un mouvement toujours ſenſiblement acceléré, pas uniformément à la vérité ; car à chaque inſtant, la différence de momens, entre les Parties du Navire & du déplament varie ; mais de maniere que la réſiſtance de l'eau peut être négligée, & qu'il n'y a que la pouſſée verticale à examiner.

Comme il arrive fort ſouvent qu'on a beſoin de connoître la force de l'eau & du vent pour de certaines vîteſſes, on en donnera les Tables dans la page ſuivante.

VÎTESSES ET EFFORTS DE L'EAU ET DE L'AIR.

Eau,		liv.			Vent.		liv	
1	pied par Seconde,	1	2		5 pieds			037
2		4	8		10			150
3		10	8		15			237
4		19	2		20			600
5		30	0		25			937
6		43	2		30		1	350
7		58	8		35		1	837
8		76	8		40		2	400
9		97	2		45		3	037
10		120			50		3	750
11		145	2		55		4	537
12		172	8		60		5	400
13		202	8		65		6	337
14		235	2		70		7	350
15		270	0		75		8	437
16		307	2		80		9	600
17		346	8		85		10	837
18		388	8		90		12	150
19		433	2		95		13	537
20		480	0		100		15	000
21		529	2		105		16	537
22		580	8		110		18	150
23		634	8		115		19	837
24		691	2		120		21	600
25		750	0		125		23	437
26		811	2		130		25	350

RÉSUMÉ

R É S U M É

*Des Principes généraux de Conſtruction & Manœuvres
des Vaiſſeaux.*

C H A P I T R E XIV.

96. **I**L eſt abſolument néceſſaire que les Navires de Guerre puiſſent porter leur Artillerie, Vivres, Agrêts, Équipages, & quelque leſt, ſans cependant perdre l'uſage de leur premiere batterie, qui doit être élevée au deſſus de l'eau d'une quantité ſuffiſante. De même les Navires Marchands doivent pouvoir porter le chargement qu'on ſe propoſe ; il faut donc s'aſſurer ſi le Navire qu'on projete, n'enfoncera pas dans l'eau, au delà du point qu'on a déterminé. C'eſt un principe inconteſtable qu'un corps enfonce dans un fluide juſqu'à ce que le volume déplacé ſoit égal à ſon poids, & l'on ſait que la peſanteur du pied cube d'eau de mer eſt de 71 livres 6 onces, ou que 28 pieds cubes peſent environ 2000 livres. Comme on a les états des différens poids qui entrent dans un Navire, il ne s'agit que de meſurer le volume d'eau qu'occupe la carene. Ce calcul n'a aucune difficulté : on regarde les courbes qui compoſent le Vaiſſeau comme un aſſemblage de lignes droites ; ce qui n'occaſionne aucune erreur ſenſible, quand on diviſe la carene en un grand nombre de parties. L'exemple de ce calcul, qu'on trouvera à la fin de ce traité, montrera la façon la plus ſimple de le diſpoſer, & fera diſparoître toutes les difficultés qui pourroient ſe préſenter. Si le volume d'eau ainſi calculé & multiplié par 71 livres 6 onces, poids du pied cube, donnoit un produit moindre que le poids du Navire, on augmenteroit les capacités de la carene projetée ; ſi au contraire il étoit plus conſidérable, on diminueroit les capacités, pour donner un peu plus aux autres qualités du Navire.

Q

97. On a enfuite enfeigné à trouver le centre de gravité de la carene du Vaiffeau. Cette théorie eft fondée fur ce principe inconteftable de méchanique, que le *moment* d'un poids eft proportionel à ce même poids, multiplié par la diftance au point d'appui : c'eft ce qui a lieu à chaque inftant & qu'on reconnoît quand on fe fert d'une *Romaine*. Le centre de gravité étant le point d'équilibre, un point tel que les momens de part & d'autre font égaux ; on a une maniere très-fimple de le trouver. On fuppofe un point d'appui tel que l'on veut, & l'on cherche les momens par rapport à ce point ; on ajoute tous ceux qui font du même côté, & on fouftrait ceux qui font du côté oppofé, s'il y en a quelques-uns ; c'eft-à-dire, fi le point d'appui eft pris dans l'intérieur du corps, on divife la fomme des momens ainfi trouvée par celle des poids, & l'on a la diftance du point d'appui au centre de gravité. C'eft une efpece de regle de fauffe pofition ; en effet, puifqu'il y a des momens par rapport au point qu'on a pris pour terme, ce ne peut être le centre de gravité ; mais cela fuffit pour voir de combien doit être éloigné ce centre, pour rendre les momens nuls. Je fuppofe que prenant un point d'appui quelconque, la fomme des momens foit de 1000 fur la droite, & que les poids foient de 100, il eft vifible qu'en prenant le centre de gravité de dix parties plus avancé vers la droite, les momens feront nuls ; car tous les poids auront un moindre bras de levier de la valeur de dix parties, & ainfi leur produit fera moindre de 1000.

La forme des Vaiffeaux étant irréguliere pour trouver le centre de gravité de la carene, on fuit la méthode d'approximation, qui confifte à partager les courbes qui la compofent en parties fenfiblement droites, & l'on cherche le moment de chacune de ces parties. On donnera à la fin du traité, l'exemple de ce calcul. On trouve, en fuivant les mêmes principes, le centre de gravite des poids qui entrent dans le Vaiffeau, on l'a nommé *centre de la charge* ; le centre de gravité de la carene, a été nommé quelquefois *centre de figure*.

On cherche le lieu du centre de gravité de la carene, par rapport à la longueur & la hauteur. L'égalité qu'on obferve dans la figure des deux moitiés de couples à droite & à gauche de la quille, ainfi que dans leurs chargemens, fait que les centres de la carene & de la charge, font toujours au milieu de la largeur du Vaiffeau, lorfqu'il eft dans fa pofition naturelle. Dans l'état actuel de la conftruction, il ne font guere en avant du milieu que de $\frac{1}{80}$ de la longueur totale; cette quantité peut varier d'environ un autre 80ᵉ. La hauteur des centres de la charge & de figure, n'eft pas la même. Ils doivent feulement être dans la même verticale : c'eft cette hauteur des centres de gravité, qui eft la plus variable, & qu'il importe le plus de connoître par la relation qu'elle a avec la *ftabilité* ou la qualité de bien porter la voile. C'eft par rapport à la flottaifon que l'on doit confidérer la hauteur de ces centres, & non pas par rapport à la quille, à caufe de l'acculement, qui, quoiqu'il change peu la pofition abfolue de centre de figure, paroîtroit y occafionner une grande variation, fi on le rapportoit à la quille.

98. La théorie des centres de gravité conduit à la recherche de la ftabilité, & il eft à remarquer qu'on peut être affuré de donner aux Vaiffeaux cette qualité effentielle, parce que les principes de cette théorie font certains.

Pour en donner une idée, on a fuppofé d'abord un Vaiffeau chargé uniformément, & de poids d'une denfité égale à l'eau. On a trouvé que lorfqu'il eft incliné, l'effort pour produire cette inclinaifon, eft mefuré par fon changement d'état, c'eft-à-dire, par le moment des parties de la carene qui entrent dans l'eau & en fortent; & dans les inclinaifons fort petites, cet effort ou la ftabilité qui lui eft égale, eft proportionnelle à la fomme des cubes de la flottaifon; car fi on confidere une feule coupe, plus elle aura de largeur, plus la partie qui entre & fort de l'eau aura de longueur & de hauteur pour une inclinaifon d'un angle donné, & cette partie triangulaire aura un bras de levier plus long. Delà il réfulte que dans les navires femblables & femblablement chargés, la ftabilité eft comme le quarré quarré des largeurs. On fait qu'on appelle figures femblables, celles où toutes les dimenfions changent proportionellement.

La ftabilité augmente même dans un plus grand rapport que la fomme des cubes des largeurs, lorfque le centre de la charge eft au deffus du centre de figure. Cette théorie fe trouve confirmée par la pratique, puifqu’on *fouffle*, c’eft-à-dire qu’on augmente les largeurs à la flottaifon des Vaiffeaux qui portent mal la voile. Quand des Vaiffeaux ont ce défaut, on peut calculer de combien doit être ce foufflage, pour ne pas être infuffifant. On a obfervé dans le traité, qu’il doit être principalement dans la partie la plus large du Vaiffeau, parce que l’augmentation de largeur étant la même, fon effet eft proportionel au quarré de la premiere largeur où on l’ajoute.

Un Vaiffeau pouvant s’incliner fur le côté ou dans le fens de la longueur, la ftabilité fe rapporte aux deux axes principaux de longueur & de largeur. C’eft la ftabilité latérale ou rapportée à l’axe de longueur qu’il importe le plus de connoître, parce qu’il peut arriver qu’elle foit infuffifante. Celle qui s’oppofe à l’inclinaifon dans le fens de la longueur eft fi confidérable, qu’il ne peut y avoir de danger de ce côté. L’obfervation que cette ftabilité eft très-confidérable, nous a conduit à calculer d’une maniere très-fimple & très-exaête, quels poids donnent une certaine différence de tirant d’eau.

Malgré la certitude des principes de la ftabilité, il y avoit une diverfité d’opinions fur les conféquences qui en réfultent. On peut inférer de plufieurs paffages du traité du Navire, que M. Bouguer penfoit qu’il faut abaiffer le centre de figure le plus qu’il eft poffible, au moins en eft-ce l’interprétation la plus naturelle, & quelques Conftruêteurs même, ont cru que c’étoit un principe de conftruêtion. M. Euler dit au contraire, le centre de figure doit être le plus élevé qu’il eft poffible, (on fuppofe toujours le déplacement & la flottaifon donnés). Cette queftion étant intéreffante, je l’ai examinée : c’eft de la qualité du chargement que dépend la vérité de l’une ou l’autre affertion. *Confidérant les Vaiffeaux tels qui font & tels qu’il ne peuvent s’empêcher d’être, il faut élever ou rapprocher de la flottaifon le centre de figure.* Les cas où l’abaiffement du centre de figure augmente la ftabilité, ne peuvent être confidérés : ce feroient ceux où par la foible pefanteur des hauts & de la coque en général, la grande quantité & qualité du left, le Vaiffeau auroit déja une très-grande ftabilité, & il eft évident qu’on ne doit pas s’arrêter à des moyens qui l’augmentent quand elle eft plus que fuffifante, & la diminuant lorfqu'elle eft foible.

On peut encore appliquer cette théorie à la détermination d'une queftion importante, relativement aux Vaiffeaux à trois ponts; c'eft de favoir s'il n'eft pas avantageux de ne jamais les faire pour porter 7 mois de vivres; j'ai été conduit par la théorie, à penfer qu'on ne doit pas les faire pour plus de 5 mois de vivres, fi l'on ne veut pas préjudicier trop à leurs autres qualités, ou les faire fur des dimenfions outrées.

99. J'ai enfuite traité du roulis. Cette matiere offre plufieurs confidérations : le Vaiffeau peut avoir plus ou moins de facilité à prendre du mouvement, felon que fes différens poids font plus éloignés du centre de ce mouvement, qui eft le centre de gravité : elles ont de plus grands ou de moindres arcs à décrire dans les roulis de même étendue. Ces mêmes poids y réfiftent d'ailleurs felon leurs diftances au point d'appui, par le principe général de méchanique, qui eft la bafe de la théorie du centre de gravité. Cette réfiftance, qui eft la même quand il faut paffer de l'état du mouvement à celui du repos, eft comme le produit de chacun des poids par le quarré de leurs diftances à l'axe de longueur paffant par le centre de gravité, c'eft ce qu'on nomme *moment d'inertie*. D'un autre côté, plus le Navire a de ftabilité, plus il eft forcé de revenir à fa fituation naturelle quand quelque caufe l'en a déplacé; ainfi *la difficulté réelle que le Navire éprouve à changer d'état, eft comme fon moment d'i-nertie total, divifé par la ftabilité*. On a coutume de la rapporter à la longueur d'un pendule qui feroit fes ofcillations dans le même temps que le Vaiffeau.

Une autre confidération très-importante ; c'eft celle du mouvement des vagues, qui occafionnent les balancemens du Vaiffeau. C'eft par la combinaifon des rapports des ofcillations particulieres des vagues & des Vaiffeaux, qu'on peut expliquer tout ce qui a rapport aux roulis, & s'en former une idée exacte ; ainfi cette partie de la théorie peut être regardée comme nouvelle. Voici un exemple de la différence qui fe trouve dans les conféquences qui fe tirent, lorfque l'on confidere le roulis, abftraction faite des vagues, ou avec la liaifon

qui fe trouve néceffairement entre elles & ce mouvement des vaiffeaux. Dans la premiere maniere de l'envifager,
la vivacité du roulis eft toujours accompagnée d'une diminution dans fon *amplitude* ou étendue, & parconféquent les
roulis les plus prompts feroient les moins fatiguans pour la
mâture; car la totalité des arcs décrits en même temps feroit
la même, & quand le roulis feroit plus prompt, il y auroit
un moindre éloignement de la verticale; ainfi la mâture étant
plus à plomb, feroit moins fatiguée. Un démâtement total arrivé
par les fuites de la foudre dans la *Malicieufe* que je comman-
dois en 1760, m'a donné la facilité d'étudier cette partie, &
de reconnoître la fauffeté de la conféquence ci-deffus. J'ai vu
qu'un Vaiffeau qui a des roulis très-prompts, peut les avoir
d'une grande étendue, & j'ai calculé la différence que la réfiftance de l'air, occafionnée par le mouvement de la mâture y
avoit apportée.

Comme les flottaifons changent confidérablement dans les
roulis, la forme des hauts doit contribuer à leur vivacité : ils
doivent être d'autant plus prompts, que le Navire a moins de
rentrée. Cet examen a fourni quelques regles de conftruction;
lorfqu'un Navire par fon peu de bricole (ou poids fupérieur),
par la qualité de fon chargement & par la forme de fes fonds,
a beaucoup de ftabilité, il doit avoir plus de rentrée pour rendre
les mouvemens du roulis plus doux. A la vérité cette rentrée a
des inconvéniens réels pour l'appui des mâts, le fervice du canon
&c. mais d'un autre côté rien ne fatigue plus la mâture que des
roulis fort vifs ; pour éviter cette néceffité d'une rentrée confidéra-
ble, il ne faut pas trop diminuer la bricole des Navires : des
Frégates de très-grande dimenfion ne doivent donc pas être fans
canons de gaillards. Lorfqu'elles porteront une artillerie propor-
tionnée à leur grandeur, la ftabilité diminuée un peu par cette
difpofition, devra être augmentée par la plus grande étendue des
flottaifons inclinées ; alors on retirera tous les avantages poffibles,
les roulis ne feront pas plus prompts, les mâts feront mieux
tenus, le Navire aura plus de force, & le fervice de l'artillerie fe
fera plus aifément, fans que la marche puiffe être altérée. Mais ce

dernier article ne dépend pas des principes exposés ci-dessus. (1)

100. On pardonnera sans doute une observation que j'ai eu lieu de faire dans la *Malicieuse* lorsqu'il arrive des démâtemens; les livres de manœuvres conseillent en général de mâter en avant quelques mâts de hune, pour avoir la facilité d'arriver, & on a coutume de commencer par là. Cette regle est bonne lorsqu'on a beaucoup de temps pour remédier à ces accidens; mais quand on est fort près d'une côte, que la mer est très-grosse, la difficulté qu'on éprouve à mâter sur le gaillard d'avant, rend cette manœuvre lente & dangereuse pour les équipages; ainsi il est préférable de mâter vers le milieu du Navire; il en tient bien mieux le vent; & les points d'appui qu'on a pour cette opération, la rendent facile: si par hazard, faute d'avoir mâté assez en avant, malgré les voiles légeres qui peuvent se placer sur l'avant, le Navire ne gouvernoit pas, il faudroit alors jetter le Navire sur l'arrierre, en pompant une partie de l'eau ou par le moyen des canons, &c.

Jai cru devoir parler des vagues: cette partie a un rapport non seulement avec la construction, mais encore avec le pilotage. Le mouvement des surfaces de l'eau proportionné à celui du vent, est la cause du peu de longueur que l'on donne à la *ligne de lock* qui sert à mesurer le chemin. Ce n'est pas seulement sous les tropiques, qu'est le mouvement général des eaux; il produit un effet plus sensible, parce que le vent étant presque toujours de l'arriere ou à peu près, on le ressent tous les jours de la traversée; mais il est le même toutes les fois que l'on va vent arriere. Il est aisé de s'en assurer: si l'on donnoit à la ligne de lock 49 pieds 3 pouces, pour que mouillée, elle revînt à environ 47 pieds & demi, dans toutes les routes où l'on est vent arriere, hors dans les vents presque calmes, il y auroit toujours au moins un neuvieme d'erreur sur la quantité de chemin. Ce qui a rapport au pilotage a été traité dans un mémoire particulier.

---

(1) Lorsque les vivres & lest sont donnés dans les Navires de guerre, la variation qu'on peut attendre d'une transposition latérale de poids pour la vivacité du roulis, est peu considérable: on a cru cette observation importante; c'est par une diminution de stabilité, qu'on peut le plus diminuer la vivacité des roulis.

101. On a donné des tables qui marquent le rapport de la vîtesse du vent aux vagues; diverses colonnes de cette table sont d'après Newton. On a hazardé quelques principes nouveaux, par rapport à l'élévation de l'eau sur les côtes; mais cette colonne, qui n'a rapport qu'avec l'hydraulique, ne doit être regardée que comme l'énoncé de quelques vues utiles; l'importance dont est la connoissance de cette science, nous engage à répeter, d'après le mémoire ci-dessus cité, que la profondeur naturelle des canaux ou rivieres, dans lesquels l'écoulement des eaux d'un pays, demande que la surface ait une vîtesse de 5 pieds par seconde, est d'environ 13 pieds & demi. Si le fond n'est pas dur, l'eau creusera le canal à cette profondeur; si le fond est dur, un tel canal sera difficile à maintenir, l'eau s'y élevera & elle fera effort contre les bords.

On n'a cru devoir se refuser à aucune vue utile.

102. J'ai suivi principalement l'hypothèse, où la résistance est en raison du quarré de l'obliquité ou du sinus d'incidence; ainsi la base de cette théorie est la même qu'on trouve dans les autres traités; mais j'en differe essentiellement pour tout ce qui regarde la poupe, ou plutôt pour toutes les parties à couvert de l'impulsion des fluides. J'ai trouvé que quelque puisse être la loi qu'elle suit, la poupe doit être calculée comme la proue. Comme cette hypothèse se trouve révoquée en doute, que plusieurs expériences faites principalement par M. de Borda, observateur exact, habile & non prévenu, y semblent opposées, jai cru devoir examiner en même temps dans les problêmes principaux, celle où l'impulsion est comme les sinus d'incidence.

Ce sont principalement les faits qui arrivent journellement dans la navigation, qui m'ont persuadé que l'impulsion suit la loi du quarré des sinus d'incidence. On sait que des Vaisseaux en tiennent d'autres vent arriere, avec les huniers sur le ton & même de temps en temps cargués; ce qui montre que les résistances sont alors dans le rapport de 4 à 1. Or nulles loix que celle du quarré du sinus d'incidence, ou même des *fonctions* plus élevées ne peuvent donner un pareil rapport de résistance. J'ai calculé les plans de plus d'une cinquantaine de Navires, & quelques uns dans toutes les positions même inclinées, les calculs & observations m'ont aussi fait reconnoître que la masse n'entre pour rien dans la marche parvenue à l'uniformité;

doute

doute que je m'étois formé. J'ai vu d'ailleurs que dans les très-belles mers, les Frégates & Corvettes bien en affiette, ont fouvent l'avantage de marche dont j'ai parlé.

J'ai reconnu enfuite, que quelqu'hypothefe que l'on fuive, ou fi l'on veut, pourvu que l'obliquité diminue la force de l'impulfion felon quelque rapport que ce puiffe être, lorfque l'on fait dépendre la marche de la proue feule, on doit pour rendre la marche plus avantageufe, augmenter l'enfoncement des Vaiffeaux fur l'arrierre, ou la différence de tirant d'eau : comme la proue eft couverte par le maître couple, à la réferve de la quille, & de quelques parties de façons qui n'ont pas plus d'épaiffeur, il y a moins de réfiftance, & par conféquent la vîteffe du Vaiffeau doit augmenter. Il n'a pas été difficile de voir que ce réfultat eft contraire à l'expérience. En calculant la poupe comme je fais, fi on diminue la réfiftance fur l'avant, le défaut de foutien de l'arrierre augmente, & la réfiftance étant compofée des deux parties, l'avantage d'augmenter la différence de tirant d'eau eft nul ; il eft donc probable que ces calculs ont lieu dans les Vaiffeaux. Affurons nous encore davantage de la néceffité de calculer l'arriere.

103. Si le *point vélique* dépend du calcul feul de l'avant, ce point qui doit être le centre de la pofition des voiles, fera abfolument indépendant du prolongement de l'arriere. Dans les Navires où il y a deux maîtres couples, tous les deux en avant du milieu, ce point fera certainement fort en avant : il faut donc examiner fi le point vélique réel s'accorde avec ce point calculé : s'il y a une très-grande diftance dans cette hypothefe, & fi au contraire en calculant l'arrierre & l'avant, on trouve le lieu réel du point vélique, on ne peut négliger l'arrierre

Si lorfqu'on change la différence de tirant d'eau, en ne calculant que l'avant, le point vélique change très-peu, pendant que dans le fait il devient très-différent, & fi en calculant en même temps l'arrierre, on retrouve les pofitions réelles, il eft évident qu'il faut calculer l'arrierre. On doit pour calculer ce point, fuppofer la mer belle, & une foible dérive, pour diminuer les difficultés du calcul.

Ayant voulu faire quelques expériences fur des petits corps,

R

jai trouvé beaucoup de variétés, & effectivement tout montre que c'est alors que la loi d'impulsion est le plus troublée ; j'ai donc cru que les observations faites sur les Vaisseaux, sont les véritables expériences pour la construction. Il est pareillement reconnu que des Vaisseaux semblables ayant le même tirant d'eau, ont des différences de marche d'un petit vent, principalement si la voilure est la même en quantité, mais est différemment placée ; c'est ce qui forme l'idée attachée à l'expression, un *Vaisseau est bien ou mal en assiette*; le Vaisseau bien en assiette a la moindre résistance ; c'est celle que nous avons calculée ; le Vaisseau mal en assiette a une plus grande difficulté à marcher; c'est ce que je nomme *résistance accidentelle.* Ces différences de marche sont souvent considérables, sur-tout dans les vents foibles, & on ne peut l'attribuer à ce qu'un Vaisseau est plus jetté sur l'avant que l'autre ; qu'on calcule pour un Vaisseau qui fait deux tiers de lieue vent arrierre, on verra que la différence des voilures, ne produit qu'un effet insensible pour changer la situation du Navire. Tels sont les faits principaux qui ont dirigé mes idées.

J'ai dit un mot de ce qui arrive dans les grosses mers ; cette partie n'est pas suceptible de précision ; mais une idée générale est utile, d'autant que les regles de construction doivent être modifiées, puisqu'il faut plus compter sur la stabilité pour bien marcher quand la mer est grosse & se relever d'une côte, que sur la diminution de résistance. C'est une théorie qui avoit été négligée jusqu'ici.

104. On pouvoit desirer de connoître quelles sont les formes de proue qui éprouvent la moindre résistance du fluide ; je les ai calculées selon l'hypothèse des quarrés, & de la raison simple du sinus d'incidence : ces proues sont peu différentes ; mais comme elles auroient peu de stabilité, j'ai cherché quelle seroit la proue de la plus grande vîtesse, les coupes étant circulaires, dans l'hypothese d'un chargement homogene, & qu'on augmente les voiles dans le sens de la largeur. Quoique par-là le problême soit déterminé relativement à la pratique, il peut être regardé comme indéterminé, quand on propose seulement de déterminer la proue de la plus grande vîtesse,

c'eft-à-dire, celle qui peut porter le plus de voiles eu égard à
fa réfiftance. Cette proue elle-même ne peut être d'aucun
ufage, parce qu'elle auroit trop peu de ftabilité. Pour ramener
les divers théorêmes à des vues utiles autant qu'il étoit poffible,
j'ai cru qu'il vaudroit mieux réfoudre le problême fuivant. Les
capacités & les deux axes du Vaiffeaux étant données, trouver
la figure qu'ils doivent avoir pour que leur réfiftance foit aufli
petite qu'il eft poffible.

Si on propofoit un Navire demi circulaire qui auroit 31 pieds
6 pouces de large & 119 de long, 795 tonneaux de déplacement, (nous prenons ici les mêmes données de la *Sirene*), & fi
on vouloit chercher combien elle pourroit diminuer au plus la réfiftance, on commenceroit par lui fuppofer 126 pieds de long, ou
la longueur quadruple de la largeur, felon la formule du (n° 65) :
on fuppoferoit cette partie un demi cylindre, le déplacement
feroit augmenté de 98 tonneaux, ou feroit 893 ; celui du demi
cylindre total ayant 31 pieds 6 pouces de diametre & 126 de
longueur, feroit 1754, qu'il faut réduire au terme de 960, que
nous avons pris pour exprimer ces folidités ; alors 1754 eft à
960, comme 893 eft à 489, qu'on cherche dans la formule de
ce n°. On voit que la largeur fe foutient pendant les fept-dixie-
mes d'une largeur totale, & qu'ainfi la largeur du conoïde eft
à la longueur, comme 1 eft à 3. 3, & à un tel conoide, on
trouve par la table du (n°. 61), que la fous tangente eft 4. 3, &
qu'un tel conoïde diminue la réfiftance, comme 14 eft à 1, &
la furface de ce maître couple étant 390, elle fe réduit à un plan
de 28 pieds qui eft à peu de chofe près la réfiftance de *la Sirene* ;
car on trouve environ 29 pieds & demi, ce qui peut paffer pour
l'égalité. Quand on fait attention à tous les autres avantages de
la figure adoptée parla pratique, on voit qu'elle ne laiffe rien
à defirer.

105. L'impulfion du vent paroît aufli agir dans la raifon des
quarrés des finus d'incidence ; mais j'ai encore quelques doutes :
les expériences de Newton avec les globes tombans, donnent
la loi du quarré ; celles qu'il a faites avec les pendules donnent
la loi du finus, enfin la comparaifon des vîteffes des Vaiffeaux donneroient une loi moyenne, mais beaucoup plus appro-

chante de celle du quarré. J'ai fuppofé les efforts de l'air pro-
portionels aux furfaces; parce que, quoique j'aie trouvé que
des furfaces exprimées par 81, avoient par rapport à celles
exprimées par 16, un rapport de réfiftance qui étoit à peu près
celui de 1 à 6, cependant cette différence d'effort eft d'autant
plus grande que l'air eft moins libre, & l'air en mer ayant
la plus grande liberté, j'ai conclu delà que la différence devoit
être nulle. Cela m'a montré combien ces expériences font difficiles à faire. J'ai calculé différentes vîteffes des Vaiffeaux
qui font affez conformes à ce qui a lieu généralement; je dis
généralement, car il y a plufieurs caufes de variations dont j'ai
parlé. J'aurois donné dans cet ouvrage les tables de M. Euler,
fi j'avois pu éviter des répétitions en traitant ce fujet d'une autre
maniere : j'ai donc tâché de me borner à un genre de calcul facile
& que tout le monde pût faifir; d'ailleurs il faut faire attention à
la mâture, à la coque du Vaiffeau, ce qui troubleroit les rapports indiqués dans ces tables.

Tout ce qui a rapport au moment de l'effort de l'eau pour
faire tourner le Navire, a été regardé comme une partie très-
importante, & a en conféquence été traité avec le plus grand
foin. C'eft à détruire cet effort par le vent, lorfque l'on veut
fuivre une route conftante, qu'on doit s'appliquer, & cela fe
fait en plaçant les voiles en équilibre autour du point *vélique*
fitué dans le fens de la longueur : on doit faire la même chofe
dans le fens de la hauteur; mais il fe préfente ici une réflexion
très-importante, c'eft que quelque fyftême que l'on prenne,
un Vaiffeau long aura fon point vélique plus élevé, car fa
hauteur dépend du rapport des impulfions directes & verticales; on peut même regarder comme un à peu près fuffifant,
la regle fuivante; que ces impulfions augmentent comme les
quarrés des longueurs, ou un peu moins : enforte qu'un Navire
qui a un dixieme de plus de longueur, a fon point vélique plus
élevé de deux 15es c'eft environ 8 pieds pour *la Sirene* : mais
la mâture à caufe de fa tenue, ne peut excéder de certaines
limites, & fi elle n'a pas affez de hauteur, le Navire perdra
de fa marche vent arriere; à la vérité il y a quelques moyens d'y
remédier par l'arrimage; par exemple, on peut caler davantage un

tel Navire, mais tous les moyens d'y remédier ont des inconvéniens ; enfin c'eſt une regle générale de conſtruction ; *des
Vaiſſeaux longs doivent avoir une mâture haute.*

106. Il reſte à rendre compte de la facilité de gouverner :
tout le monde convient que c'eſt une qualité très-importante ;
il eſt eſſentiel de définir ce qu'on doit entendre par bien gouverner, c'eſt tourner dans le moindre temps & eſpace poſſibles ;
ſi ces deux qualités ne ſont pas réunies, c'eſt principalement
tourner dans le moindre eſpace poſſible ; il ſemble qu'en France
on ait méconnu l'importance de cette qualité, car on fait tout
ce qu'il faut pour ne tourner que dans un très-grand eſpace.

1° Le gouvernail des Navires de ligne Anglois, eſt en général de moitié plus grand que celui des François. 2° Si on
compare des Navires qui aient une longueur différente, du
reſte ſemblables, la réſiſtance à prendre du mouvement ſera
comme le quarré des longueurs, & quand le mouvement eſt
accru à un certain point & approche d'être uniforme, elle eſt
comme le cube des longueurs.

Suppoſons un Navire anglois de 120 pieds de long, & un
françois de 132, ayant même largeur, la facilité de gouverner
ſera en raiſon directe des ſurfaces du gouvernail, & inverſe du
cube des longueurs, les vîteſſes étant les mêmes ; elle ſera
donc comme 3, diviſé par le cube de 10 eſt à 2 diviſé par le
cube de 11, ou comme 2 eſt à 1, les temps pour tourner ſeront
1 & 1. 4. Comme le chemin parcouru par le Navire plus long
doit être plus conſidérable, on voit qu'en général les Navires
longs éprouvent une plus grande variation dans la poſition de
leurs points véliques. Suppoſons donc que dans un Navire françois, la force du gouvernail puiſſe compenſer 8 pieds de différence entre le centre des voiles & des impulſions, la ſurface
du gouvernail anglois en compenſera 12. Suppoſons maintenant
que le plus grand chemin du Navire françois & ſa longueur,
porte le point vélique de 5 pieds plus en avant que l'état d'équilibre, le gouvernail n'agira plus qu'avec une force de 8 moins
5 ou 3 ; ſi le point vélique du vaiſſeau anglois ne varie que de
3 pieds, le gouvernail agira avec une force de 12 moins 3 ou
9, & la facilité de gouverner dans le Navire anglois, ſera qua-

druple de celle du Navire françois, fi le point vélique varioit de 6 pieds pour le Vaiffeau françois & de 4 pour l'anglois, la facilité de tourner feroit 3 & 16, l'efpace pour tourner feroit triple. C'eft principalement pour les mouvemens d'arrivée que cette obfervations a lieu ; nous en tirerons cette regle importante pour la conftruction, *les gouvernails des Navires en France doivent être rendus égaux à ceux des anglois*, fans cela on aura un défavantage très-réel dans les combats. On peut en déduire diverfes regles de manœuvres; on ne doit pas non plus oublier cette regle d'arrimage ; *pour bien gouverner, les poids les plus denfes doivent être rapprochés du centre du Navire*, regle qui a été démontrée en parlant des mouvemens d'inertie.

107. Enfin on a traité des rames ; ce n'eft qu'après des méditations fur les ouvrages de MM. Euler & Bouguer qu'on penfe avoir traité ce fujet d'une maniere fatisfaifante ; on penfe que fi un Navire fait 1500 toifes par heure, la partie extérieure de la rame doit être à l'intérieure, comme 2 à 1 ; fi l'on fait 3000 toifes, ce doit être comme 3 à 1 ; fi l'on peut faire 4500 toifes, ce doit être comme 4 a 1. Il y a moins de rifque à excéder en longueur, qu'à faire une rame trop courte : or fi des rameurs font très-vigoureux, ce même Navire qu'on croyoit ne devoir faire que 4500 toifes, en fera 4800. Quand on rame à grands coups, mais plus diftans, l'aviron doit être plus long ; on a donc cru devoir donner une proportion fimple & qui puiffe s'accorder aux diverfes forces de rameurs & à l'étendue qu'on peut donner commodément aux palles.

Enfin on penfe qu'aucune maniere d'appliquer la force des hommes pour faire avancer un Vaiffeau, ne peut être plus avantageufe que les rames. Il y aura toujours néceffairement une augmentation de bras de levier correfpondant à la vîteffe du Navire par rapport à celle du rameur, & il faudra toujours une perte de temps pour que la machine revienne dans fa premiere fituation & puiffe agir.

Tout le monde connoît affez les rames, pour favoir que leurs point d'appui ne peut être confidérablement élevé au deffus de l'eau, parce que la partie intérieure s'éleveroit d'une quantité qui en feroit à peu près la moitié, & plus exactement

dans le rapport des parties intérieures & extérieures : comme en
les retirant de l'eau il faut qu'elles viennent à peu près horizontales, il en réfulteroit de grands mouvemens pour le rameur. Ainfi la
hauteur de 5 à 6 pieds pour ce point d'appui feroit trop confidérable dans les Galeres ; car quoiqu'on remédie en partie à la
hauteur de l'extrémité de la partie intérieure de la rame par la
plus grande rondeur, ou *tonture* des beaux & ponts de ces
Navires, les rameurs qui y font placés ayant de trop grands
mouvemens à prendre, feroient prefque fans force.

Cette réflexion fixe l'idée qu'on doit fe faire des anciennes
Galeres : il eft étonnant même qu'il ait pu y avoir quelqu'ob-
fcurité, quand on confidere ce qu'en a dit Thucydide, un des
plus judicieux écrivains de l'antiquité, & qui lui même a commandé les flottes des Athéniens.

« Cependant (*dit-il*) les flottes qui ont été armées long-
» temps après la guerre de Troye, n'étoient compofées que de
» peu de trirêmes ; c'étoit principalement des Navires qui
» avoient 50 rameurs, (*c'eft-à-dire 25 de chaque côté*) & autres
» Navires longs, tels que ceux qui exiftoient avant cette époque.
» Peu avant la guerre des Medes & la mort de Darius, Roi des
» Perfes, celui qui fut fucceffeur de Cambyfe, les tyrans de
» Sicile & les Corrcyréens eurent beaucoup de trirêmes, & les
» flottes de ces derniers étoient confidérables dès avant l'expé-
» dition de Xerxès. Les Eginetes, Athéniens & autres peu-
» ples, n'avoient encore que des flottes peu nombreufes, for-
» mées pour la plus grande partie de Navires de 50 rameurs,
» & ce ne fut que lorfque Themiftocle l'eut perfuadé aux Athé-
» niens qui étoient en guerre contre les Eginetes, & atten-
» doient l'invafion de Xerxès ; encore les Galeres n'étoient
» elles pas entiérement couvertes (*ou le pont ne régnoit pas
» tout du long*). »

Après ces réflexions, comment a-t-on pu fe faire une idée
de triples étages, dont tout montre l'impoffibilité abfolue.

Les rameurs nommées *Thranites* qui étoient à l'extrémité de
la rame, ayant plus de fatigue que les autres, avoient une
paie particuliere & de furcroît à paie générale qui étoit une
drachme par tête : au lieu de cette explication naturelle,

même à préfent, puifqu'on y place les rameurs les plus grands & les plus robuftes, on a penfé que ces Thranites avoient des rames plus longues.

On peut voir par Thucydide & fon continuateur Xenophon, que ces trirêmes avoient environ 100 rameurs ou hommes de mer, & 50 foldats pefamment armés ou gens de trait.

Les trirêmes furent enfuite remplacées par les quinquerêmes qui conftituerent la force des armées navales; c'eft principalement chez les Carthaginois, & dans les guerres entre ceux-ci & les Romains qu'on les retrouve. Néceffairement plus fortes de bois & pouffées avec une plus grande force, car elles avoient environ 300 hommes de mer, elles avoient un grand avantage fur les trirêmes pour les couler bas: on trouve même quelques feptemrêmes pour les Navires des Généraux. C'eft ce qu'on peut voir dans Polibe & le periple d'Hannon. Chez les Grecs, & dans ces temps, on défignoit les Galeres par le nombre d'hommes employés fur chaque banc ou rame. Il y eut enfuite quelque variation: on défigna le nombre des bancs: cette double acception a encore lieu dans les devis des conftructeurs de Galeres: c'eft fuivant cette deuxieme fignification qu'on doit expliquer les 40 remes &c. Après la deftruction de Carthage, les Romains n'eurent plus de marine militaire; les feules nations vers l'Afie mineure & l'Egypte continuerent à fe fervir de ces Galeres; on voit dans la guerre d'Alexandrie décrite par Céfar, que les Rhodiens & autres peuples voifins avoient fourni celles qui compofoient fa flotte: il n'y avoit, dit-il que cinq quinquerêmes, 10 quadrirêmes, les autres étoient de moindre grandeur & la plupart découvertes. Ce font les livres des Généraux qui forment les vrais monumens: quelle idée fe feroit-on de notre marine par la vue des armes de la ville de Paris. Au refte ces defcriptions de Généraux du premier ordre, font toutes conformes au bon fens, aux loix de la méchanique; les trirêmes anciennes font nos *demi-Galeres* actuelles, les quinquirêmes font les Galeres ordinaires.

108. On peut maintenant, en faifant une application des principes ci-deffus, réfoudre diverfes queftions importantes; on a par exemple reconnu que la ftabilité des Vaiffeaux femblablement

blement chargés, eft proportionnelle au quarré quarré de leurs
dimenfions, puifque la pefanteur qui eft comme le cube, agit
avec un bras de levier proportionnel à ces dimenfions. L'effort du
vent dans la méthode ordinaire de mâter, eft égal au quarré
des dimenfions, & agit avec un bras de levier qui en fuit la
raifon fimple; ainfi fon moment eft comme le cube des dimenfions; il s'enfuit que la ftabilité étant comme la quatrieme puiffance, & le moment de l'effort du vent comme le cube, la
force relative des Navires pour porter la voile, eft comme les
dimenfions fimples. On a remarqué que les circonftances du
mouvement du Navire, ne font aucun changement dans de
tels Navires femblables & femblablement chargés : fi donc, on
vouloit que la ftabilité fût la même en confervant les mêmes
largeurs de voiles, il faudroit que les hauteurs de la mâture
fuffent comme la racine du cube des dimenfions; car alors l'étendue des voiles compofée de la largeur proportionelle aux dimenfions & de la hauteur, feroit comme la racine quarrée de la
puiffance 5, & le bras de levier étant comme la racine de la
puiffance 3, l'effort feroit proportionnel à la puiffance 4 des
dimenfions, & par conféquent à la ftabilité.

Tout le monde fait que pour avoir la racine quarrée du
cube d'une dimenfion, on prend la moitié de fon logarithme
qu'on multiplie par 3. Je fuppofe maintenant qu'un Vaiffeau
de 40 pieds de large ayant fa mâture donnée, on cherche
celle que doit avoir le Navire de 20 pieds fuppofé femblable :
le logarithme de 40 eft 160 206, celui de 20 eft 130 103;
la moitié de la différence ou 030 103 étant triplée, on a
045 154 logarithme de 2. 83; ainfi la mâture du Navire de
20 pieds de large eft à celle du Navire de 40 comme 1 eft
à 2. 83, fuppofant que le mât d'hune du Vaiffeau de 40
pieds foit de 60 pieds, celui du petit Navire n'aura que 21
pieds de hauteur. Pour les mâts majeurs on ne calculeroit que
la partie au deffus du pont; telle feroit la folution fi les
Vaiffeaux étoient femblables & femblablement chargés; encore
feroit-il néceffaire d'y faire une modification. Le poids de la
mâture feroit confidérablement diminué, dès-lors le Navire
ne feroit plus femblablement chargé; car la mâture étant moins

S

haute dans le rapport de 10 à 7, la groffeur des mâts devroit diminuer dans celui de 4 à 5 : le poids de la mâture feroit moindre de plus de moitié, & fon moment ne feroit pas même le tiers de ce qu'il eft. Un tel Navire devroit donc avoir une mâture plus forte que celle qu'on a trouvée ci-deffus, puifqu'il ne feroit pas femblablement chargé dans cette partie.

Mais ce n'eft pas la feule chofe à confidérer, on ne voit aucuns petits Vaiffeaux femblables aux grands pour le chargement ; un Navire de 20 pieds de large a 10 canons de 4, lefquels étant fuppofés de l'ancienne artillerie, pefent 115 quintaux, le Vaiffeau de 40 pieds n'auroit proportionnellement qu'un poids de 920 quintaux, il en a 2520 qui indépendamment du plus grand poids font proportionnellement plus élevés, il y a un pont de plus ; ainfi la regle précédente qui avoit pour objet de proportionner l'effort du vent à la ftabilité, mais dans la fuppofition que tout eft femblable, & qu'ainfi le grand Navire a plus de ftabilité que le petit n'a plus lieu, ou plutôt elle eft diverfement modifiée dans fon application ; on voit journellement des Frégates, des Corvettes même porter la même voilure que les Vaiffeaux, & fi elles font obligées de ferrer leurs voiles hautes les premieres, c'eft principalement à caufe de la dureté des tangages & de la fatigue de la partie de l'avant qui en réfultent. La queftion qu'on doit examiner n'eft donc pas de favoir fi les petits Navires en général, peuvent porter la même voilure que les Vaiffeaux, fur-tout dans la plus grande partie des temps propres à la navigation ; mais s'il eft avantageux de diminuer la mâture, en compenfant cette diminution par un allégiffement.

On penfe bien que fi par hafard un petit Navire eft mal conftruit & a peu de ftabilité, il doit avoir une moindre mâture ; mais il ne peut être queftion de ces exceptions. La queftion envifagée d'une façon générale, fe rapporte aux Navires marchands, comme à ceux de guerre ; mais par rapport à ces premiers, en vain propoferoit-on de diminuer le port des Navires, tous les Négocians y verroient une perte affurée du côté du fret. Il s'agit donc uniquement des Navires de guerre & alors la queſtion ſe réduit à ſavoir ſi l'allégiſſement eſt poſſible & s'il eſt utile.

Il eſt évident qu'il ne peut porter que ſur une partie du leſt; car il faut bien que les équipages aient leurs vivres, leur eau, & pour le leſt on ne peut le retrancher en entier; car il en faut pour la ſolidité de l'arrimage, pour ſe mettre en aſſiette, & il doit y en avoir juſqu'à la hauteur des *porques*. On a pris pour baſe les Vaiſſeaux de 74 canons, auxquels on ſuppoſe 180 tonneaux de leſt; les Frégates de Breſt ont à proportion une moindre quantité de leſt, quand elles ont 3 mois d'eau & 6 mois de vivres: de plus il ſeroit difficile de réduire les Frégates de 31 à 32 pieds de large, à avoir moins de 45 tonneaux de leſt. Ce ſeroit un allégiſſement de deux pouces, qui feroit une diminution de réſiſtance d'un vingtieme, & la diminution de voilure ſeroit un ſeptieme; enfin cette diminution de voilure ſeroit la même que ne pas avoir de perroquets, & diminuer les mâts d'hune de la valeur d'un ris.

Des changemens ſi conſidérables ne peuvent porter ſur un fait iſolé; une Frégate dont on a diminué la mâture & qu'on a allégie en même temps a mieux marché: mais *la Thétis* qui avoit paſſé pour mauvaiſe voiliere, a bien marché après que ſa mâture a été augmentée: voilà des faits en oppoſition avec d'autres; & je ne citerai ce dernier auquel j'ai eu part, que pour montrer qu'on doit éviter de conclure par un fait ſeul, la néceſſité de grands changemens. Plus j'ai examiné l'état de la conſtruction, plus j'ai trouvé que les diverſes conſidérations ſont conciliées avec intelligence, au moins lorſqu'on trouve un uſage établi. A la vérité cet uſage général ne peut abſolument convenir à tous les Navires de tous les genres poſſibles, mais ce ne ſont jamais que des modifications légeres dans les regles qui peuvent avoir lieu, & non un changement total de regles & d'uſages. Enfin ſi on en faiſoit l'eſſai ſur une Corvette de 22 pieds de large conſtruite à l'ordinaire, un tel Bâtiment où les qualités ſe manifeſteroient bien plus, n'auroit qu'une marche très-déſavantageuſe, parce qu'il n'y auroit nul rapport entre la poſition du point vélique & celle de la mâture; comme cet

effai ne feroit pas fort coûteux, fi on fe déterminoit à le faire ;
il faudroit conferver les mêmes groffeurs de bas mâts, parce
qu'on feroit obligé d'avoir toujours à peu près la même quantité de voiles pour fe relever d'une côte, & par conféquent je
penfe qu'ils devroient être faits de bas mâts à l'ordinaire, & de
mâts d'hune fort petits, fans quoi il ne pouroient s'orienter que
très-difficilement au plus près

109. Il fe préfente une autre queftion fur les mâtures des
Navires. On ne peut mieux l'expofer qu'en donnant l'extrait du
Mémoire de M. de Briqueville qui l'a propofée. Quand un Vaiffeau eft armé & équipé, il eft muni de plufieurs pieces de
mâture de rechange, pour pouvoir porter un prompt remede
aux accidens, foit de navigation, foit de combat qui peuvent
arriver dans cette partie.

Il ne peut être qu'avantageux de donner un ufage plus étendu
à ces pieces ; ce qui poura avoir lieu fi le Vaiffeau eft conftruit
en conféquence.

On fait que l'effort du vent fur les voiles doit être oppofé à
celui de l'eau, ou que les voiles doivent être en équilibre au
tour du point vélique, & cette difpofition de mâture eft en
total entre les mains du conftructeur, puifque c'eft lui qui la
place & donne les dimenfions qu'il croit convenables aux différentes pieces qui la compofent, & qu'il peut ordonner les différentes pieces de mâture fufceptibles de rechange, de façon à
y trouver plus de reffources.

Les Vaiffeaux ne pouvant porter des bas mâts & baffes vergues de rechange, on ne peut augmenter les reffources pour ces
pieces ; on doit fe contenter de les faire d'une façon convenable
au Vaiffeau & au refte de la mâture ; mais on fera les mâts d'hune & de perroquet égaux, ainfi que leurs vergues & celle de
civadiere, les mâts de perroquet de fougue & boute-hors de
beaupré feront égaux, &c.

Cette égalité entraîne celle des tons du grand mât & du mât
de mifaine, hunes, barres, chouquets, &c. Il y auroit à la vérité
un peu plus de difficulté à remâter le petit mât d'hune, & on
y remédieroit fi cela fe trouvoit néceffaire, en faifant un écoutil-
lon qui permettroit au pied du mât d'hune de defcendre fur le pont.

Enfin on n'éxécuteroit cette mâture que lorsqu'on en fait de nouvelles pour éviter une perte de pieces aussi essentielles ; on ne feroit même ce changement dans les Navires actuels, que lorsqu'il ne feroit pas nécessaire de déplacer les mâts majeurs.

Cette espece de mâture a été exécutée pour la premiere fois dans la Corvette, *la Guirlande* ; il semble que le Vaisseau *la Ville de Paris* a aussi été mâté suivant ces principes ; depuis ce temps on en a mâté plusieurs qui ont eu le total des mâtures du grand mât & du mât de misaine égal.

Il est certain que les constructeurs ayant toute la liberté possible & pouvant balancer leurs voiles, les Navires peuvent gouverner également.

Comme ils peuvent aussi porter le mât de misaine plus en arriere, diminuer sa hauteur ; les mâts d'avant peuvent être autant ou plus appuyés qu'ils ne le font dans le genre de mâture actuel.

Pour examiner cette proposition, apportons un exemple & arretons nous à une combinaison dans la variété infinie de celles qui peuvent se présenter. Supposons un Vaisseau de 80 canons, mâté suvant le systême actuel ; supposons maintenant qu'on ôte 523 pieds de surface des voiles du grand mât, & qu'on porte au mât de misaine ou environ 80 pieds plus en avant, le moment augmentera sur l'avant, de près de 42, 000, & pour rétablir les momens comme ils étoient, il suffiroit de porter le total de la voilure qui est d'environ 28, 000 pieds à 18 pouces plus en arriere.

On peut reculer les mâts de misaine & grand mât, & diminuer un peu de la hauteur du mât de misaine.

De plus, généralement parlant, l'équilibre des voiles doit être sans aucun égard aux perroquets ; mais comme en général il faut se précautionner contre la trop grande facilité de venir au vent, & que le point vélique varie de plus de 14 pieds, il est inutile de chercher un point précis d'équilibre.

Examinons maintenant les mouvemens de conversion. Lorsque l'on arrive, les voiles de l'arriere fasient & ne doivent être comptées pour rien ; celles de l'avant par leur rapprochement du milieu feroient un moindre effort, ce feroit environ 9300 pieds de voile raprochés du milieu de 1 pied & demi, ou le moment des voiles actuelles pour arriver feroit moindre de 14000 environ; d'un autre côté l'augmentation de 523 pieds de voiles à 55 pieds au moins du point vélique, fait près de 29000, moment pour arriver : ainfi dans la nouvelle mâture, le moment pour arriver eft plus confidérable.

Pour ce qui concerne les mouvemens pour venir au vent, ils font encore facilités, car on ôte 525 pieds de voile du grand mât, où ils font à 25 pieds au plus du point vélique; ainfi on diminue le moment pour venir au vent de 13100; mais le grand mât & celui d'artimon qui ont environ 16000 pieds de voile, étant portés à un pied & demi plus en arierre, le moment pour venir au vent augmente de 11000; ainfi cette difpofition favorife les mouvemens de converfion.

En général, les voiles portées du milieu vers les extrémités, augmentent la facilité du Navire à tourner par le moyen des voiles.

Pour ce qui concerne l'appui des mâts, le mât de mifaine eft inconteftablement mieux tenu; parce que le mât de mifaine étant rapproché du milieu, fon étai eft moins oblique, les haubans font plus éloignés du milieu, ou ont plus d'empature & les façons élevent moins le mât de mifaine.

Le petit mât d'hune a fon étai qui conferve à peu près la même obliquité ; les galhaubans feroient un tant foit plus peu obliques ; mais il feroit aifé d'y remédier par une très-foible diminution de la rentrée de cette partie, ce qui n'a nul inconvénient.

On ne parlera pas du petit mât de perroquet, parce que ces mâts ont une force abfolue plus confidérable. Autrefois les mâts de mifaine étoient au dixieme de la longueur du Vaiffeau en arriere de l'étrave, ils font maintenant au huitieme ou ont été reculés d'un quarantieme ; les grands mâts ont été reculés de la même quantité à peu près ; il s'agiroit maintenant d'un moindre changement; il eft certain que cela faciliteroit d'orienter la mifaine.

On auroit pu prendre pour combinaifon, celle où on diminueroit la hauteur du mât de mifaine de deux pieds ; elle mérite

attention ; on y trouve un avantage, c'eſt que les poids qui
dans la premiere combinaiſon ont un plus grand moment ſur
l'avant, n'en auroient pas davantage dans cette ſeconde.

Malgré tous les avantages de cette propoſition de M. de
Briqueville, il eſt certain qu'il y auroit vent arrierre une
perte de 523 pieds de voile ; il y auroit, comme il en fait la
remarque, un peu plus de difficulté à repaſſer le petit mât d'hune,
& ſur-tout ſi on adoptoit la ſeconde combinaiſon

Ainſi dans les diverſes parties de la conſtruction, les avantages & déſavantages ſe balancent.

Tous les Officiers étant convenus qu'il y auroit un avantage
de faire les deux mâts d'hune & de perroquets égaux en groſſeur, ce changement doit être regardé comme néceſſaire ; on
obſervera en même temps que c'eſt la méthode Angloiſe.

J'ai tâché dans cette diſcuſſion d'éviter de laiſſer entrevoir
mes ſentimens particuliers, hors pour ce qui concerne l'avantage de faire les mâts d'hune égaux en groſſeur. On trouveroit
cette propoſition traitée plus au long dans les mémoires de
M. de Briqueville & les réponſes qui y ont été faites : mais
on s'eſt contenté ici de l'expliquer & d'expoſer les objections
fondées.

CHAPITRE XV.

Réfiftance des bois & agréts des Vaiffeaux.

LA théorie de la conftruction feroit incomplette, fi on ne difoit quelque chofe de la réfiftance des folides. On peut la divifer en deux efpeces; la premiere eft celle dont ils font capables lorfqu'ils travaillent dans le fens de leur longueur; la deuxieme eft celle qui a lieu quand on travaille à les rompre perpendiculairement à leur longueur.

On voit affez évidemment que dans les bois de la même efpece, la premiere de ces forces eft proportionnelle à la groffeur de la piece, ou à l'étendue de la coupe perpendiculaire à la longueur; puifque c'eft de cette étendue que dépend le nombre de fibres qui réfiftent. C'eft dans les ouvrages de M M, Buffon, Duhamel, Mufchembrock, qu'on trouve les expériences principales pour déterminer cette réfiftance.

On peut regarder comme un principe d'expérience, qu'une regle de chêne quarrée qui aura un quart de pouce fur chaque côté, ne fe rompt étant tirée dans le fens de fa longueur, que quand elle eft chargée d'environ 1000 liv. & qu'une regle qui a un pouce de groffeur, ne fe romproit que par un poids de 16000 liv. Le bois de fapin n'a pas autant de force, il n'a guere que les trois cinquiemes de celle du chêne; mais le rapport peut varier felon la maniere dont le bois eft nourri, & cette efpece de bois eft fufceptible d'une grande variété; la force du chêne eft à peu près proportionelle à fa pefanteur, fuivant M, de Buffon.

Le fer eft de tous les métaux celui qu'on emploie le plus; il ne s'en faut guere auffi qu'il ne réfifte le plus; l'or feul, eft plus fort d'une neuvieme partie; un fil de fer d'une ligne de diametre, ne fe rompt que lorfqu'il eft chargé de 650 livres; le cuivre rouge n'a qu'environ les deux tiers de la force du fer; & le laiton en a environ les quatre cinquiemes.

Mais

Mais en rapportant les expériences fondamentales, on ne peut se dispenser d'avertir qu'il y a des variétés : une différence de qualité, des fibres plus ou moins saines dans le même bois, un métal plus ou moins bien corroyé, offrent de très-grandes variétés. Nous allons maintenant examiner la deuxieme espece de résistance des corps solides, c'est-à-dire, celle qui a lieu quand on travaille à les rompre perpendiculairement à leur longueur ; alors quelques fibres s'allongent, les autres se compriment ; toutes les fibres cessent d'être paralleles pendant l'effort de la rupture. Si pendant qu'une piece de bois est engagée dans un mur par une de ses extrêmités, on la charge d'un grand poids par l'autre bout, à mesure qu'on rapprochera le poids, on pourra le rendre plus grand sans craindre que la poudre ne rompe ; mais il ne faut pas penser que si le poids étoit à toucher le mur, la résistance fût presqu'infinie. Heureusement toutes ces difficultés s'évanouiront, tant qu'on évitera les cas extrêmes & qu'on ne cherchera que la force relative. Lorsqu'on fait effort pour rompre de côté une piece de bois AB (*fig.*38), en tirant selon une direction AG, elle résiste à proportion de la grosseur, ou de la multitude des fibres qui sont renfermées dans chaque couple perdendiculaire ; mais outre cela, les fibres résistent encore plus ou moins selon qu'elles sont plus éloignées du point d'appui.

Il seroit difficile de déterminer le centre précis dans lequel il faudroit considérer toutes ces fibres pour avoir leur effort moyen ; mais tant qu'on compare des corps dont les coupes sont des figures semblables, on peut prendre le centre de gravité pour centre d'effort, parce que le rapport est toujours le même.

Enfin l'expérienc a montré qu'une poutre qui a trois fois plus d'épaisseur qu'une autre, soutient un poids neuf fois plus grand. La seule grosseur de la poutre fait qu'il y a 3 fois plus de fibres, & en outre elles résistent 3 fois plus. Si une poutre a 3 fois plus d'épaisseur que de largeur, elle résistera 3 fois plus dans la premiere situation : la seule différence vient de ce que le total des fibres est 3 fois plus éloigné du point d'appui.

L'expérience a fait voir qu'une regle de chêne verd d'un pouce en quarré, peut soutenir à un pied de distance près de 130 liv.

T

La force des affemblages de charpente peut s'évaluer fuivant les mêmes principes à peu près ; nous prendrons pour exemple les *bittes* qui font formées de deux poutres *A B*, *C E* verticales, nommées *montans* & liées par une troifieme qui eft horifontale, & fe nomme *traverfin*.

Si chacune de ces poutres a un pied quarré, elle pourra foutenir un poids de 224, 640 livres, & les deux poutres foutiendront un effort de 449, 280 liv.

Mais M. Bouguer prétend que fi on rend la diftance *F H*, de quatre pieds, en uniffant bien les deux montans par le traverfin, la premiere qui ne pouvoit foutenir en particulier que 224, 640 livres, en foutiendroit 8 fois plus ; parce que toutes les fibres dont le centre de réunion eft en *F*, feront aidées par un bras de levier 8 fois plus long *F H* ; ainfi les deux poutres foutiendront, dit-il, un effort horizontal de 2021, 760 liv. qui s'exerceront fur une direction élevée d'un pied au deffus du point *B*.

Les expériences que j'ai faites m'ont porté à croire que cette évaluation de la force des bittes eft défectueufe.

Effectivement il fe trouveroit que la réfiftance des bittes, feroit fupérieure à celle qu'auroit une piece de bois de 4 pieds de long, & la même épaiffeur ; c'eft-à-dire, que dans la (*fig.* 39) la réfiftance des bittes feroit fupérieure à celle d'une piece de bois pleine *H B C A* qui auroit les mêmes epaiffeur & hauteur que ces bittes, malgré l'excédent de bois qui remplit l'efpace *G I O D*, & quoique cette continuité de bois puiffe être regardée comme devant augmenter la force.

Il eft encore une autre force abfolue à confidérer, celle qui retient deux planches chevillées ; mais nous n'avons pas d'expériences fuffifantes fur cette efpece de réfiftance.

111. On a vu que les refiftances relatives, font comme le cube des diametres des groffeurs, ce qui met en état de déterminer la figure des folides d'égale réfiftance, ou qui réfiftent également dans tous les points de leur longueur ; une puiffance eft appliquée au fommet *A* (*fig.* 38) d'un corps *A B*, & agit felon une direction *A G* perpendiculaire à l'axe de ce folide dont toutes les tranches font des quarrés, ou des cercles, cette

puiſſance tendra à rompre le corps avec plus ou moins de force relative, ſelon qu'elle ſera plus ou moins éloignée du point d'appui, & les réſiſtances relatives du ſolide qui ſont comme les cubes des diametres, doivent être égales aux efforts relatifs de la puiſſance; ainſi la réſiſtance relative du ſolide en CD, doit être comme la diſtance CD de chaque point où peut ſe faire la rupture. Près du ſommet, l'effort ſera foible; mais il ſera toujours proportionnel à la longueur des parties AC de l'axe qui ſervent de levier à la puiſſance; or les réſiſtance relatives du ſolide qui ſont comme les cubes des diametres, doivent être égales aux efforts relatifs de la puiſſance; ainſi les cubes des diametres doivent être comme les longueurs des parties de l'axe, le ſolide qui reſiſte par-tout également, doit être formé par la premiere parabole cubique: à 8 fois plus de diſtance du ſommet, la puiſſance fait 8 fois plus d'effort pour rompre le mât, mais dans cet endroit le mât a un diametre double, & le ſolide réſiſtera 8 fois plus.

Telle ſeroit la ſolution en ſuppoſant les mâts ſans peſanteur. Pour faire entendre notre penſée, comparons deux pieces de bois ſcellées dans un mur par une de leurs extrêmités & chargées par l'autre d'un poids qui les faſſe rompre; ſuppoſons que ces deux pieces aient la même groſſeur, mais que l'une ſoit deux fois plus longue que l'autre : il eſt évident qu'à l'égard de la deuxieme, le levier étant deux fois plus long, il ne faudra mettre à ſon extrêmité qu'un poids qui ſera moitié du premier, & cela eſt vraie, ſuppoſant qu'on faſſe abſtraction de la longueur de ces pieces; car cette peſanteur, non-ſeulement eſt deux fois plus grande, mais elle eſt encore appliquée à un levier deux fois plus long; ainſi elle a beaucoup plus de part à la rupture, elle y contribue quatre fois plus, & par cette raiſon le poids que l'on met à l'extrêmité de la piece de bois, doit être beaucoup moindre que la moitié.

Mais ce n'eſt pas tout ce qu'il y a à conſidérer. Suppoſons les pieces de bois ſans peſanteur, ou plutôt joignons leur peſanteur à l'effort de la puiſſance qui eſt appliquée à l'extrêmité, & conſidérons le tout comme un ſeul poids. Lorſque la piece eſt deux fois plus longue, il faut d'abord diminuer le poids de moitié, conformement au grand principe de méchanique; mais

T ij

le poids étant moindre, les fibres dans le point de la rupture seront moins obligées de se courber les unes sur les autres, ce qui leur permettroit de soutenir un plus grand poids, si ce n'est qu'enfin il y a une derniere considération à avoir, c'est que la piece de bois dans la partie qui la rend plus longue, n'est pas exempte de se courber, ce qui allonge encore les fibres & diminue la force de la piece.

Il est aisé de reconnoître que la forme que la théorie eût donnée aux mâts, faisant abstraction de toutes ces considérations, doit être alterée.

M. de Buffon a fait des expériences pour reconnoître la loi de résistance que suivent les pieces de bois de longueur inégale, & elles méritent d'autant plus de servir de regle, qu'elles ont été faites avec soin & qu'elles ont l'avantage d'avoir été exécutées en grand. On peut les représenter assez exactement en supposant que le moment de l'effort qui travaille à les rompre, dépend de la longueur du bras de levier élevé à une puissance dont $\frac{4}{3}$ ou $\frac{1}{4}$ est l'exposant. Supposé qu'une piece de bois ait soutenu à son extrêmité un poids de 20000 livres, un autre de la même grosseur, mais qui sera quatre fois plus longue, ne pourra pas soutenir 5000 livres; mais le poids doit être diminué dans le rapport de $4\frac{4}{5}$, ensorte que la deuxieme piece ne soutiendra que 3500 livres; il suit delà qu'on doit donner aux mâts une figure différente, nommant x les longueurs des différentes parties, & y le diametre des grosseurs, on aura non pas x comme dans la premiere solution, mais $x\frac{1}{4}$, pour les efforts que chaque point a à soutenir, & comme y^3 représente toujours la resistance en chaque endroit : $x\frac{1}{4} = y^3$ ou $x^5 = y^{12}$ ce qui montre que le mât doit différer beaucoup moins de la forme de la parabole ordinaire.

Nous devons avertir que si l'on traitoit les choses à la rigueur, la forme des mâts devroit être différente, quand on porte les perroquets & toutes les voiles, les huniers & les basses voiles &c, lorsqu'on considere les roulis, selon que les haubans sont plus ou moins ridés, si l'on supposoit même les haubans inflexibles, la forme des mâts devroit être absolument différente, ensorte que la forme des mâts ne pouvant être variée selon toutes ces confidérations, il eſt prudent de s'en tenir aux formes reçues.

Pour ce qui regarde les vergues, elles doivent être plus aiguës par les extrêmités. Le principal effort qui travaille à les rompre, a lieu lorſqu'on les braſſe ; l'expérience montre que les vergues rompent ordinairementvers le milieu ou à peu de diſtance.

Il ſuivroit de la confidération, que les vergues rompent le plus ſouvent, par l'effort que l'on fait en les braſſant, que leur figure devroit une parabole cubique, puiſque la théorie précédente y eſt applicable, ou plus exactement une parabole dont l'équation eſt $x^5 = y^{12}$.

Si l'on confidere l'effort du vent, on verra que l'effort abſolu qui travaille à les rompre, eſt déſigné par x qui marque la largeur des différentes parties de la voile à commencer depuis l'extrêmité voiſine. Cet effort eſt outre cela appliqué à un levier dont la longueur eſt x ; ainſi on a $x^2 = $ l'effort relatif $=$ la réſiſtance ou $y^4 = x^3$. ce qui rendroit leurs formes plus coniques.

Dans la diverſité de confidérations phyſiques qui devroient régler la forme des mâts & vergues, on ne pouvoit rien faire de mieux que de confulter l'expérience & , c'eſt celle qui en a fixé la forme ; il n'eſt pas hors de propos de faire attention que toute cette théorie ſuppoſe des bois du même genre, & dont quelques parties ne ſoient pas affoiblies par des vices. Si l'on pouvoit ſeulement faire quelqu'obſervation, c'eſt qu'en général les mâts d'hune ſont les plus foibles de tous les mâts, puiſqu'ils rompent plus ſouvent que les mâts majeurs ; mais il faut avouer qu'il étoit très-raiſonnable de les faire plus foibles que les mâts majeurs, parce qu'il n'y a nul comparaiſon entre les déſavantages de la rupture des uns, ou des autres. Les mâts de perroquet ne doivent pas non plus être affoiblis, parce que vu la petiteſſe de ces mâts, on les affoibliroit confidérablement en diminuant très-peu les poids ; car dans toutes les choſes de pratique il faut balancer les avantages & les inconvéniens. Il ne reſteroit donc que de rendre les diametres des mâts d'hune plus forts ; mais il y auroit à craindre que cela n'affoiblit un peu trop les mâts majeurs, dont la conſervation eſt trop importante pour qu'il ne foit pas avantageux que la rupture foit déterminée au deffus, ce qui doit faire conferver la mâture actuelle.

112. Un objet fur lequel il femble que nous puiffions porter nos vues, c'eft fur l'épaiffeur des bordages & principalement de ceux des ponts. On peut fe propofer de favoir s'ils font trop forts. En commencant à traiter ce fujet théoriquement, nous avouerons que nous n'aurions qu'une folution peu utile, fi nous n'avions des faits pour nous. Les bordages des ponts font faits pour porter leur artillerie, & l'on donne 5 pouces d'épaiffeur à ceux qui doivent porter du 36, dont le poids ancien avec l'affut étoit de 9100 liv. : comme les roues de l'avant & de l'arrierre ne portent pas fur le même bordage, on ne doit compter que fur 4550 livres, & nous en fuppoferons 4800 liv. ; mais eu égard à la diftance ordinaire des beaux, dont l'intervalle entre les *faces* antérieures d'un beau, & la face poftérieure de l'autre, eft d'environ 4 pieds, il n'eft pas poffible qu'il n'y ait plus de la moitié de ce poids à confidérer : car fi une des roues eft au milieu de l'intervalle, l'autre fera fur le beau : ainfi il y a 2400 livres à 2 pieds, ou un effort plus que double de ce qu'il feroit à un pied, & dans le rapport de 20 à 24 : ainfi il eft égal à un effort de 5300 livres à 1 pied. Une piece de bois de 5 pouces de haut, fur un pied de large, par l'expérience fondamentale, ne romproit que par un poids de 130 liv., 25 ou 3250 livres ; ainfi fi les bordages ont 8 à 10 pouces de large, ils peuvent porter 26 à 32 milliers, ce qui eft fi fupérieur au poids que les bordages ont à porter, qu'il n'y a nul doute qu'ils ne foient trop forts.

Auffi voyons-nous que les Anglois pour porter les canons de 42 qui pefent 7 milliers de nos livres fans l'affut, ne donnent aux bordages que 4 pouces Anglois ou 3 pouces ¼ de notre mefure ; de forte que pour nos canons qui pefoient 78 quintaux, 4 pouces étoient fuffifans ; effectivement ces bordages peuvent foutenir un effort de près de 130 livres 16 ou 2080 livres ; ainfi ces bordages ayant 8 à 10 pouces, peuvent porter poids 16. 640 ou 20 800 liv., ou aumoins le triple de ce qui eft néceffaire ; on convient qu'il feroit abfurde de ne pas donner une force de beaucoup fupérieur à celle qui eft néceffaire par le calcul ; mais au moins conviendra-t-on que celle-ci étant triplée par le calcul de ce qu'elle doit foutenir, ayant fur-tout pour preuve de la poffibilité, ce qui fe paffe dans une nation, *où c'eft une regle général de faire les ponts aufi légers qu'il fe puiffe*, cette opinion ne peut être regardée que comme folidement établie.

Cette diminution d'épaiffeur de bordages recommandée par les Anglois, eft extrêmement avantageufe pour les qualités des Vaiffeaux & pour l'économie. Je fuppofe un Vaiffeau de 43 pieds de large & 170 de long, les furfaces du premier pont feront à peu près 5500 pieds quarrés, ou 450 pieds cubes, ou 14 tonneaux 800 ; mais pour gabarier les bordages il y a environ $\frac{1}{2}$ de perte, c'eft donc près de 700 pieds cubes de bois du côté de l'économie.

Le deuxieme pont a fes bordages de 3 pouces $\frac{1}{2}$ & il fuffiroit que les bordages euffent 3 pouces ; il réfulteroit avec ceux des gaillards une épargne de près de 350 pieds cubes bruts ou 7 tonneaux en place.

Voilà donc une diminution de bricolle de 21 t^x. très-facile à faire : cette diminution de bricolle augmentera la ftabilité des Vaiffeaux, on permet le retranchement de 19 t^x. de left : ainfi le déplacement du Vaiffeau peut être diminué de 40 t^x. fi l'on veut. On pouroit porter fort loin l'économie réfultante de cet objet que nous nous propofons de traiter dans la fuite ; il fuffit d'avoir montré que cela mérite la plus grande attention, & que les regles de la conftruction Angloife font fondées fur la raifon.

L'objection que l'on peut faire contre cette diminution des bordages, fe réduifant, je crois, à ce que les bordages felon M. Bouguer s'oppofent à l'arc, nous traiterons ici de l'arc des Vaiffeaux, après avoir encore obfervé que les bordages extérieurs des fonds des Vaiffeaux Anglois, n'ont auffi que 4 pouces Anglois ; d'où je crois qu'il fuffit que ceux de nos Vaiffeaux aient 4 pouces François & 3 $\frac{1}{2}$ pour les Vaiffeaux de 64 canons ; ceux de flottaifon font à la vérité plus forts que les nôtres ; mais il en réfulteroit toujours une économie de plus de 1000 pieds de bordages bruts.

J'approuverois certainement cette même pratique, mais il

faut convenir que cela n'a aucune influence sur les qualités des Vaisseaux ; ainsi on ne peut autant insister sur l'utilité de suivre la méthode Angloise : je l'approuve parce que de tels bordages lient les couples des Vaisseaux à peu près avec la même force, en fournissant un point d'appui suffisant aux chevilles & aux clous, parce qu'il en résulte une épargne considérable, sur la quantité de ce bois employé, bois qu'il importe extrêmement de ménager.

Comme on pourroit craindre d'après ce qu'a avancé M. Bouguer, que la diminution des bordages des ponts ne contribuât à l'arc des Vaisseaux, on remarquera que ce n'est qu'un desir de prevenir les objections, qui a fait faire celle-ci : car la force du restant des *bordages*, des *iloires* seroit plus que suffisante pour prévenir l'arc selon M. Bouguer ; mais il vaut mieux considérer ici cet objet important.

De l'arc des Vaisseaux.

Quoique je pense que le seul rapport entre la pesanteur de chaque partie & son déplacement peut prevenir l'arc des Vaisseaux, & que nulle espece de liaison ne peut produire cet effet, je n'oserois l'affirmer : ce qu'il y a de certain, c'est qu'il faut surtout faire attention que les liaisons qui dépendent d'une plus grande pesanteur de *courbes*, *guirlandes*, & qui appésantissent les extrêmités, augmentent l'arc au lieu de le prévenir ; ce n'est pas à dire que d'autres raisons encore plus fortes n'exigent de lier ces divers parties : mais ici nous ne considerons que l'arc.

M. Bouguer pense qu'un Vaisseau qui arque, diminue de largeur, & que les ponts s'allongent. « C'est ce qu'on voit » *dit-il*, quand on prend une tasse en gondole, & qu'en la baissant par les deux extrêmités, on tâche de la courber en dessous, on la rétrecit en même temps qu'on l'allonge par en » haut, la même chose doit arriver aux Navires qui s'arquent. » Si les beaux, au lieu d'être courbes (*continue-t-il*) étoient » parfaitement droits, il paroît qu'ils auroient beaucoup plus de » force pour empêcher les Navires de se rétrecir ».

Il

Il n'eſt pas hors de propos de remarquer que tout cet article paroît avoir été fait avec précipitation. Les *Baux*, comme tout le monde ſait, ont leurs convexités en haut ; le poids de l'artillerie, des équipages, des bordages même, fait un effort qui tend à les redreſſer, & ils ne peuvent ſe redreſſer ſans élargir le Vaiſſeau. Si au contraire ils étoient droits, les poids de l'artillerie les courberoit, enſorte qu'ils préſenteroient enſuite leurs convexités en bas, ce qui retréciroit les Vaiſſeaux : ils paſſeroient de la ligne droite à la ligne courbe.

Il ſuit delà que l'expédient propoſé par M. Bouguer, produiroit un effet oppoſé à celui qu'il veut obtenir. Enfin il n'eſt pas douteux que les Vaiſſeaux, ceux ſur-tout qui ont ſervi en mer & qui ont une *tonture* de baux conſidérable, ne s'élargiſſent depuis leur conſtruction juſqu'à ce qu'on les refonde. C'eſt ce que j'ai reconnu autrefois dans le *Superbe* & *le Saint-Michel*, &c.

M. Bouguer, trompé pareillement par l'expreſſion incorrecte de quelques perſonnes, qui nomment la largeur du maître gabarit, largeur du maître bau, au lieu de dire largeur au maître bau, deſireroit que ces pieces ſe terminaſſent aux membres & non pas aux bordages, c'eſt-à-dire, qu'au lieu de les placer à côté des membres, on les mît en dedans en les faiſant plus courtes ; mais cela s'eſt toujours pratiqué, ainſi qu'on peut le reconnoître en liſant les plus anciens livres de conſtruction : il n'y a nul bâtiment, ſoit marchand, ſoit de guerre, où cette diſpoſition ne ſoit ſuivie. Puiſque ce que M. Bouguer propoſoit, n'eſt autre choſe que ce qui s'eſt pratiqué de toute ancienneté dans les Vaiſſeaux, on ne peut le regarder comme un expédient pour prévenir l'arc.

Il nous reſte à examiner le troiſieme moyen. Lorſque les Navires s'arquent, les ponts, dit-il, ſe rallongent ; je n'ai jamais remarqué de telles augmentations de longueurs, au moins d'une quantité ſenſible. L'exemple de la gondole n'eſt nullement applicable aux Vaiſſeaux : un Navire de 150 pieds, qui a 12 pouces d'arc, ſuppoſant que l'arc forme une portion de cercle, devroit allonger d'environ 14 pouces ſi l'étambot & l'étrave, faiſoient les mêmes angles ſur l'extrêmité de la quille. Ayant ſuivi diverſes refontes, je n'ai jamais vu d'allongement ſenſible ; j'ai

V

trouvé aussi souvent des diminutions que des augmentations ; encore n'y a-t-il jamais eu que les erreurs de mesures presqu'inévitables.

Il résulte de toutes ces remarques pratiques, qu'il est difficile de prévenir l'arc : ce ne peut être en s'opposant au retréciffement des Navires ; car il est certain qu'ils s'élargiffent au moins quand ils vont en mer : ce ne peut être en s'opposant à l'allongement des ponts, car les Vaiffeaux s'ils s'allongent, le font d'une petite quantité, & si foible, que l'extension variable des bois, le jeu des clous suffiroient pour cet allongement ; d'ailleurs un Vaiffeau pourroit arquer fans s'allonger ; un Navire, par exemple, qui auroit des baux fort tonturés en avant & en arriere & fort chargés, ne feroit pas fusceptible de s'allonger à l'endroit du pont.

Si j'ai mis une restriction en parlant de l'élargiffement des Vaiffeaux, en difant fur-tout s'ils ont fervi en mer, c'est qu'alors feulement les baux font chargés d'artillerie fur les extrêmités, de l'équipage, &c. enforte qu'ils ne peuvent fe redreffer fenfiblement qu'en mer ; enfin j'ai cru ne pouvoir affirmer s'il est poffible de prévenir l'arc des Vaiffeaux, parce que la maniere dont cet effet s'opere n'est pas affez parfaitement connue.

Nons fommes difpenfés de fuivre M. Bouguer dans l'examen qu'il fait ; fi les moyens qu'il indique font fuffifans pour empêcher un Vaiffeau de s'arquer, puifqu'ils tendent à s'oppofer à des effets qui n'ont pas lieu. Enfin le plus grand nombre de *courbes*, *guirlandes*, que M. Bouguer défireroit qu'on mît vers les extrêmités, en les appéfantiffant, ne feroit qu'augmenter l'arc : les Vaiffeaux conftruits à Breft par feu M. Solinoc, avoient beaucoup de ces liaifons & s'arquoient confidérablement ; mais on a vu des Corvettes, telles que *l'Anémone*, *l'Amaranthe & la Calipfo*, qui ne s'arquoientpas même de plus d'un pouce.

Rien ne peut fufpendre l'effet de ces loix de la nature, ces môles immenfes que l'art éleve pour dompter la fureur des vagues, qui réfiftent à leurs efforts, font détruits promptement, fi le moindre filet d'eau vient à s'y ouvrir un paffage ; l'arc est pareillement l'effet d'une de ces loix, de l'effort que fait chaque partie pour occuper un déplacement égal à sa pesanteur, & c'est dans leurs égalités à chaque partie du Navire qu'on trouvera les moyens les plus sûrs pour empêcher l'arc. Au reste, tant qu'il n'est pas porté au point de gêner les canons des extremités de la premiere batterie, en rapprochant trop les *feuillets* de l'eau, cela peut passer pour une chose qui n'est pas d'une très-grande conséquence. Il est vrai que les lignes d'eau grossissent en avant & en arriere ; mais il en résulte une plus grande stabilité, & ainsi il est possible de regagner une partie du désavantage qui résulte de l'arc en allégeant un tel Vaisseau.

Tous les soins doivent donc se borner à faire ensorte qu'un Vaisseau soit susceptible de peu d'arc ; il seroit certainement préférable de l'empêcher absolument ; mais il suffit de tâcher de le modérer ; alors il n'en résultera que de très-foibles désavantages.

J'ai dit qu'on se flatteroit en vain de prévenir l'arc par le plus grand nombre de courbes, &c. dont le poids ne feroit que l'augmenter ; qu'on ne s'imagine cependant pas que je regarde les liaisons des Navires comme de peu d'importance ; il faut conserver toutes celles que la pratique de la construction a jugé nécessaires pour fortifier les extrêmités ; un constructeur qui en essaieroit la diminution, ne devroit le faire qu'avec ces attentions qui dédommagent de la perte d'une quantité de la force par une meilleure application de celles qu'on emploie.

Les guirlandes de fer ont été employées dans quelques Navires ; mais tous ceux qui ont examiné les liaisons résultantes des pieces de bois ou de fer, on peut même dire presque tous les constructeurs, trouvent qu'il n'y a nulle comparaison ; effectivement un clou qui traverse une épaisseur considérable de bois, a beaucoup moins de jeu, a une plus grande ténacité, est bien plus resserré par les fibres du bois & par leur élasticité particuliere, qu'un clou qui traverse une courbe de fer ; c'est ce que toutes les raisons possibles, & l'on peut dire l'expérience, ont confirmé : personne n'en doute ; on a cependant eu recours en France aux courbes de fer, à cause de la rareté des courbes de bois.

En Angleterre, où il y a un plus grand nombre de Vaisseaux à entretenir, on ne se plaint pas de la rareté des courbes de bois: quelle peut être la cause de cette différence? La nature doit se porter également dans les divers pays à donner les mêmes formes aux arbres; il ne peut donc qu'être utile de rechercher la cause de cette différence de pratique.

Nous exigeons en France que les courbes aient deux branches; l'une horizontale, ou à peu près, qui s'applique sur le bau; l'autre verticale, ensorte qu'el le forme un plan continu & qu'elle puisse porter à terre.

En Angleterre toutes les formes qu'elles peuvent avoir sont admises, & on a grande raison de ne pas insister sur ce qu'elles portent à plat; car si on regarde quelques-uns de ces arbres propres à faire des courbes, on y verra presque toujours une double courbure au collet: mais qu'importe cette double courbure? la courbe au lieu d'être chevillée sur l'allonge qui seroit sous une des faces du bau, le sera sur une autre allonge; mais la liaison n'en sera certainement pas plus foible.

Si donc on n'exigeoit pas que les courbes eussent cette espece de régularité, elles seroient communes en France comme en Angleterre, & il en résulteroit une beaucoup plus grande liaison: cette réflexion peut même être étendue à diverses pieces de bois: delà résulteroit ou une plus grande économie, ou une plus grande solidité: tout ce qu'on peut dire à l'avantage de celles de fer, c'est qu'étant moins épaisses, elles font un peu moins embarrassantes; mais cette raison nous paroît de peu de poids.

Des Cordages.

113. Nous avons parlé de la résistance des bois; le grand usage qui se fait des cordages dans la Marine oblige de dire aussi un mot de leur force.

Il résulte des expériences de M. du Hamel, qu'en général on leur donne trop de tort, qu'ils sont trop *commis*, c'est-à-dire, que les fils sont trop raccourcis dans les diverses opérations par lesquelles ils passent avant de devenir des cordages; j'ai vérifié la justesse de ces observations; mais cette partie est traitée d'une façon si satisfaisante dans le traité de la Corderie &

dans fon fupplément, que nous y renvoyons le lecteur. Ceft un modèle de la maniere dont les queftions de phyfique doivent être difcutées. On y remarque toutes les difficultés décompofées, l'examen particulier de chaque opération, de plufieurs réunies, & les expériences multipliées de l'enfemble des divers inconvéniens qui peuvent déterminer à facrifier une partie de la force à la durée.

On rappellera une obfervation importante tirée du fupplément au traité de la Corderie; la réfiftance des cordages ne doit pas être évaluée à plus de la moitié de ce que donnent les tables ordinaires, un cordage de 2 pouces ne doit pas être expofé à porter plus de mille livres, ou peut-être même huit cent livres ; car on voit dans ce traité combien les cordages perdent par les fucceffions de temps, & on ne doit compter pour la force des cordages employés au gréément, que celle qu'ils confervent après une certaine durée.

Si on venoit à fuppléer au *gaudron* par quelqu'efpece de moyen qui permît de défendre les cordages de l'humidité, il faudroit *prévenir les accidens qu'occafionneroit la tenfion des haubans, &c. s'ils confervoient toute leur élafticité & fi on les ridoit, c'eft-à-dire, roidiffoit d'un temps fec ; parce que l'humidité en les raccourciffant, leur feroit emporter les port-haubans, & pourroit occafionner d'autres accidens ;* car la plus grande variabilité d'extenfion des cordages gaudronnés, leur peu de raccourciffement par l'humidité, font qu'on n'a pas à craindre de pareils efforts.

De la force que doivent avoir les Cordages.

Tous ceux qui ne fervent qu'à foutenir l'effort du vent doivent avoir leur circonférence proportionelle aux largeurs; car la hauteur & largeur des voiles augmentent comme cette même largeur, la furface en eft le quarré : telles font les amures, écoutes, &c. ceux qui fervent à foutenir le poids des vergues, des mâts, & vergues, comme les driffes, haubans, galhaubans, étais, &c. doivent avoir leur force proportionelle aux cube des largeurs, & c'eft ce qui s'obferve pour les *driffes*; car les gros Vaiffeaux ont un plus grand nombre de rouets, je dis que les haubans doivent foutenir le poids des mâts & mâture; il eft vrai qu'ils foutiennent auffi l'effort du vent; mais ce n'eft que leur moindre effort; auffi ce n'eft guere que les roulis qui les font rompre, ou du moins qui les allongent le plus promptement.

En effet lorfque l'inclinaifon eft de 30 degrés, il y a une moitié du poids de la mâture à foutenir, c'eft-à-dire, une moitié des mâts, vergues, voiles, poulies, manœuvres, hunes & barres, &c. Tous ces poids ont un grand moment pour rompre la mâture inférieure: l'effort que fouffrent les haubans, dans les mouvements du roulis eft d'ailleurs accompagné de fecouffes & d'interruptions: il femble que la pratique a fenti que la force des haubans devoit être proportionelle à la mâture; car indépendamment de ce que leur groffeur fuit la portion des largeurs, ce qui fait que la force de chaque hauban augmente comme le quarré des largeurs, le nombre des haubans n'eft pas égal dans tous les Vaiffeaux; les gros Vaiffeaux ont 10 haubans de chaque bord; les très-petits en ont feulement 4. 5. 6. &c.

L'augmentation de force des haubans devroit être proportionnellement plus confidérable, fi ces roulis n'étoient pas plus lents dans les Vaiffeaux que dans les Frégates: il femble que M. Bouguer en parlant des étais qu'il penfe devoir augmenter comme les quatriemes puiffances des largeurs, n'a pas fait cette derniere attention.

Ces deux regles générales fuffifent pour fixer la proportion que les manœuvres des divers rangs des Vaiffeaux doivent avoir entre elles, & pour fe former une idée de ce qu'il eft néceffaire d'obferver dans cette comparaifon; mais il feroit inutile d'entrer dans un plus grand détail qui feroit étranger à notre objet; d'ailleurs il y a des tables qui montrent quelles font les longueurs & groffeurs des différents cordages.

Des Cables & Ancres.

Les cables font une partie des agrêts trop indifpenfable pour le gréement des Vaiffeaux, pour qu'il foit poffible de ne pas examiner ici les efforts qu'ils ont à foutenir.

Ils fervent à retenir les Vaiffeaux, dans les mauvais temps, ou à les arrêter contre les courans ; on feroit difpofé à croire qu'un Navire qui marche affez bien, pour en tenir un autre de même rang avec quatre fois moins de voilure, doit éprouver beaucoup moins de réfiftance du courant, & par conféquent chaffer beaucoup moins fouvent, qu'il peut avoir des cables beaucoup plus foibles; mais on fe tromperoit ; ces Navires font entraînés par le courant à peu près également, fi leur maître gabarit eft égal : la caufe de cet effet tient à la théorie générale de la mâture, & c'eft avec raifon qu'on les fait de la même groffeur, quelque foit la figure des fonds, en affoibliffant cependant les cables des petits Navires au delà de la proportion des largeurs. Les cables ne retiennent les Vaiffeaux que par le moyen des ancres, lefquelles fuivent à peu près le rapport du cube des dimenfions, pendant que les cables fuivent la raifon des quarrés à peu de chofe près ; il faut convenir qu'il y a une efpece d'inconféquence ; car puifque les cables ne retiennent les Vaiffeaux que par le moyen de leurs ancres, les cables & les ancres devroient être proportionnels.

Au refte je ne propofe cette réflexion que comme un fimple doute.

Il avoit été obfervé jufqu'ici dans la marine, de n'avoir que deux efpeces d'ancres, les ancres principales & les ancres à touée qui avoient le quart du poids des ancres principales: l'utilité dont peuvent être des ancres d'une force intermédiaire me les a fait propofer il y a deux ans ; cette efpece d'ancres deviendra certainement dans la fuite d'un très-grand ufage.

Les cables des gros Vaiffeaux ont ordinairement de circonférence la moitié de la largeur du maître bau réduit en pouces, & un pouce de moins ; les cables des Frégates ont même quelquefois un pouce trois quarts de moins ; les grêlins ou cables des ancres *à touée* ordinaires , ont de circonférence la moitié du maître cable.

Comme il est utile de connoître le poids des cordages, on donnera ici une regle qui est aussi exacte qu'il est nécessaire; c'est que le poids en livres d'une brasse de cordage est environ la cinquieme partie du quarré de la grosseur exprimée en pouces ; ainsi si un cable a 20 pouces de circonférence, le quarré de sa grosseur est 400 dont la cinquieme partie ou 80 est le poids d'une brasse de ce cordage, & comme les cables ont 120 brasses de long, le poids du cable entier sera 9600 livres.

Ce qui a été dit de la force des cordages en général, est applicable aux cables en particulier.

Diverses Observations.

115. Dans les Navires de guerre, la force des allonges doit être dans quelque rapport avec la force de l'artillerie , & cette force de l'artillerie dépend de son poids & de la charge. Il en résulte, & ceci est à examiner dans l'état présent de l'artillerie, que si on diminue l'une & l'autre, on peut diminuer la force des allonges de revers. Dans un combat, relativemen au recul, c'est moins la pesanteur de l'artillerie, que la charge que l'on doit envisager; mais relativement à ce que le canon est mis au sabord, & quelquefois avec vîtesse , sur-tout s'il s'y joint un roulis, il faut considérer plus particuliérement le poids de l'artillerie ; & c'est le plus important : de ces observations assez simples , il résulte qu'on ne doit pas augmenter les allonges de la premiere batterie d'un Vaisseau à trois ponts proportionellement aux largeurs : enfin on doit toujours chercher à réunir la solidité, l'économie & la force.

Je crois qu'il est à propos d'espacer les couples de *levée*, en sorte qu'il y ait toujours un couple à chaque côté du sabord, & ce seroit une méthode défectueuse que celle qui formeroit les sabords dans les couples , faisant répondre une *maille* au milieu des sabords, parce qu'il y a défaut de solidité, & plus grande perte de bois.

On

On trouve des Obfervations intéreffantes fur la réfiftance des bois, par rapport aux boulets dans le Traité d'Artillerie de M. Robins : Livre dont on ne peut trop recommander la lecture.

« On fit un but compofé de cinq madriers, ou de 32 pou-
» ces $\frac{1}{2}$. (*Nota.* Dans tout cet article, il s'agit de mefures An-
» gloifes). Deux des madriers étant alternativement placés per-
» pendiculairement & horizontalement, chacun étoit attaché
» par des crampons à celui qui le fuivoit. Le tout étoit en-
» fuite lié enfemble par des pieces de traverfe, & étayé de
» part & d'autre. On fe fervit d'une piece de 18 liv. de balle.

» Tout étant ainfi préparé, on tira la piece fucceffivement
» avec des charges de 3 liv. $\frac{1}{2}$, de 3 liv. & 2 liv. $\frac{1}{2}$ de pou-
» dre ; chaque fois le boulet perça le but tout entier, & em-
» porta avec lui de grands éclats ; mais celui qui fut tiré avec
» 2 liv. $\frac{1}{2}$ de poudre y fit plus de dommages que tous les autres.
» Il arracha les crampons, fépara les madriers, & rompit en
» deux le dernier qui étoit épais de 6 pouces $\frac{1}{2}$ & large de 15.

» Ces expériences faites, comme ces madriers joints enfem-
» ble n'oppofoient point au boulet autant de réfiftance qu'une
» folive folide & d'une feule piece, j'en fis préparer de chêne
» d'Angleterre bien fec & bien dur, & qui avoient environ
» 1 pied $\frac{1}{2}$ d'épaiffeur fur deux de large. On en planta trois per-
» pendiculairement à côté l'une de l'autre ; derriere on en cou-
» cha trois autres, & enfin, derriere celles-ci, on en planta
» encore perpendiculairement trois autres femblables aux pre-
» mieres ; de forte que le but avoit 4 pieds $\frac{1}{2}$ d'épaiffeur, tou-
» tes les pieces étoient attachées par des crampons de fer qui
» le traverfoient, & on avoit placé des étais pour les foutenir
» devant & derriere.

» Tout étant ainfi difpofé, & la charge étant de 6 liv. de pou-
» dre, le boulet pénétra dans le but depuis 37 jufqu'à 46 pou-
» ces de profondeur ; avec trois liv. il pénétra de 33 pouces, &
» enfin il s'enfonça de 28 avec 2 liv. $\frac{1}{2}$, & de 14 à 15 $\frac{1}{2}$ avec
» 1 liv. Il eft bon de vous faire obferver qu'à chaque épreuve
» on avoit foin de tirer contre une partie du but qui n'étoit
» point endommagée par les autres coups. J'ajouterai auffi que

X

» les crampons qui tenoient les pieces de bois liées enfemble;
» furent, par ces fecouffes fréquentes, courbés comme des fils
» d'archal ». *Nota.* L'enfoncement eft moindre dans les Vaiffeaux

116. Les raifons d'économie font voir qu'il eft avantageux de
dévoyer les couples des extrêmités, c'eft-à-dire, de les placer
avec une certaine obliquité fur la quille, pour qu'ils en aient
une moindre fur les *liffes*. Les Anglois ont mis cette pratique en
ufage : on s'en eft fervi à Rochefort du temps de MM. Gelin &
Morineau : je fais que M. des Lauriers l'a employée fur quelques
Navires ; on en reconnoîtra l'utilité, fi l'on confidere le couple
dans l'endroit où la liffe fait un angle de 45^d avec les paralleles
à la quille. Pour avoir une piece de bois de 14 pouces d'équar-
riffage, il faut une piece qui en ait 20 fur une face, ces groffes pieces font d'ordinaire plus rares, plus fur le retour ; car
comme les arbres ont rarement une fi grande ellipticité, il faut
auffi diminuer leur épaiffeur, & il faut des pieces qui aient au
moins 17 fur 21. Ces pieces font même fi rares que l'on eft
obligé de laiffer du bois qui n'eft pas trop fait dans la partie extérieure du couple la plus voifine du milieu, & que l'autre eft
entamée prefque vers le centre ; ce qui, dans ces pieces très-
groffes où le centre eft trop avancé, contribue à leur pourriture
& à leur prompt échauffement.

De plus, dans cette partie, il y a beaucoup plus de *porte-à-
faux* pour les bordages, à caufe de la difficulté de les équarrir
à vive-arrête, parce qu'il faudroit des pieces trop fortes ; c'eft
donc une néceffité de fuivre cette méthode, puifqu'elle épargne beaucoup de bois ; & que, fuivant les connoiffances que
chacun a des bois, il en réfultera plus de durée, & par conféquent de folidité dans cette partie.

Nos Conftructeurs font affez habiles, affez zélés pour le
fervice du Roi, pour ne pas regretter le furplus de travail que
donne cette méthode. C'eft de M. des Lauriers que je l'ai apprife,
Pendant qu'il conftruifoit à Breft. J'ai vu qu'elle eft pratiquée
dans l'Angleterre & en Suede, &c. tout en général en montre l'utilité.

Puifque nous avons été obligés de dire un mot des liffes ;

nous ne pouvons nous empêcher de rectifier ce que dit M. Bouguer dans les Chapitres VI , VII & VIII du premier Livre ;
c'est dans la page 42.

« Il se présente ici une remarque importante qui étonnera
» sans doute les Constructeurs , de même que toutes les autres
» personnes qui ont quelques connoissances de l'Architecture
» navale ; les lisses marquées par des lignes droites dans le plan,
» & qui servent à l'achever, ne répondent point exactement con-
» tre ce qu'on a pensé jusqu'à présent aux lisses placées de la ma-
» niere ordinaire sur le Vaisseau , &c. & page 43.

» Les Lecteurs qui , faute de géométrie, ne voient pas avec
» assez d'évidence, la vérité de ce que nous avançons ici , peu-
» vent s'en convaincre aisément , à l'égard des lisses placées
» comme on les place toujours ; ils n'ont qu'à les regarder d'une
» certaine distance,& chercher s'il y a un point d'où elles paroif-
» sent des lignes parfaitement droites , & ils verront que non ».

M. Bouguer n'a pas assez connu l'usage que les Constructeurs font de ces lignes tracées & rapportées sans considération
des hauteurs sur le plan horizontal , qu'on nomme le plan des
lisses. Cette opération du Constructeur n'a lieu que pour la con-
duite du plan : mais pour l'exécution , il trace ce qu'on appelle
les *lisses* d'exécution & d'ouverture ; pour cela , il rapporte à
chaque couple, comme ordonnées , les lignes droites transver-
sales prises sur le plan vertical obliquement , & depuis l'endroit
où elles coupent la ligne du milieu.

Tous les Lecteurs savent que dans la sphere , ou généralement l'ellipsoïde , les demi-ellipses paroissent des courbes à double courbures , à moins que l'œil ne soit dans le plan qui passe
par la courbe & par l'axe de l'ellipsoïde ; mais alors on ne retrouve plus qu'une courbe à simple courbure ; & pour simplifier encore dans la sphere , tous les cercles sont certainement
à une simple courbure, si l'œil les envisage relativement à
l'axe de la sphere ; mais si l'œil n'est pas dans ce plan, c'est une
courbe à double courbure , dont l'équation connue rapportée
aux trois plans principaux est $xx + yy + zz = rr$.

De même toutes les lisses des fonds sont, à simple courbure,
considérées relativement à l'axe de longueur qui est dans le plan

perpendiculaire à la quille : & cet axe a pour hauteur celle où la ligne des lisses coupe ce plan.

Rapportées à ce plan, elles font des courbes à simple courbure laquelle est tracée très-géométriquement : comment eût-il été possible en effet, que ces lisses eussent jamais pu être *gabariées*, si les Constructeurs n'avoient employé qu'une méthode défectueuse. Les Constructeurs, cités ci-dessus, & plusieurs autres qui ont fait honneur à la France, & qui ont vécu avant la premiere édition du Traité du Navire, gabarioient dès lors leurs lisses d'ouverture.

Cette méthode, visiblement exacte, a d'ailleurs l'avantage de la simplicité, & si l'on regarde d'ordinaire les lisses comme courbes à double courbure, c'est qu'il est difficile de faisir l'axe où elles doivent être rapportées, parce que cet axe n'est marqué dans le Vaisseau par aucune ligne visible.

Il n'y a plus maintenant que les *préceintes* qui soient dans le cas d'être des courbes à double courbure, sous quelque point de vue qu'on les considere; car elles ne peuvent être rapportées fur aucun plan, sous la forme d'une ligne droite. Il étoit à propos de donner cette idée des lisses pour éviter qu'on ne confondit les lisses ou lignes droites du plan vertical qui n'en font que la projection, avec les lisses véritables nommées d'*exécution* ou d'*ouverture* : c'est d'ailleurs un devoir de rendre justice à un Corps tel que celui des Constructeurs, qui distingué maintenant par fes connoissances, mais toujours conduit par un fens droit & une géométrie naturelle, a prévenu la théorie par des chefs-d'œuvres.

Quoique les Pompes foient d'un ufage indifpensable dans la Marine, il femble que ce feroit une chofe étrangere à la Conftruction, que d'entreprendre d'en donner la théorie : cette partie fe trouve traitée dans l'Architecture hydraulique de Bélidor, dans la Phyfique de Defagulliers, &c. Un Mémoire de M. de Borda(*Mémoires de l'Acad. Royale des Sciences, année* 1768,) renferme une théorie fort belle fur les *étranglemens*, ou les les effets du rétreciffement du paffage de l'eau, &c,

CHAPITRE XVI.

De la fixation des rangs.

I.

117. Il me reste à traiter de la fixation des rangs des Vaisseaux ; il ne se trouvera que de légeres différences, avec le travail fait en 1763, par ordre de M. le Duc de Choiseul, de concert avec M. de Morogues, Lieutenant Général des Armées Navales, & M. Gauthier, Ingénieur-Constructeur, maintenant employé en Espagne, avec un Brevet de Brigadier des Armées de Sa Majesté Catholique.

On a pu observer que les avantages de la longueur peuvent être détruits, parce que la hauteur résultante de cette longueur pour le point vélique, peut être trop considérable, eu égard à la tenue des mâts, (n°s 73 & 105,) & si cette condition n'est pas remplie, le Navire éprouve des excédens de résistance que j'ai nommés *accidentels* ; il y a donc des limites qu'il s'agit d'établir.

La premiere question qui se présente est celle-ci : doit-on fixer le rapport des longueurs aux largeurs ? Considérons d'abord deux armées égales en nombre de Vaisseaux, mais dont l'une sera composée de Navires médiocres en qualité, pendant que ceux de l'autre armée seront les uns très-supérieurs, les autres très-inférieurs à ceux de la premiere armée : il est certain que celle qui sera composée de Vaisseaux médiocres aura un très-grand avantage sur l'autre ; car la nécessité de faire tous les mouvemens ensemble, annullera l'avantage des Vaisseaux très-supérieurs en qualité ; si quelques-uns virent mal, c'est comme si tous viroient mal ; si quelques-uns dérivent beaucoup, les autres Vaisseaux seront obligés d'arriver, &c. Cette vérité bien examinée, donne une regle générale de construction. *On ne doit pas faire des Vaisseaux dont les proportions principales aient des rapports très - différens* , & les grands Vaisseaux doivent avoir un peu moins de longueur proportionnelle : mais si on fait des Vaisseaux du même rang très-longs , d'autres très-courts, l'inégalité de dérive , de facilité de gouverner , de marche vent arriere & au plus près , qui sera toujours plus considérable , lorsque ces proportions principales seront sans rapport fixe , sera très-préjudiciable.

Un Tableau de ces différens rapports , pour quelques Vaisseaux de la même escadre , montrera combien il est nécessaire de le fixer : on a vu

	largeur,	longueur.
le Juste ;	42 6 p^{ds}	152 p^{ces}
le Dauphin-Royal ,	43	136
le Tonnant ,	46	168
le Solitaire ,	41 6	166
le Robuste.	44	176

Pourroit-on trouver rien de plus propre à mettre le désordre dans les mouvemens d'une escadre. Il est vrai qu'on ne retrouve plus des rapports, tels que ceux *du Juste*, mais il y a encore jusqu'à 10 pieds de différence de longueur, la largeur étant la même.

I I.

118. Je conviens qu'on ne peut fixer un rapport des longueurs aux largeurs , qui soit démontré le meilleur possible ; mais il suffit qu'on trouve des Vaisseaux regardés comme d'excellens voiliers faits sur un rapport quelconque , pour qu'il ne puisse rester aucun doute sur la possibilité d'en faire de bons avec ce même rapport. Si les longueurs ne sont pas outrées , ces Navires gouverneront bien , & auront cet avantage sur ceux qui auront les mêmes qualités du côté de la marche , avec une plus grande longueur. Avant d'entrer dans un plus grand détail , on examinera ce que chaque système de guerre exige.

On doit en considérer trois , celui des combats en ligne , de Vaisseau à Vaisseau au canon , & à l'abordage.

Dans le premier système , la facilité de virer & de gouverner eft effentielle. Il faut pouvoir arriver dans peu d'efpace : il eft inutile de citer aux manœuvriers tous les cas où il peut être néceffaire d'arriver, mais il faut perdre peu du vent, fans cela le Navire ne peut ratraper fon pofte : on ajoutera même qu'il faut beaucoup plus gouverner par le Gouvernail que par les voiles. Il faut encore que les Navires portent bien la voile, pour ne pas perdre l'ufage de leur premiere batterie.

Dans les combats de Vaiffeau à Vaiffeau au canon, la facilité de gouverner eft un très-grand avantage, parce qu'elle permet de fe maintenir dans les pofitions favorables : il faut encore bien porter la voile.

Si l'on veut aborder, la principale & prefque l'unique qualité que doit avoir le Vaiffeau, eft de bien gouverner ; il eft auffi affez avantageux qu'il domine. La marche eft néceffaire, à la vérité, pour gagner le vent, quand on eft fous le vent : on fent bien qu'on n'aborderoit pas un Navire qui ayant une marche fupérieure voudroit fe tenir loin ou au vent, il en eft de même, fi ce Navire fupérieur en marche, vouloit éviter toute forte de combat ; mais cela n'empêche pas qu'on ne puiffe dire que le fuccès de l'abordage, dépend de la facilité d'arriver, & il eft effentiel d'obferver *que le Navire très-long & qui arrive difficilement ne peut jamais aborder l'ennemi qui eft fous le vent & même très-près, s'il a la moindre attention à fa manœuvre, & qu'il feroit même très-dangereux de vouloir s'y opiniâtrer.*

Je ne connois qu'un feul genre de combat où la qualité de gouverner foit d'une foible importance, c'eft lorfqu'on fe canonne à grande diftance.

On a fouvent répété dans le Public le proportion qu'on n'aborde plus ; on en a parlé dans des ouvrages peu faits par leur nature pour de pareilles difcuffions : il nous fera fans doute permis de remarquer que notre genre de conftruction y eft abfolument oppofé, indépendamment des autres caufes qui en rendroient maintenant le fuccès plus incertain, tels que la différence des armemens des Navires Anglois, &c.

Jufques dans les chofes les plus fimples, il femble qu'on ait renoncé à l'avantage de gouverner ; n'eft-il pas étrange que nos gouvernails aient leurs furfaces d'environ $\frac{1}{3}$ ou $\frac{1}{4}$ plus foibles que ceux des Navires Anglois. Il fuffit d'indiquer cette erreur de notre conftruction, pour efpérer qu'on la corrigera dans les Vaiffeaux de guerre.

Comme la marche eft en même temps une qualité importante, il faut chercher un rapport des longueurs aux largeurs qui ait donné de très-bons voiliers ; le *Soleil Royal* avoit 48 pieds 6 pouces de large, & 183 de long, le *Bizarre* 40 pieds 6 pouces de large & 151 de long ; j'adopte ce rapport ou celui de 3 $\frac{4}{5}$ à 1, ou de 23 à 5.

On ne trouve pas que l'*Orient*, le *Solitaire*, le *Duc de Bourgogne*, &c. aient eu un avantage fur ces Vaiffeaux, & ainfi cette proportion paroît convenir. Le *Foudroyant*, étoit protionellement plus court ; le *Magnanime*, dont les Anglois ont fait le plus grand cas avoit à peu-près ce rapport.

Comme on a eu d'ailleurs plufieurs Vaiffeaux de 74 canons, de Breft, qui n'en étoient pas fort éloignés, nous penfons qu'il ne peut refter aucun doute fur la facilité de faire ces Vaiffeaux, ayant 43p^{ds} de large & 163 de long, puifque plufieurs ont même été conftruits avec ces mêmes proportions, & que nous retranchons un grand poids de bordage, &c.

La diminution de longueur des canons permet d'en diminuer un peu l'intervalle, parce que les refouloirs & écouvillons font plus courts.

Enfin pour augmenter encore la facilité de faire ces Vaiffeaux, on doit obferver que le poids de l'artillerie eft diminué d'environ $\frac{1}{12}$, que les bordages des ponts doivent être feulement de 4 pouces pour porter le 36, & 3 pour le 18.

Cependant pour prévenir les objections, je donnerai en général à tous les Vaiffeaux 6 pouces de largeur, & 3 pieds de plus de longueur qu'il n'eft néceffaire.

Comme tout l'armement des Vaiffeaux de guerre fe rapporte au canon, il eft effentiel de voir d'abord l'équipage néceffaire à chaque Vaiffeau.

On doit obferver que pour armer les canons, il faut un homme par 500 liv. du poids de la pièce, & le Chef en outre,

felon

felon cette regle un canon de 36 pefe 72 quintaux, il faut 16 ʰ

24	53	12
18	40	9
12	30	7
8	21 ½	6
6	16	5
4	11 ½	4

Lorfqu'on fe fervoit de l'ancienne artillerie, il falloit un homme de plus pour tous les canons jufqu'au 12 compris: l'on doit augmenter le nombre de moitié à caufe de ceux qui ne font pas employés à l'artillerie. Comme on pourroit vouloir comparer les armemens réfultans de cette regle, avec les anciens, on doit remarquer que les gardes de la Marine ne font plus portés maintenant fur ce rôle, ni les domeftiques, ce qui fait une différence d'une vingtaine d'hommes au moins.

Je ne crois pas qu'on puiffe trouver une regle plus affurée pour régler les équipages des Vaiffeaux, car je ne puis approuver qu'on excede le nombre néceffaire de l'équipage. Un Vaiffeau à trois ponts, par exemple, qui a 400 hommes d'équipages de trop, en eft-il plus fort ? Inconteftablement il lui faut plus de vivres, d'eau ; ce poids de l'équipage eft lui-même bricolle, il contribue à faire plier le Navire, ainfi on perd de la batterie, de la ftabilité, & il eft très-poffible que ce grand nombre d'hommes, par les acceffoires qu'il entraîne, foit caufe qu'on ne puiffe fe fervir de la premiere batterie dans de certains temps, enfin c'eft toujours diminuer la reffource pour avoir un plus grand nombre de Vaiffeaux ; il eft donc un certain point convenable ; voici celui que j'ai fixé pour tous les Vaiffeaux.

Vaisseaux à trois Ponts.

116 canons.	équipage		108 canons	équipage.
16 de 36	256 hommes.		15 de 36.	240 hommes.
17 de 24	204		16 de 24	192
16 de 12	112		16 de 12	105
9 de 6	45		8 de 6	40
58 TOTAL 617			54 TOTAL 580	
Moitié à ajouter 309			Moitié à ajouter 290	
Équipage. 930			Équipage 870	

Vaisseaux à deux Batteries.

80 canons.	74 canons.	74 canons.	66 canons.
15 de 36 240	14 de 36 224	14 de 36 224	13 de 24 156
16 de 24 192	15 de 24 280	15 de 18 135	14 de 18 136
9 de 12 63	8 de 12 56	8 de 8 48	6 de 8 36
TOTAL 495	TOTAL 460	TOTAL 407	TOTAL 328
Moitié 248	Moitié 230	Moitié 203	Moitié 164
Équipage 750	Équipage 700	Équipage 620	Équipage 500

58 canons.	54 canons.	54 canons.
12 de 24 144	12 de 18 108	11 de 18 99
13 de 12 91	13 de 12 91	12 de 12 84
4 de 6 20	2 de 6 10	4 de 6 20
TOTAL 255	TOTAL 209	TOTAL 203
Moitié 127	Moitié 109	Moitié 103
Équipage 400	Équipage 320	Équigage 320

Il y à deux rangs dont je ne parle pas : celui des Vaiffeaux de 80 canons portant 36, 18 & 8, & les Vaiffeaux de 64 canons, portant 24, 12 & 6, je les regarde comme défectueux parce que fi on conferve au Vaiffeau de 80 canons, la même largeur qu'au Vaiffeau de 74 canons, il fort de la regle établie pour l'égalité des mouvemens des Vaiffeaux ; car un tel Navire a 10 pieds de plus de longueur, que celui de 74 canons ; fi la largeur eft augmentée proportionnellement ou à peu-près, il peut porter 36, 24 & 12.

De même le Vaiffeau percé à 13 fabords, forme un rang qui peut facilement porter du 18 à la 2me batterie, & du 8 fur les gaillards, & il y a une raifon de plus pour donner des canons d'un calibre fupérieur aux anciens fur les gaillards, c'eft que la nouvelle artillerie, étant plus courte, il y a quelqu'inconvénient par rapport aux rides d'haubans.

Il faut voir maintenant quelles doivent être les proportions des Vaiffeaux, l'artillerie & l'équipage étant donnés, avec le rapport des longueurs aux largeurs ; pour cela nous avons befoin d'un terme de comparaifon, je le prends dans les Vaiffeaux tels que l'*Intrépide*, le *Monarque*, &c. qui avoient 43 pieds de large ; mais comme on a quelquefois trouvé ces largeurs foibles, je fuppoferai pour ce rang 43 pieds, 6 pouces & 165 de long.

En fuivant la regle des racines cubes, du nombre d'équipage, car tout y eft proportionnel, le Vaiffeau de 74 canons, portant du 24, aura 2 pieds de plus de largeur : le Vaiffeau de 80 canons doit avoir 3 pieds un pouce de plus : le Vaiffeau de 64 canons, doit avoir 3 pieds 1 pouce, je lui donne 41 pieds de largeur : le Vaiffeau de 58 canons, doit en avoir 37, & celui de 50 devroit avoir 36, 7 ; mais comme dans les Navires de même genre, la ftabilité diminue comme les dimenfions, on doit la rétablir : elle eft plus foible dans le Navire de 50 canons de $\frac{1}{11}$; le moment du 2e pont eft plus confidérable, parce que les hauteurs des ponts ne fuivent pas les raifons des largeurs : fi le poids de l'œuvre morte, allonges, bordages eft plus confidérable, il y a plus de mailles, un moindre poids proportionnel de baux & bordages du premier pont, on obvie à ce défaut de ſtabilité, par la plus grande dimenſion : il en eſt de même du Vaiſſeau de 58 canons & des autres.

Pour ce qui concerne le Vaiſſeau de 64 canons, j'ai toujours inſiſté ſur ce rang, parce qu'il conſtitue des Vaiſſeaux de force ; & l'opinion de M. le Vicomte de Morogues, & M. Gauthier, s'étant trouvée la même, j'ai vu avec plaiſir, quand je l'ai communiquée à M. des Lauriers, que non-ſeulement il étoit de même avis, mais qu'il avoit propoſé en 1758, de faire un tel Vaiſſeau ; ce projet avoit été agréé, & le Vaiſſeau qu'il devoit conſtruire avoit été nommé l'*Aſtronome* ; les circonſtances ont arrêté cet eſſay : M. des Lauriers vouloit 41 : 6 & 152, quoique cette dimenſion & celle que je propoſe, ſoient bonnes tous les deux, je m'en tiens à celle que j'ai fixée ; la diminution de longueur & du poids des canons actuels, faiſant que 41 pieds ſont plus conſidérables, & donnent plus d'aiſance pour le 18, que 43 pieds, avec l'ancienne artillerie, & autant que 44 pieds : quelques perſonnes trouveront d'ailleurs que la proportion demandée par M. des Lauriers, rendroit les Vaiſſeaux proportionnellement trop courts, mais il s'agit moins ici de cette différence de largeur qui, en 1758, étoit convenable, que de rendre juſtice aux vues de M. des Lauriers qui a ſenti la néceſſité de ce rang.

Je prévois que l'on dira que me voici retombé aux anciens rangs de Vaiſſeaux, tels que le *Fleuron*, le *Saint-Michel*, l'*Ardent*, &c. J'avoue que je ne puis regarder le *Fleuron* comme un mauvais Vaiſſeau ; mais d'ailleurs, je lui donne 16 tonneaux de moins de poids d'artillerie : je ſuppoſe des ponts plus légers ſur leſquels la diminution eſt encore d'environ 16 tonneaux, il ſeroit également armé avec 12 hommes de moins : ces Vaiſſeaux ont, en pieds françois, les mêmes dimenſions, à peu-près que les Vaiſſeaux Anglois ont en pieds anglois. Il eſt vrai que la différence de notre livre à la livre angloiſe, étant conſidérée, on ne trouve plus qu'un pied de plus de largeur proportionnelle.

Les Vaiſſeaux de 50 canons, portant 18 & 12, m'ont paru utiles, quoiqu'on n'en ait pas vu d'excellens ; on peut dire qu'on en a vu qui portoient bien la voile, tel que l'*Aigle* ; mais je dois développer les raisons qui rendent ces rangs intermediaires néceffaires.

C'eft une erreur de faire des rangs de Vaiffeau très-éloignés ; par exemple , à Breft , on ne conftruit que des Vaiffeaux de 40 p^{ds} 6 p^{ces} , ou des Frégates dont les plus grandes ont 34 p^{sd} 6 p^{ces} : cependant la nature forme des pieces de bois bonnes pour des Navires de 38 à 39 pieds ; qu'en fera-t-on , s'il n'y a nulle nuance entre les Navires de 40 , 6 & les Frégates ?

Si on réduit les pieces de bois , il y a deux chofes très-fâ-cheufes , pertes de bois & de temps , par conféquent ces rangs intermédiaires font utiles , puifqu'ils emploient des bois qu'il faudroit gafpiller. Il y a peu de chofes dans les Livres Anglois de Conftruction ; mais ils répetent fouvent cette obfervation, qu'il faut ménager le bois : obfervation , qui bien entendue , fait la bafe des Principes-Pratiques de conftruction.

D'ailleurs , ces Navires de 50 canons , peuvent être d'excel-lens Gardes-Côtes , & bons pour les campagnes où on aura peu de vivres , ils feront bons voiliers quand on voudra

L'épaiffeur des allonges doit être 10 pouces ; j'approuve-rois affez la méthode Angloife pour les remplifages qui eft de les efpacer , parce que je penfe que cela contribue à la durée des Navires : enfin ce rang traité par d'habiles Conftructeurs , deviendra utile ; ils méritent qu'on en faffe affez de cas pour penfer que leur capacité ne fe borne pas à faire de bons Vaif-feaux , avec de grandes dimenfions & très-peu d'artillerie , & pour leur propofer avec confiance les chofes utiles , quand elles n'exigent que de ne pas fe négliger fur les diverfes attentions ; d'ailleurs , ce rang a de fortes dimenfions par rapport à ce qu'il doit porter.

J'ai remarqué que les anciens Vaiffeaux conftruits il y a 40 ou 50 ans , étoient fondés en général fur les raifons de guerre & d'économie , on n'avoit pas tout-à-fait affez fait d'attention à la marche.

Les Vaiffeaux à trois ponts font de deux ordres ; j'avoue que le premier percé 16 & 17 , meparoît devoir être rejetté ; le fecond percé 15 & 16 , doit être d'ufage ; mais de tels Vaif-feaux ne doivent pas être conftruits pour fept mois de vivres ; il fuffit qu'ils foient conftruits pour cinq mois au plus, quoiqu'ils puiffent être faits à 48 pieds de large, je fuppofe qu'on leur donne 48 pieds 6 pouces de large, & 180 de long, & 900 hommes d'équipage.

On peut remarquer que ces Navires font proportionnelle-ment plus courts que trois fois $\frac{1}{4}$ leur largeur, c'eft une nécef-fité de rendre leur proue plus obtufe, car leurs extrêmités font néceffairement appéfanties, & fi on veut les faire aiguës, cette erreur de conftruction fera réparée par la nature qui en les ar-quant, les rendra plus obtufes : on n'y gagnera qu'une défor-mation du Navire : fi on la prévient dans le Port par des coffres, qui foulagent les extrêmités, cette déformation fe fera en mer d'une façon plus dangereufe : car enfin, rien ne peut s'op-pofer à cette loi de la nature qui exige une conformité entre le déplacement & le poids : on a vu deux exemples de ces Na-vires foutenus dans le Port, le *Royal-Louis* & *l'Efpérance* ; tous les deux ont fait beaucoup d'eau, & ont eu de la peine à revenir : ainfi cette pratique doit être abfolument rejettée. On doit, par l'arrimage, foulager les extrêmités des Vaiffeaux à trois ponts, cela eft facile, quand ils ne font pas forcés en équi-page & avec cinq mois de vivres.

Pour ôter toute idée de fyftême, il eft bon d'y rappeller ici les proportions des Navires Anglois tirées du Dictionnaire de Falconer.

PROPORTIONS DES NAVIRES ANGLOIS.

Rangs.	Canons.	Longueur.		Largeur.		Longueur.		Largeur réduite.		
		en pieds Anglois.				*en pieds François.*				
1	100	186 p^{ds} 0 p^{ce}		51 p^{ds} 10 p^{ce}		174 p^{ds} 4 p^{ce}		47	0	
2	90	177	6	50	0	166	4	45	2	à 45
3	{ 74	168	3	47	4	157	9	43	2	
	{ 64	159	0	44	4	149	0	40	4	
4	50	146	0	40	4	137	0	36	10	environ.
5	{ 44	140	9	37	2	131	3	34	0	
	{ 36	128	4	35	9	120	4	32	10	
6	{ 28	118	4	33	8	111	0	31	0	
	{ 24	113	0	32	1	106	0	29	6	
Corvettes, ou SLOPS. 16		98	0	27	2	92		25	0	

Nota. Les mesures Angloises sont prises en dehors des bordages pour les réduire aux mesures Françoises, indépendamment de la réduction proportionnelle à la différence des mesures Angloises & Françoises, on a ôté les épaisseurs des *préceintes* ou bordages de flottaison des deux bords.

Le *Royal-George* étoit construit à 51 pieds Anglois de large, dont ôtant 1 pied 8 pouces de bordage ou préceinte, reste 49 pieds 4 pouces, & cette largeur réduite à 46 pieds, 3 François, les anciens Vaisseaux à 3 ponts de 100 canons Anglois avoient la largeur de ceux du second rang actuel.

Nota. Les Vaisseaux Anglois du premier rang sont percés 15 & 16, & portent des canons de 42, 24 & 12 livres de balle, c'est-à-dire, de 39, 22 & 11 de nos Livres. Leurs bordages de flottaison sont très-forts.

Je ne suis pas pour les Vaisseaux de 116 canons, il leur faudroit 50 pieds 6 pouces de large au moins, & leur grande longueur feroit qu'ils ne feroient pas plus forts que des Navires qui auroient 8 canons de moins; d'ailleurs, de tels Navires ont plus d'épaiffeur d'allonges, & les bois de fort échantillon, font toujours d'une plus foible durée. Voici donc les rangs des Vaiffeaux de guerre que je propofe, & qui pourroient même être tous diminués de 6 pouces de largeur & 2 pieds de long.

RANGS DES VAISSEAUX DE GUERRE·

		Calibre.				largeur,		longueur.
						p^{ds}	p^{ce}	
Vaiffeaux à trois Ponts de	108 canons	36	24, 12	&	6	48	6	& 180
	80	36	24	&	12	46	3	& 175
Vaiffeaux à 2 batteries de	74	36	18	&	8	43	6	& 165
	64	24	18	&	8	41	0	& 155
	58	24	12	&	6	39	0	& 146
	54	18	12	&	6	37	0	& 139

J'ai obfervé qu'un Navire qui n'a qu'un canon de plus par batterie, n'eft pas fenfiblement plus fort qu'un Navire qui a un canon de moins, & a du refte le même calibre, & fur-tout s'il faut à manœuvrer; & delà il fe préfente une queftion intéreffante; les Vaiffeaux à deux batteries ne devroient-ils pas avoir pour limites ceux de 74 canons portant 36 pieds, 24 & 12? quelles devroient être leurs proportions? de pareils Navires doivent avoir 710 hommes d'équipage, & il faut obferver que leurs canons de 24 & 12 & 36, foient de la nouvelle fabrique; & il en réfulte que leur largeur doit être de 45 pieds & leur longueur 170; c'eft la penfée de M. le Comte de Roquefeuil.

On doit faire réflexion que c'eft la proportion des anciens Navires Anglois de 100 canons à 3 ponts, & il femble qu'il n'en faut pas davantage pour prouver la facilité de faire ces

Navires

Navires : ce rang mérite d’être examiné fans prévention. Je penfe que le *Magnanime* porte cette artillerie ; car il fort de rangs Anglois de 74 canons, & à 700 hommes d’équipage.

Les proportions déterminées ci-deffus font bonnes ; mais fi l’on fe déterminoit à diminuer les bordages des Ponts, felon la méthode Angloife, & notre ancienne conftruction, on devroit donner 6 pouces de moins de largeur, & 2 pieds de moins de longueur aux différens Navires.

Nous joindrons ici quelques obfervations : les Vaiffeaux de 108 canons étant deftinés à être *Vaiffeaux Pavillons* auront 900 hommes d’équipage. Il n’y a nulle difficulté à les conftruire, puifqu’ils ont 1 pied & ½ de plus de largeur, & 6 pieds de plus de longueur que les Vaiffeaux du premier rang Anglois actuels.

Ceux de 80 qui portent 36, 24 & 12, ne peuvent avoir de difficulté ; c’eft le *Royal George*, Vaiffeau à trois ponts dont les Anglois font grand cas, & allongé de 8 pieds ; les Vaiffeaux de 74 canons tiennent un milieu entre les diverfes largeurs des Navires François actuels.

Pour fentir la néceffité de donner aux Vaiffeaux de 66 canons, 24, 18 & 8 : il fuffit de voir la foibleffe du rang actuel, dans tous les temps, où il ne peut fe fervir de fa premiere batterie, & fuppofer qu’il rencontre une Frégate Angloife de 44 canons, de 18 & 9 liv. de balle. Les Navires Anglois, d’une moindre largeur ; portent 32, 18 & 9 ; il eft donc inconteftable que les nôtres peuvent porter 24, 18 & 8. *Nota*: la livre, poids de marc eft à celle des Anglois dont il s’agit ; que l’on nomme *avoir du poids* : : 14 : 13.

Ce font les mêmes principes qui ont déterminé à rétablir les Vaiffeaux percés 12 & 13 pour porter du 24, l’ufage que font les Anglois de Navires proportionnellement plus petits, ne laiffe encore aucune idée de fyftême : au contraire, on pourra augmenter encore la force de nos Navires, ou diminuer leurs proportions ; il nous fuffit de montrer qu’il en réfultera une grande économie, & de l’indiquer.

Le rapport qui fe trouve entre les différens poids des Navires fait que la diminution fur un genre de poids, entraîne une

Z

diminution fur prefque tous les autres. Le poids de la coque doit être moindre, ainfi que celui des agrêts & du left correfpondant, & ils forment environ les $\frac{2}{3}$ du poids total.

Je fuppofe maintenant que fur le reftant du chargement, on faffe un retranchement de 40 tonneaux de poids; il n'importe que ce foit fur l'artillerie, ou fur les équipages & leurs vivres, ou même par quelque diminution particuliere du poids de la coque; cette diminution étant connue, celle de l'autre partie lui fera proportionnelle, ou pourra être de 80 tonneaux, ainfi le Navire pourroit avoir 120 tonneaux de moins de déplacement total, & comme il ne faut pas porter le retranchement jufqu'au point où il peut aller, dans la crainte de quelque erreur, on pourra donner 100 tonneaux de moins de déplacement.

Il y a une obfervation à faire : lorfque l'artillerie n'éprouve pas de changement, il eft bon de ne pas affoiblir les allonges, au moins pour les premiers rangs qui portent cette artillerie, & le total des retranchemens de poids ne doit être que le double de celui qui a été donné.

Ce n'eft donc pas fans raifon que l'on penfe que la diminution du poids des bordages des Vaiffeaux de 74 canons évalué à 20 tonneaux, celle de l'artillerie qui eft de 23, celle du left, qu'on peut fuppofer de 27, qui forment un total de 70 tonneaux, permettent de faire avec facilité ces Navires à 43 pieds de large, & 164 de long, puifque l'on pourroit leur donner 200 tonneaux de moins de déplacement qu'aux anciens Vaiffeaux, & fi on les faifoit fur le même plan, on pourroit diminuer de $\frac{1}{36}$ ces dimenfions.

Il en eft de même des Vaiffeaux de 58 canons que l'on propofe, ils peuvent fe faire avec facilité avec les dimenfions qu'on a fixées.

Les hauteurs des batteries, lorfque la ftabilité eft la même, doivent être fixées à peu-près proportionnellement aux largeurs; mais il eft des attentions indifpenfables. Tout fe réduit à faire enforte que le Navire conferve dans un combat, le plus long-temps qu'il eft poffible, l'ufage de fa premiere batterie,

Le Vaiffeau où elle eft le plus élevée, peut porter affez

mal la voile pour s'en fervir moins long-temps que celui qui
en a une moindre , mais qui a plus de ftabilité. Si même les
deux batteries peuvent être à l'eau par la même force, ou à peu-
près, ce fera le Navire qui eft alors incliné du moindre angle qui
fera préférable tant à caufe de la Navigation , que parce que
l'ufage des batteries fera plus facile quand elles feront peu inclinées.

Il eft utile de foumettre ces effets au calcul : un exemple
le rendra facile à comprendre ; on propofe d'élever d'un pied
le creux d'un Navire de 74 canons qui a 4 pieds de batterie ,
il en aura donc 5 , les poids qui participeront à cette élevation font ceux des ponts & gaillards , artillerie , équipage ,
ancres , & quelques parties d'agrês qui feront élevés d'un
pied , cela fait environ un $\frac{1}{7}$ du déplacement total dont le
centre fera par conféquent élevé de 4 pouces ; le poids d'augmentation de la coque étant fuppofé en diminution du left , éleve
encore le centre de gravité du 8e d'un pied , ainfi il eft élevé
en total de $\frac{1}{8}$ d'un pied. Par ce que l'on fait de la ftabilité ,
l'inclinaifon augmente dans la même raifon que la diftance du
centre de la charge au métacentre diminue : l'inclinaifon augmentera donc de $\frac{1}{4}$, & fuivra le rapport de 4 à 5 , fi les diftances du métacentre au centre de gravité , dans les deux pofitions, font comme 5 à 4, ou fi $\frac{1}{8}$ de pieds , font la 5e partie de
la diftance du métacentre au 1er centre de gravité , qui, par
conféquent auroit alors été de 1 pied $\frac{7}{8}$.

Si leur diftance étoit plus confidérable , il y a quelqu'avantage
à élever la batterie; mais fi elle étoit moins forte , fi elle n'étoit
que de 1 pied ou 1 pied $\frac{1}{2}$, on perdroit l'ufage de la batterie
en l'élevant.

Des Frégates.

C'eſt principalement pour les Frégates que la longueur a va‑
rié, elle a été 3 $\frac{4}{5}$, & juſqu'à 4 $\frac{1}{4}$ la largeur ; on conviendra
que les Frégates ſont faites pour marcher ; mais ce grand rap‑
port de la longueur à la largeur, a‑t‑il donc aſſuré la marche :
un exemple particulier, n'eſt pas ſuffiſant, parce que cet exem‑
ple dépend quelquefois d'une circonſtance ſinguliere, & de ce
qu'on n'avoit que de mauvaiſes Frégates pour terme de com‑
paraiſon ; ſi un ſeul exemple ſuffiſoit, on citeroit l'*Opale*,
la *Belle Poule*, la *Syrene* ſur‑tout dont la marche s'eſt ſou‑
tenue vis‑à‑vis un grand nombre de Bâtimens différens, & qui
n'a été priſe que quand on a oublié qu'une Frégate n'étoit pas
un Navire Marchand. *Nota.* Leur longueur eſt 3 $\frac{4}{5}$ la largeur.

On a eu pluſieurs Frégates forr longues ; la *Nimphe* qui a
été la plus longue, le *Maréchal de Belle‑Iſle*, joint par des
Frégates Angloiſes de peu de réputation ; la *Silphide* qui, dans
l'Inde a eu une grande réputation ; la *Therpſicore*, bonne voi‑
liere, mais ſans avantage ſur la *Chimere*, la *Danaë* qui a été
priſe, l'*Aigrette*, la *Veſtale*, la *Boufonne* que des Navires pro‑
portionnellement plus courts, ont quelquefois jointes.

Ces grandes longueurs ne donnent donc pas une marche in‑
conteſtablement ſupérieure, & du côté de la guerre, elles don‑
nent un déſavantage certain : ma théorie en indique la cauſe,
elle eſt dans la grande élévation du point vélique, ſi on ſuppoſe
même plan, même différence de tirant d'eau, il eſt vrai qu'on
le corrige en partie par l'arrimage, &c.

L'allégiſſement leur eſt peu favorable d'ailleurs ; ainſi l'avan‑
tage que donne la longueur ſe perd en très‑grande partie ; il
ſemble cependant que quoique la marche ſoit avantageuſe,
quand on voit des Frégates auſſi longues, & même plus, que
les anciens Vaiſſeaux de 64 canons, que le *Magnanime*, an‑
cien Vaiſſeau à trois ponts porter 26 canons : il eſt difficile de
ne pas penſer que ce ſont des découvertes fort cheres ; on a été
juſqu'à faire ces Frégates, ſans canons de gaillards, on a enſuite
diminué le nombre des canons en batterie, eſt‑il donc démon‑

tré que ce retranchement eſt avantageux à un point qui faſſe
que l'on doive y compromettre l'honneur des armes du Roi ;
car quand ces Frégates, qui ſont très-longues , ſont priſes par
des Bâtimens de plus foibles dimenſions , il s'en fait une comparaiſon publique qui eſt d'un mauvais effet pour nos équipages,
qui encourage les Navires Anglois , & leur fait prendre une
idée de ſupériorité ; enfin, ſi elles joignent une Frégate Angloiſe , elles auront un déſavantage.

On a retranché les canons des gaillards dans un très-grand
nombre de ces Navires. Si on eût voulu jetter un coup d'œil
ſur les anciennes Frégates de 46 canons , je doute qu'on s'y
fût jamais déterminé. Craignons d'abandonner des avantages
réels pour d'imaginaires & non démontrés ; car enfin, qu'eſt-ce
que cela fait à la marche ?

L'honneur des armes du Roi , l'honneur des Officiers, qui
en eſt inféparable , eſt intéreſſé à rétablir ces canons ; mais avant
d'entrer dans une difcuſſion à ce ſujet, il eſt à propos de prévenir toute objection.

Quel uſage ſe propoſe-t-on de faire des Frégates ; ſervent-
elles en eſcadre ; & ſuppoſe-t-on qu'elles n'ont à remplir que la
fonction de découvertes ; ſi on craint que les canons de gaillards n'empêchent de remplir cet objet, ſi on a même éprouvé
qu'ils ſont nuiſibles à la marche , on les mettra dans la calle ,
& tout ſera réparé ; mais il leur arrivera quelquefois de joindre
un Navire qu'il ſera important de degréer; on remontera ces
canons , c'eſt l'affaire d'un quart d'heure; elles ſont détachées
pour convoyer, leurs canons de gaillards ſont indifpenſables ;
enfin , comme elles ſont à même de mettre leurs canons dans
la calle , quand ils nuiront à la marche , le pis aller ſera d'avoir
la peine de faire cette manœuvre : il n'y a donc nulle raiſon
plauſible pour faire des Frégates ſans canons de gaillards : le pis
aller , c'eſt de les porter & rapporter ſans s'en être ſervi.

Quoique je penſe que ce raiſonnement eſt ſans réplique, ſuppoſons un inſtant qu'on ne ſoit pas maître de prendre ce parti ,
& voyons ſi les canons de gaillards préjudicient à la marche.

Les Frégates ſont faites pour naviguer droites , or , les poids
ſupérieurs font que le Navire plie davantage , donc cela nuit

beaucoup à la marche, & il faut par conséquent en diminuer l'artillerie; c'est le seul argument plausible qui ait été fait contre les canons de gaillards. La réponse faite ci-dessus, y est applicable; on peut mettre les canons dans la calle: mais, enfin, toutes ces raisons sont-elles bien véritables?

On conviendra que les Navires sont faits pour avoir de la stabilité, & que les poids supérieurs la diminuent; mais quelle raison peut-on apporter pour montrer que la marche vent arriere, & sur les routes qui en approchent doit en être affectée? Une Fregate de 34 pieds de large portant 8 canons de 8 sur les gaillards, pourra, dans quelques cas, plier de deux pouces de plus, que si elle n'en a pas : ce sera dans des cas fort rares. J'ai fait les calculs pour de plus grandes quantités, sans trouver de différence de marche sensible; pourquoi donc se persuader qu'il doit en résulter de si grands désavantages?

Mais enfin, est-il bien décidé qu'au plus près, le Navire qui plie un peu plus, marche le plus mal; que le Navire qui porte supérieurement la voile, est le meilleur voilier: il y avoit jadis dans la Marine, une opinion contraire; & une opinion dans ces sortes de choses, est le résultat de ce qu'on a vu arriver le plus fréquemment, & que l'on se persuade devoir arriver encore.

Ainsi, *l'Amazone* qui marchoit bien au plus près, plioit beaucoup; le *Zéphire* dont le fort de la marche étoit au plus près, ne laissoit pas de plier; le *Duc de Bourgogne* qui la porte supérieurement, va mal au plus près; je sais que cela peut dépendre de ce qu'en général, un Navire qui porte bien la voile, a ses flottaisons fort grosses; mais l'on fait un peu pencher les bateaux pour qu'ils gagnent dans le vent, lorsqu'ils ne sont pas déja fort inclinés: la *Malicieuse* inclinée marchoit mieux que *l'Opale*; elle portoit moins bien la voile : au reste, ce ne sont que des exemples particuliers qui laissent encore la question indécise, quoique ma théorie qui exige le concours des actions de l'eau & du vent pour la position parfaite, semble être à l'appui de cette opinion. Mais n'entrons pas davantage dans une difficulté qui n'est pas absolument constatée par les faits, qui eut demandé des calculs rigoureux, & qu'il nous suffise de voir qu'on ne peut supposer qu'il doive en résulter une grande perte de marche.

De l'Équipement des Frégates.

118. Comme les Frégates font moins chargées d'artillerie que les Vaiffeaux de guerre, eu égard à leurs dimenfions, la partie de leur équipage qui n'eft pas employée au canon, doit être proportionnellement plus confidérable. Dans la fixation des équipages, on n'a pas eu égard aux croifieres : lorfqu'elles y feront deftinées, on pourra leur donner une vingtaine d'hommes de plus.

Comme les canons actuels font d'un poids moindre que les anciens, & qu'il eft utile d'avoir fur les gaillards des canons qui ne foient pas trop courts pour les dégager des rides d'hauban, on peut fixer ainfi les Frégates, elles font toutes faites à une feule batterie & gaillards.

RANGS DES FRÉGATES						
38 Total.	Canons. Batterie.	Gaillards.	Nombre d'hommes.	Largeur. p^{ds}	p^{ces}	Longueur. p^{ds}
38	28 de 12	10 de 8	260	34	6	134
34	26 de 12	8 de 6	220	32	6	126
30	24 de 8	6 de 6	180	30	6	118
26	22 de 8	4 de 4	150	28	6	110
22	20 de 6	2 de 4	120	26	0	100

On peut abandonner aux effais toutes les Corvettes inférieures à celles ci, & même la derniere, & en général, tous les Navires qui portent une artillerie moindre que les canons de 8.

Les Frégates n'étant jamais dans le cas de combattre en ligne, on peut leur donner de longueur 4 fois la largeur, c'eſt-à-dire, 4 pieds de plus, ou, ſi l'on veut, 2 pieds de moins que les proportions établies ci-deſſus.

Lorſque l'on voudra faire porter le 8 nouveau, avec 28 pieds 6 pouces de large, il faudra former les allonges, de même que celles de l'unicorne.

Je n'ai qu'une obſervation particuliere ſur la Frégate ſuppoſée porter du 8, c'eſt qu'elle a $\frac{1}{15}$ moins de ſtabilité que la *Sirene*, ſi elle eſt faite ſur le même plan, ce qui eſt peu de choſe; mais quoiqu'il ne ſoit pas difficile de lui donner la même ſtabilité à peu-près, par un très-leger changement, il ſemble qu'on peut rejetter ce rang, qui d'ailleurs n'eſt pas d'une grande conſéquence.

Je ſuppoſe toujours, que ſuivant la regle générale Angloiſe, on donnera aux bordages des ponts, 4 pouces pour le 36, $3\frac{1}{2}$ pour le 24, 3 pour le 18, $2\frac{1}{2}$ pour le 12, 2 pour le 8, $1\frac{1}{4}$ pour le 6 & le 4.

On doit encore obſerver que la diminution du poids de l'artillerie & de la charge, fait qu'il n'y a aucun doute ſur la force ſuffiſante des allonges.

On croit être entré ici dans un détail ſuffiſant ſur ce qui a rapport aux rangs des Vaiſſeaux.

Une queſtion ſouvent agitée, d'une foible importance à la vérité, ne doit pas être négligée. On a regardé ces teugues ſur les Frégates, avec une chambre pour le Capitaine, & le ſecond, comme très-préjudiciables à la marche, d'autres Officiers ont eu une idée différente; je citerai M. de Graſſy qui étoit une des perſonnes où le génie de la conſtruction étoit le plus reconnoiſſable, & un très-grand nombre de perſonnes inſtruites.

Mais comme un très-grand nombre de Conſtructeurs & habiles Officiers y eſt oppoſé, il faut examiner quels ſont les déſavantages qui peuvent en réſulter. La marche vent arriere, ne peut en être affectée; au plus près la bricole réſultante eſt abſolument inſenſible; il n'y a même qu'une ſurface d'environ de 30 pieds, expoſée au vent, & encore avec une obliquité conſidérable: d'ailleurs, la briçolle eſt très foible, car une telle chambre ne peſe pas plus de 2 tonneaux avec le baſtingage, &
s'ils

s'il y a un endroit où la mousqueterie puisse être placée avec quelqu'avantage, c'est sur cette dunette. La batterie est plus parée, sur-tout pour les affaires de nuit ; le Commandant est plus présent à la manœuvre, que s'il est sous le gaillard, puisqu'il entend tout ce qui se fait au gouvernail, chose importante. En flotte & en convoi, où en chasse devant une escadre, il ne la perd pas de vue, pour ainsi dire ; d'un autre côté, je n'y trouve aucun inconvénient sensible.

On regarde maintenant comme une perfection de construire des Frégates pour naviguer avec peu de différence de tirant d'eau. Que l'on construise ainsi les Navires Marchands qui doivent entrer dans des Ports où il y a peu d'eau, les Navires du premier rang, si l'on veut, pour augmenter pareillement la facilité d'entrer dans les Ports, il y a de bonnes raisons ; mais pour les Frégates, on ne trouve aucun motif qui puisse balancer la perte d'une partie de l'étendue qu'on peut donner commodément au Gouvernail ; car la surface qu'on veut opposer à la résistance latérale, étant donnée, le Gouvernail du Navire qui aura un pied de plus de différence de tirant d'eau, enfoncera dans l'eau d'un demi-pied de plus ; c'est en outre la partie inférieure du Gouvernail qui est la plus large, & qui reçoit toutes les impulsions du fluide avec le plus de facilité dans toutes les positions.

Il seroit possible que le système de guerre vînt à changer, & qu'il fallût se rapprocher davantage des anciens Navires ; sacrifier presque tout à la force réelle qui consiste à avoir une forte artillerie, une stabilité suffisante & bien gouvernée ; mais il est inutile de nous occuper maintenant de ces positions générales, qui peut-être n'auront jamais lieu.

Je terminerai ces réflexions sur les Frégates, par une comparaison d'une d'entr'elles avec le Vaisseau Amiral des Provinces-Unies, nommé les *Sept Provinces*, commandé par le fameux Amiral Ruyter, & construit en 1665.

La *Silphide*, 26 canons,   Les *Sept Provinces* 80 canons.
Longueur 145 p^ds 4 p^ces environ.   Longueur 142 p^ds 6 p^ces
Largeur   34   6   Largeur   37   6

Comme nos principes de Conſtruction ſont généraux , il eſt facile de les adapter aux Navires Marchands ; leur forme doit être variée ſelon la qualité de leur chargement : des Galions doivent avoir , par exemple , une forme différente des Navires qui portent des mâtures & autres choſes légeres : il eſt preſque impoſſible de donner une marche avantageuſe à ces derniers Navires , les premiers peuvent être abſolument faits pour la marche. Quoique les Bâtimens Marchands en général ne puiſ-ſent être d'excellens voiliers , il eſt certain qu'on peut dire que ce genre de Conſtruction eſt trop négligé , qu'en général la longueur devroit être augmentée : ce ſera l'objet d'un Ou-vrage particulier.

CALCULS DE LA FRÉGATE L'*UNICORNE*.

On n'a divisé cette Frégate qu'en quatre lignes d'eau principales, la 5ᵉ est une ligne d'eau subsidiaire, pour remédier à la convexité des Fonds.

DÉPLACEMENT.

Lignes d'eau.		IVᵉ		IIIᵉ		I Iᵉ		Iᵉʳ		½ subsidiaire.	
moitié du	5 AV	23	5	8	0	3	5	1	5		
	4	73	0	60	0	40	0	15	0	moitié 3	0
	3	82	2	75	0	60	0	33	0	12	0
	2	87	3	82	0	72	5	50	5	24	0
	1	89	5	85	0	75	0	57	0	36	0
	M	90	0	85	5	76	5	60	0	44	0
	1 AR	89	0	84	0	74	0	57	0	36	5
	2	87	0	81	0	68	0	46	5	26	5
	3	84	0	75	0	57	0	30	0	16	0
	4	79	0	64	5	37	0	18	0	9	0
	5	68	5	43	0	18	0	8	0	4	5
Moitié du	6	22	0	7	0	3	0	1	5	1	5

Somme	875	750	587	377	213

Moitié de la 4ᵉ ligne d'eau   437
         3ᵉ entiere   750
         2ᵉ entiere   587
Moitié de la 1ʳᵉ   189

     Nota. La Quille a trois parties de largeur à chaque couple, & il y en a 12, cela fait 36.

TOTAL   1963 **A**

Moitié de la 4ᵉ ligne d'eau   189
         3ᵉ entiere   213
Moitié des largeurs de la quille   18

     Nota. On prend la moitié de la somme 410, parce que les distances de cette partie sont la moitié des autres.

        TOTAL   420
        Moitié   210 **B**

On ajoute les sommes A & B, 2173 × par la distance des couples 49
     PRODUIT   106477 **C**   Aa ij

TRIANGLE DES EXTRÊMITÉS.

Demi largeur	25	0		46 = 1150		moitié 575
	17	0	× distance	39		entier 663
des eouples.	8	5	à l'Etrave.	27		entier 228
	3	0		4		entier 12
On y ajoute	23	5		46 = 916	5	moitié 540
celle de l'E-	8	5		41		entier 353
trave & Etam-	4	5	× distance	37		entier 166
bot, lesquels	3	0	à Etambot.	32		entier 96
ont 1 partie ½.	3	0		28 = 84		moitié 42

On a ajouté les produits C = 106 477   D 2675
            &   D = 2 675

Somme   109 152 × l'intervalle des
                    18 ⅓ lignes d'eau.

Solidité de la carene 2001 120

Pour réduire cette solidité exprimée en parties égales à une solidité exprimée en pieds cubes, on fera cette analogie, le cube de 90 demi largeur en parties égales : cube de 15 pieds ½ demi largeur en pieds :: 2001 120 : nombre de pieds cubes : ainsi du logarithme 60312 710 de 2001 120, on ôtera le triple de la différence 7781 512 des logarithmes de 90 & 15 ½.

   60312 710
   23344 536
   —————
   39668 174

Ce logarithme est celui de 9265 pieds cubes; la capacité entiere est le double, parce qu'on ne mesure que des demi-largeurs, le déplacement en tonneaux est 9265 divisé par 14 ou 661 tonneaux & trois quarts.

Nota. Je ne calcule pas la hauteur de la quille, ni l'étrave & l'étambot, parce que leur poids est égal au déplacement, & qu'ainsi ce calcul devient inutile.

HAUTEUR DU CENTRE DE GRAVITÉ.

Le point d'appui est à la quille. Je cherche les surfaces des lignes d'eau, en multipliant la somme des largeurs prise au déplacement par 49, distance des couples, & ajoutant les triangles des extrêmités.

Lignes d'eau,	Surfaces,	Bras de levier,	Momens.
Quille, moitié	733	$0\,\frac{1}{3}$	244
Ligne subsidiaire.	10 524	1	10 524
1re ligne moitié.	9 350	$1\,\frac{2}{3}$	15 583
TOTAL	20 607		26 351

Les distances de ces lignes d'eau étant la moitié des autres, on ne doit prendre que la moitié de ces surfaces, & le quart des momens, parce que, ce que l'on nomme ici 1, n'est effectivement qu'une demi-ligne d'eau : ainsi on a

$$10\ 303 \qquad\qquad 6\ 588$$

Partie supérieure de la Carene.

1re moitié.	9 350	$1\,\frac{1}{3}$	12 467
2^{e}	29 126	2	58 252
3^{e}	37 710	3	113 130
4e moitié.	22 446	$3\,\frac{2}{3}$	82 335
TOTAL	108 935		272 772

divisant les momens par les surfaces, on a $2 + \frac{54902}{108935}$, ou comme les distances des lignes d'eau sont $18\,\frac{1}{3}$, on multiplie 54902 par $18\,\frac{1}{3}$, & divisant par 108935, on a environ 9 parties $\frac{1}{6}$: le centre de gravité est donc à 46 parties au dessus de la quille ; on les réduit en pieds & pouces par la regle de trois, 90 parties : 186 pouces demi-largeur : : 46 parties : 94 ou 7 pieds 10 pouces.

POSITION DU CENTRE DE GRAVITÉ
DANS LE SENS DE LA LONGUEUR.

Le point d'appui est au milieu, & je néglige l'élancement & la quette, parce que cela facilite le calcul, & qu'il n'y a pas d'erreur sensible.

COUPLES AV.

Lignes d'eau,	I.		II.		III.		IV.		V.	VI.
4 moitié	44	5	43	5	14	5	36	5	25	
3	85	0	82	0	75	0	60	0	16	
2	75	0	72	5	60	0	40	0	3	
1	57	0	50	0	32	0	15	0	3	

SOMMES	261 × 1	248 × 2	208 × 3	151 × 4	45 × 5
Momens	261	496	625	605	225

COUPLES AR.

	I.		II.		III.		IV.		V.		VI.	
4 moitié	44	5	43	5	41	5	39	5	34	0	22	0
3	85	0	81	0	75	0	64	5	43	0	14	7
2	75	0	68	0	57	0	39	0	18	0	5	0
1	57	5	46	0	15	0	9	0	4	0	3	5

Sommes	262 × 1	238 × 2	188 × 3	152 × 4	99 × 5	45 × 6
Momens	262	477	565	608	495	270

Somme des momens de l'arriere , 2742
de l'avant , 2212

la différence des momens ci-contre est   530

Pour corriger ce que la différence de tirant d'eau
donne de momens de plus de l'arriere, il est suffisamment exact de multiplier les largeurs de la ligne
d'eau subsidiaire , par $\frac{1}{3}$ de la différence de tirant
d'eau ; on les trouve à l'article du déplacement ;
& comme la différence de tirant d'eau est égale
à une distance de ligne d'eau , multipliant 210
par $\frac{1}{3}$ on a   70

       Somme   600
qu'on multiplie par la distance des couples   49

Il faut multiplier par 8 pieds 6 pouces ce produit qui est le moment des surfaces,   29 400
on a 249 900 qu'on doit diviser par 312 375, som-
me des surfaces , le quotient $\frac{255}{312}$ d'un pied étant
réduit , donne 10 pouces en arriere du M ^{e} ; ou
2 pieds 7 pouces en avant du milieu pour la position du centre de gravité.

STABILITÉ LATÉRALE.

Couples	Largeur.		Cubes.
5 A V.	8	4 les trois quarts font	432
4	12	6	1953
3	14	8	4153
2	15	4	3375
1	11	4	3605
M	15	5 les cubes font pris	3665
1 A R.	15	4 en entier.	3605
2	15	0	3375
3	14	3	2894
4	13	4	2360
5	11	8	1588
6	7	6 les trois quarts font	317

SOMME   30323

On la multiplie par la distance des couples   8 p^{ds} 6 p^{ces}

produit   257 745

& la stabilité homogene en est les $\frac{2}{3}$ ou   171 830

divisant la stabilité homogene par le déplacement   18 530
on a l'élévation du métacentre au dessus du centre
de figure qui est de   9   4
Sa hauteur au dessus de la flottaison est   4   8

STABILITÉ

STABILITÉ

DANS LE SENS DE LA LONGUEUR.

On suit les Regles exposées, N° 28.

Couples	Largeurs				Momens.	
	p^{ds}	p^{ces}				
M	15	5	×	$\frac{1}{13}$		10
1 AV. & AR.	30	8	×	1	30	8
2 AV. & AR.	30	0	×	4	120	0
3 AV. & AR.	28	11	×	9	260	3
4 AV. & AR.	25	10	×	16	413	4
5 AV. & AR.	20	0	×	25	500	0
6 AR.		7	6	×	36	270	0
Triangle AV. $\frac{1}{4}$ de	8	7	×	33	68	0
Triangle AR. $\frac{1}{4}$ de	7	9	×	45 $\frac{1}{2}$	92	0

Sommes 1755

qu'il faut multiplier par la distance   8   6

On doit doubler le produit   14917

parce qu'on ne calcule qu'une moitié du Vaisseau, &
si on suppose que la différence 1 qu'il y a d'un couple à
l'autre, exprime des lignes, il faudra diviser 29834 double de 14 917 par 144, nombre de lignes contenues
dans un pied, on trouvera 207 pieds cubes ; c'est le poids
qui, transposé d'une distance ou de 8 pieds 6 pouces,
change la différence de 13 lignes, c'est la même chose
que 62 tonneaux $\frac{1}{3}$ à un pied, & pour un pouce, ce seroit
58 tonneaux, ou 2 tonneaux à 29 pieds.

TABLE DES CUBES

Pour les Calculs de la Stabilité.

p^{ds}	p^{ces}	cubes	différence.
26		17 576	336
25	10	17 240	331
25	8	16 909	327
25	6	16 582	323
25	4	16 259	319
25	2	15 940	315
25	0	15 625	311
24	10	15 314	306
24	8	15 008	302
24	6	14 706	298
24	4	14 408	294
24	2	14 114	290
24	0	13 824	286
23	10	13 538	282
23	8	13 256	278
23	6	12 978	274
23	4	12 704	270
23	2	12 434	267
23	0	12 167	263
22	10	11 904	259
22	8	11 649	255
22	6	11 390	251
22	4	11 139	247
22	2	10 892	244
22	0	10 648	240
21	10	10 408	237
21	8	10 171	233
21	6	9 938	229
21	4	9 709	226
21	2	9 483	222
21	0	9 261	219

p^{ds}	p^{ces}	cubes	diff.
20	10	9 042	215
20	8	8 827	212
20	6	8 615	209
20	4	8 406	206
20	2	8 202	202
20	0	8 000	198
19	10	7 802	195
19	8	7 607	192
19	6	7 415	189
19	4	7 226	185
19	2	7 041	182
19	0	6 859	179
18	10	6 680	176
18	8	6 504	173
18	6	6 331	170
18	4	6 161	166
18	2	5 995	163
18	0	5 832	160
17	10	5 672	157
17	8	5 515	155
17	6	5 360	152
17	4	5 208	149
17	2	5 059	146
17	0	4 913	143
16	10	4 770	140
16	8	4 630	137
16	6	4 493	135
16	4	4 358	132
16	2	4 226	130
16	0	4 096	127

p^{ds}	p^{ces}	cubes	diff.
15	10	3 969	124
15	8	3 845	121
15	6	3 724	119
15	4	3 605	116
15	2	3 489	114
15	0	3 374	111
14	10	3 264	109
14	8	3 155	106
14	6	3 049	104
14	4	2 945	102
14	2	2 843	99
14	0	2 744	97
13	10	2 647	94
13	8	2 553	92
13	6	2 461	90
13	4	2 371	88
13	2	2 283	86
13	0	2 197	84
12	10	2 113	81
12	8	2 032	75
12	6	1 953	77
12	4	1 876	75
12	2	1 801	73
12	0	1 728	71
11	10	1 657	69
11	8	1 588	67
11	6	1 521	65
11	4	1 456	63
11	2	1 393	61
11	0	1 331	60

SUITE DE LA TABLE DES CUBES.

p^ds	p^ces	cubes	différence
10	10	1 281	
10	8	1 213	58
10	6	1 557	56
10	4	1 103	54
10	2	1 051	52
10	0	1 000	51
			49
9	10	951	
9	8	903	48
9	6	857	46
9	4	813	44
9	2	770	43
9	0	729	41
			40
8	10	689	
8	8	651	38
8	6	614	37
8	4	579	35
8	2	545	34
8	0	512	33
			31

p^ds	p^ces	cubes	diff.
7	10	481	
7	8	451	30
7	6	422	29
7	4	394	28
7	2	368	26
7	0	343	25
			24
6	10	319	
6	8	296	23
6	6	274	22
6	4	254	20
6	2	235	19
6	0	216	18
			17
5	10	199	
5	8	183	16
5	6	167	16
5	4	152	15
5	2	132	14
5	0	125	13
			12

p^ds	p^ces	cubes		diff.
4	10	113		
4	8	101	5	12
4	6	91		11
4	4	81	5	10
4	2	72	5	9
4	0	64		9
				8
3	10	56		
3	8	49		7
3	6	43		6
3	4	37		6
3	2	32		5
3	0	27		5

AVANT.

I signifie *Impulsions*, D *Directes*, V *Verticales*, A *Absolues*, R *Relatives*.

Suite des Triangles.

au V.	IDA.	IDR.	IVA.	IVR.
7 20 à 61	455	150	1564	513
6 1 à 4	295	74	420	105
5 1 à 5	295	59	1400	280
4 1 à 6	125	21	300	50
3 1 à 10	125	$12\frac12$	156	15
2 5 à 40	40	1	43	1
1	25	$\frac12$		
	318		964	

au IV.	IDA.	IDR.	IVA.	IVR.
10 à 66	260	$83\frac12$	1300	$454\frac12$
10 à 66	290		1700	
10 à 84	290	65	2050	447
10 à 84	255		1750	
2 à 25	255	$10\frac13$	2500 ·	200
1 à 24	120	5	1500	46
1 à 26	120	$2\frac14$	1400	54
	166		1201	

Suite.

au III.	IDA.	IDR.	IVA.	IVR.
7 2 à 41	110		800	
6 2 à 41	150	21	1300	$175\frac12$
5 2 à 41	150		1550	
4 1 à 18	200	23	2050	209
3 1 à 18	200		2750	
2 1 à 26	190	7	2500	96
1 1 à 41	190	6	3150	77
	57		557	

au II.	IDA.	IDR.	IVA.	IVR.
1 à 150	50	$0\frac13$	680	4
1 à 85	70	$1\frac13$	800	$20\frac12$
1 à 85	70		1150	
1 à 41	130		1550	94
1 à 41	130	$6\frac12$	2300	
1 à 41	170		2750	68
1 à 85	190	$0\frac12$	4850	97
	9		253	

Suite. au I. IDA. IDR. IVA. IVR.

7					
6					
5					
4	1 à 260	les résistances	1550		
3	1 à 260	relatives sont	1400		446
2	1 à 260	insensibles.	2750		
1	1 à 260		5500		

Sommes des IRD.   550

le Taillemer a une partie
& demie de large, & 70
de hauteur, & il diminue
la résistance de moitié,
ainsi elle est de   52

résistance A V   602

ARRIERE.

Suite au VI.		IDA.	IDR.	IVA.	IVR.
7	10 à 51	411	81	2190	547
6	1 à 20	120	6	84	4
5	1 à 36	120	3	686	19
4					
3					
2					
1					
			90		570

au V.		IDA.	IDR.	IVA.	IVR.
	1 à 11	245	22	2550	232
	1 à 9	290	64 }	3000 }	728
	1 à 9	290		2550 }	
	1 à 16	125	8	750	47
	1 à 21	125	6	1050	50
	1 à 50	40	1	200	4
	1 à			600	0
			101		1061

Suite au IV.		IDA.	IDR.	IVA.	IVR.
7	1 à 25	110	4	1400	56
6	1 à 16	220	14	2550	160
5	2 à 21	220	21	1650	252
4	1 à 17	210	25 }	2550 }	176
3	1 à 17	210		2150 }	
2	1 à 26	110	4	1050	40
1	1 à 37	110	3	1600	43
			71		707

au III.		IDA.	IDR.	IVA.	IVR.
	1 à 61	60	1	600	13
	1 à 27	110	8 }	1400 }	102
	1 à 27	110		1750 }	
	1 à 19	180	19 }	2630 }	278
	1 à 19	180		2800 }	
	1 à 26	130	5	2150	83
	1 à 36	130	4	2800	78
			37		554

Suite au II.		IDA.	IDR.	IVA.	IVR.
7	1 à 130	40		550	4
6	1 à 58	70	2 }	800 }	36
5	1 à 58	70		1300 }	
4	1 à 36	110	6 }	1750 }	111
3	1 à 35	110		2250 }	
2	1 à 30	170	11 }	2800 }	240
1	1 à 30	170		4400 }	
			20		591

au I.		IDA.	IDR.	IVA.	IVR.
	1 à 600			400	
	1 à 400			550 }	4
	1 à 400			1000 }	
	1 à 80	60	1 }	1300 }	39
	1 à 80	60		1800 }	
	1 à 60	110	4 }	2250 }	127
	1 à 60	110		5400 }	
			5		170

SUITE DES CALCULS.

Suite au M	IDA IDR IVA IVR		Sommes des I R D.	325
7				
6			L'Etambot a deux parties & demie de large sur 90 de haut; la résistance est	225
5				
4	1 à 280 les résistances	1000 ⎰ 9	Résistance avant	612
3	1 à 280 relatives sont	1600 ⎰		
2	1 à 150 insensibles.	1800 ⎰ 47	Résistances totales	1162
1	1 à 150	5800 ⎰		
		61		

La résistance ainsi exprimée en parties égales devroit être doublée parce qu'on ne calcule qu'une moitié du Navire, mais d'un autre côté (par le n°. 46), la résistance est double, parce qu'on calcule l'avant & l'arriere. Pour réduire la résistance en pieds quarrés, on fera attention que 90 parties, répondent à 186 pouces de largeur, & que 80 parties en hauteur, font 151 pouces : ainsi on fera cette analogie 90 × 80 : 186 × 151 :: 1162 : nombre de pouces quarrés qu'il faut diviser par 144 pour avoir le plan résistant en pieds, ou de la somme des logarithmes de 186 : 151, & 1162, on retranche ceux de 90, 80 & 144, le reste est le logarithme de 31 pieds 4 pouces.

Nota. J'aurois dû prendre la moitié des impulsions directes de la suite n° 1, mais la résistance doit être plus forte que la calculée, quand ce ne seroit qu'à cause des inégalités de la carene.

HAUTEUR DU POINT VÉLIQUE.

On commence par prendre le moment des impulsions verticales, dans le sens de la longueur. On suppose leur centre au milieu de l'intervalle des couples, ce qui est suffisamment exact, hors pour les extrémités.

M AR	$71 \times \frac{1}{2}$	30	Il faut ajouter l'impulsion du *Taillemer* qui ayant $1\frac{1}{2}$ partie de large & 350 de long; à une surface de 525; la résistance est la moitié ou $262 \times 5\frac{1}{2}$: momens	1440
1 AV & AR	$214 \times \frac{3}{2}$	321		
2 AV & AR	$644 \times \frac{1}{2}$	1610		
3 AV & AR	$1111 \times \frac{1}{2}$	3885		
4 AV & AR	$1908 \times \frac{2}{2}$	8588		
5 AR	$1061 \ \frac{1}{2}$	5830		
5 AV	$964 \times 5\frac{1}{3}$	5141		
6 AR	$570 \times 6\frac{1}{3}$	3610	Momens ci-contre,	29818
Momens		29018	Total,	30458

Il faut maintenant faire attention que la valeur des parties égales, quand la distance des lignes d'eau $= 20$, celle des parties dont 200 font la distance des couples :: 200 : 54 : ainsi ces 30458 se réduisent à 8223 qu'il faut diviser par 1162, somme des impulsions directes, le quotient est $7 + \frac{89}{1162}$ distances de couples ou 60 pieds 2 pouces.

Il faut y ajouter la hauteur du centre de l'impulsion directe : pour cela on ajoute celles de la 7e & 6e suite, qu'on multiplie par $3\frac{1}{2}$; celles de la 5e & 4e, par $2\frac{1}{2}$; celles de la 3e & 2e par $1\frac{1}{2}$; celles de la 1re, par $\frac{1}{2}$; celles de l'étrave & de l'étambot par 2 : ces moments font 3092, qui divisés par 1162 font $2\frac{2}{3}$: distances de lignes d'eau, ou 8 pieds 5 pouces, ainsi le point vélique est 68 pieds $\frac{1}{2}$ au dessus de la quille, ou 56 au dessus de la flottaison.

Augmentation des réfiſtances dans les routes obliques.

La formule qui l'exprime eſt $2\,m^2\,A\left(\dfrac{x^2+y^2}{x^2+y^2+z^2}\ \dfrac{-2Y^2}{x^2+Y^2}\right)$

ou ſi l'on veut $2\,m^2\,A\left(\dfrac{c^2}{c^2+p^2}-2IDR\right)$ A ſe prend, page 196

& ſuivantes; c'eſt la colonne I D A , ou le triangle de projeſtion ſur le maître couple; c eſt la diſtance des lignes d'eau , p la perpendiculaire , ſur le côté du Vaiſſeau ou C D , (*fig. 21*) : on donnera la forme ſuivante au calcul.

Vᵉ	A	c²	c²+p²	$\dfrac{A c^2}{c^2+p^2}$	2 I D R	augmentation de réſiſtance,
7	455	10 à 15	303		300	+ 3
6	295	10 à 11	266		148	118

Pour prévenir les difficultés qui pourroient arrêter ceux qui veulent calculer les Vaiſſeaux , ſans en avoir la théorie très - préſente à l'eſprit , on obſervera 1° que ſi 2 I D R eſt plus grand que $\dfrac{A c^2}{c^2+p^2}$ on aura le ſigne — & ce ſera une diminution de réſiſtance.

2° La perpendiculaire p ſe prend ſur le plan des lignes d'eau ; dont chaque trapéſe ſe partage en deux triangles. Dans cet exemple, on abaiſſe la perpendiculaire du point ou la 3ᵉ ligne d'eau , coupe le 5ᵉ couple , pour la ſuite , n° 7 , & pour la 6ᵉ , on la baiſſe de *l'étrave* ſur la 4ᵉ ligne d'eau , elle eſt la plus petite diſtance à la courbe.

Pour la partie vers le milieu du Navire , la réſiſtance (n°ˢ 54 & 46) eſt $2\,m\,n\,A\,xy\,\dfrac{c^2}{c^2+p^2}$ mais ſi la dérive eſt petite n & $x=r$ & m , y & p ſont auſſi ſenſiblement égaux , ainſi la quantité devient $2\,A\,m^2\left(\dfrac{c^2}{c^2+y^2}\right)$

Ces calculs s'appliquent à la réſiſtance latérale , la ſeule différence eſt qu'on retranche une ſeule fois la réſiſtance relative ; & qu'au lieu de multiplier la quantité pour $2\,m^2$, on la multiplie par $2\,m\,n$.

RÉSISTANCES

RÉSISTANCES LATÉRALES ET OBLIQUES.

AVANT.

V.

Suite	A	$\frac{c^2}{c^2+p^2}$	AC	RL	RO.
7	455	10 à 15 =	303	153	3
6	295	10 à 11	268	196	120
5	295	10 à 16	186	127	68
4	125	20 à 23	109	88	67
3	125	3 à 4	94	12	70
2	40	10 à 12	33	32	31
1	25				
				608	359

IV.

A,	$\frac{c^2}{c^2+p^2}$	AC.	RL.	RO.
260	100 à 144	180	141	111
290	100 à 166	181	137	93
290	100 à 204	142	108	73
255	100 à 172	148	137	106
255	100 à 270	93	83	73
120	100 à 148	81	76	71
120	2 à 3	80	78	76
			760	603

III.

	A	$\frac{c^2}{c^2+p^2}$	AC	RL	RO.
7	110	100 à 122	90	85	80
6	150	100 à 145	103	95	87
5	150	100 à 170	89	81	73
4	200	100 à 204	98	90	82
3	200	1 à 3	67	56	46
2	190	10 à 18	106	99	92
1	190	10 à 38	53	47	41
				553	501

I I.

A	$\frac{c^2}{c^2+p^2}$	AC	RL	RO.
50	10 à 11	45	45	44
70	5 à 6	58	57	56
70	5 à 7	50	49	48
130	100 à 165	88	86	84
130	100 à 122	106	104	102
190	10 à 28	68	65	63
190	10 à 34	26	26	25
			432	402

Du I I au M qui forme le 2ᵉ Cas.

RL. & RO.

	A				
7 6 5 }	40	25 à 26			39
4	45	5 à 7	}		64
3	45	5 à 7			
2	105	10 à 28	}		75
1	105	10 à 28			
					178

	RL	RO.
Sommes AV.	2353	1865
page suiv. AR.	1885	1614
Double des résistances AV & AR. du 2ᵉ cas.		1076
TOTAL	4238	4555

Le Lecteur est prié de consulter l'Errata, pour l'explication des Calculs contenus dans cette feuille.

* C

ARRIERE.

VI.

Suite A.		$\frac{c^2}{c^2+p^2}$			AC	RL	RO
7	411.	10	à	21	195	114	33
6	120	100	à	101	119	113	107
5	120	10	à	17	70	67	64
						294	204

V.

A		$\frac{c^2}{c+p^2}$			AC	RL	RO
245	10	à	28	87	65	43	
290	10	à	31	93	61	39	
270	10	à	22	121	89	57	
125	8	à	9	111	103	95	
125	10	à	13	96	90	84	
40	40	à	41	39	39	39	
						447	357

IV.

7	110	2	à	3	73	68	65
6	220	2	à	5	88	74	60
5	220	4	à	11	80	59	38
4	210	10	à	27	78	66	54
3	210	10	à	22	95	82	69
2	110	10	à	13	85	81	77
1	110	10	à	18	61	58	55
						488	418

III.

60	10	à	12	50	49	48
110	10	à	15	73	69	65
110	10	à	18	62	58	54
180	10	à	26	69	60	51
180	10	à	32	56	46	36
130	10	à	22	59	54	49
130	10	à	32	40	36	32
					372	335

II.

7	40	10	à	11	36	36	36
6	70	10	à	12	58	56	54
5	70	2	à	3	47	46	45
4	110	5	à	9	61	58	55
3	110	10	à	27	41	38	35
2	170	10	à	32	53	48	45
1	170	1	à	7	24	18	12
						300	282

Du II au M qui forme le 2e Cas.

A				RL	RO
{ 60	25	à	26	58	58
		à			
90	9	à	10	81	81
90	9	à	10	81	81
140	1	à	2	70	70
140	1	à	2	70	70
					360

Exposé du Calcul des Réſiſtances obliques & latérales.

Les réſiſtances latérales RL ſe trouvent, en retranchant de la colonne AC qui eſt la réſiſtance abſolue & corrigée pour l'inclinaiſon verticale, l'impulſion relative directe déſignée par IDR, page 196 & ſuivantes, pour avoir les réſiſtances obliques RO, on en retranche le double.

Le défaut de place a engagé à ſupprimer la colonne IDR; ainſi qu'à faire répondre les ſuites des triangles à deux couples différentes, mais les Calculateurs feront bien de mettre cette colonne après la colonne AC pour avoir toute la ſuite du travail; on s'eſt determiné d'autant plus volontiers à la ſupprimer dans ce modele de calculs qu'il n'y a aucune difficulté pour le Calculateur qui ſe contentera de copier cette colonne IDR.

On ſuppoſe une foible dérive, que m eſt, par exemple $\frac{1}{10}$, ou la dérive de $5^{\mathrm{d}}\frac{1}{4}$, ce qui diſpenſe de diminuer les réſiſtances de l'étrave & de l'étambot dans le rapport du quarré du ſinus de l'obliquité à celui du rayon.

On a trouvé que la réſiſtance oblique eſt augmentée de 4755 qu'il faut multiplier par m^2 ou diviſer par 100.

On a donc pour l'augmentation de réſiſtance $47\frac{1}{2}$ parties qui $= 1\,\mathrm{p}^{\mathrm{d}}\frac{1}{4}$, ce qu'on trouve par l'analogie (indiquée p. 198) 90 demi-largeur $\times$ 20 diſtance des lignes d'eau, en parties égales: 186 demi-largeur $\times$ 38 diſtances des lignes d'eau en pouces :: $47\frac{1}{2}$: 186 pouces quarrés ou 1 pied $\frac{1}{4}$, ainſi la réſiſtance augmente dans cet exemple $\frac{1}{25}$.

Nota. On multiplie par m^2 & non par $2\,m^2$, parce que calculant l'avant & l'arriere, il faudroit enſuite prendre la moitié du produit.

Quoique ce ne ſoit pas exactement le 2e couple de l'avant & de l'arriere qui ſépare le point où commence la 2e formule, on a pu le ſuppoſer, ſans erreur ſenſible, parce qu'à ce point précis, les deux formules ſont les mêmes (n° 52) ainſi il y a peu de différence, l'erreur eſt foible, & l'on peut la négliger, d'autant plus que la quantité totale eſt foible.

C c ij

Pour avoir la réfiftance latérale des parties entre le 2 AV & AR , qui forment le 2e cas , on cherche la diminution de réfiftance fur le maître couple , produite par l'inclinaifon verticale , lorfqu'il va latéralement; pour cela on porte chaque diftance de ligne d'eau de 10 à 10 fur la ligne des plans le nombre fur lequel tombe la corde de la portion de courbe du maitre gabarit , fera la réfiftance abfolue , on verra ici que la réfiftance diminue à peu-près comme 2 : 1. La diftance des couples eft 49 parties , & celle des lignes d'eau 20 , ainfi l'efpace latéral compris entre deux couples & deux lignes d'eau eft 3920 : il y a 4 diftances de lignes d'eau & de couples , il faut donc multiplier cette quantité par 16 , c'eft la furface totale dont on prendra la moitié à caufe de la diminution de réfiftance , on a 　　　　　　　　　　　　　　　　　31360

Quille 600 parties fur 8 $\frac{1}{2}$ de hauteur　5100
Maffifs.　　　　　　　　　　　　　　4000

────────

Total　　　40460

On doit divifer par 100 ou multiplier par m^2 cette partie ainfi on a 404 parties de réfiftance ; celle du 1er cas 4441 doit être doublée , car l'expreffion générale , quand on calcule l'avant & l'arriere eft 2 mn ; ainfi on a 8882 & n étant à peu-près $= r$ multipliant 8882 par $m = \frac{1}{10}$ on a 888 qui ajoutés à 404 font 1292 , réfiftance latérale.

Ceci mérite la plus grande attention , l'impulfion latérale du vent eft à la directe au moins :: 8 : 3 quand on confidere voiles, coque & agrêts , & la réfiftance latérale à proportion de la directe devroit donc être 3200 , ce qui donneroit pour moindre dérive celle d'un quart. La caufe de cet excédent de réfiftance qui diminue la dérive eft la hauteur du centre des voiles , par rapport à celui des réfiftances latérales. En effet , (n°s 71 & 73) la marche avantageufe demande le concours du centre des voiles & des impulfions. Si cette condition n'eft pas remplie , la marche fera moins prompte , foit qu'il s'agiffe de la marche directe ou de la marche latérale qui eft la dérive.

Pofition du Point Vélique dans le fens de la longueur, le maître couple fert de point d'appui, on a les impulfions latérales.

	I L:			Momens.					
Au 5 AV.	608	×	$5\frac{1}{2}$	3344	6 AR.	294	×	$6\frac{1}{2}$	1911
4	760	×	$4\frac{1}{2}$	3480	5	447	×	$5\frac{1}{2}$	2458
3	758	×	$3\frac{1}{2}$	2753	4	488	×	$4\frac{1}{2}$	2196
2	432	×	$2\frac{1}{2}$	1080	3	377	×	$3\frac{1}{2}$	1302
					2	300	×	$2\frac{1}{2}$	750

Momens AV.	10657	8617
AR.	8617	

Différence.	2040

Pour réduire cette différence à des quantités abfolues, il faut la multiplier par $2\,m\,n = 2\,m$ ou divifer par 5 la dérive étant $\frac{1}{10}$, ainfi on a $\frac{2040}{5}$ ou 408.

Les réfiftances latérales du 2e cas font AV 178 & AR 360 : la différence 180 étant × $2\,m^2$ ou $\frac{1}{5} = 36$ multipliée par 1 diftance moyenne au M^e, & retranchée de 408, parce que la plus forte réfiftance de ce 2e cas étant en arriere, eft oppofée à la plus forte du 1er cas, on a 372 pour la fomme des momens exprimée en diftance de couples, & comme cette diftance eft 8 pieds 6 pouces, on multiplie 372 ; par 8, 6, & on divife le produit 3136 par 1292 fomme des réfiftances latérales, ainfi le point vélique eft à $2\,p^{ds}\,\frac{1}{2}$ en avant du maître couple.

On a négligé dans tous ces calculs, la différence du tirant d'eau, elle eft 3 pieds en arriere ; le moment eft environ 150 pieds réunis à 25 pieds, en arriere du maître couple : le produit eft 3600 qu'il faut divifer par 100, ou multiplier par m^2 ; le quotient 36 étant $\frac{1}{54}^e$ des momens ci-deffus, ne change pas fenfiblement le lieu du point vélique.

Si on ſuivoit la théorie ordinaire ; on ne calculeroit que l'avant ; alors on diviſeroit 10657 ſomme des momens par 2553, & l'on auroit pour quotient 4, diſtances ou environ 35 pieds en avant du maître couple ; ainſi le centre des voiles devroit être fort peu en arriere du mât de miſaine, ce qui étant abſurde, cette théorie eſt inadmiſſible ; & il faut en revenir à calculer l'avant & l'arriere.

Quoiqu'il ſoit aſſez inutile de calculer le moment de la plus grande impulſion directe ſous le vent, lequel eſt à arriver, parce que ſi d'un côté l'impulſion eſt plus forte, d'un autre côté, le ſoutien eſt plus conſidérable, & qu'ainſi il n'en réſulte qu'une différence inſenſible pour le lieu du point vélique, il eſt utile de montrer à le calculer.

On fera d'abord attention qu'il s'agit de trouver la différence d'action ſur les deux côtés de la proue : la différence d'action eſt en général $4 \, A \, nmxy$, & à cauſe qu'il s'agit de ſurfaces inclinées, on a $4 \, m \, n \, A \, xy, \left(\frac{c^2}{c^2 + p^2} \right)$ ou la moitié de cette quantité, quand on calcule l'avant & l'arriere : ainſi on prend page 201 & ſuiv. la colonne A C, & on la multiplie par $\frac{xy}{rr}$

ou par $\frac{p}{r}$, pour avoir p on porte y excédent des largeurs d'un couple à l'autre du plan vertical ſur la ligne des largeurs dans le plan des lignes d'eau, & en dedans, ainſi les 7 & 6ᵉ ſuites de triangles ſe portent à compter de la 4ᵉ ligne d'eau ; les 5ᵉ & 4ᵉ ſe portent de la 3ᵉ ; les 3ᵉ & 2ᵉ ſe portent depuis la 2ᵉ ; la premiere ſe prend depuis la 1ʳᵉ ligne d'eau : de ce point, ou tombe l'autre extrêmité de y, on prend la plus foible diſtance à la ligne d'eau, ce qui donne $p. r$, où la corde de la partie de ligne d'eau ſe porte ſur la ligne des parties egales de 100 à 100, le nombre ſur lequel tombe p donne le rapport de p à r. Le calcul ſe fait ainſi : r eſt toujours 100 ; la valeur de p eſt en 100ᵉ de parties.

AVANT.

AC × $\frac{p}{100}$			AC × $\frac{p}{100}$			AC × $\frac{p}{100}$			AC × $\frac{p}{100}$	
303	55	167	180	45	81	90	22	20	43	10	4
266	33	89	181	40	72	111	30	33	58	15	8
184	45	83	142	48	66	88	30	27	50	17	9
108	20	22	147	43	69	58	36	35	88	23	20
93	40	37	194	44	85	67	38	25	106	25	25
52	12	4	81	18	14	105	35	37	68	33	23
			81	22	18	50	33	17	26	32	9
		402			**405**			**194**			**99**

Pour avoir les moments, on peut calculer en même temps
les deux triangles qui ont la même bafe le point d'appui eft au
milieu : la premiere colonne eft la 3ᵉ ci-deffus, la 2ᶜ eft la
diftance au milieu, la 3ᵉ eft le moment.

V.			IV.			III.			II.		
167	27	4509	81	60	4860	20	80	1600	4	85	340
172	10	1720	138	46	6248	60	70	4200	17	80	1360
60	5	300	154	26	4104	60	51	3060	46	67	3082
5	1	5	32	10	320	54	24	1196	42	40	1280
		6534			**15432**			**10056**			**5962**

La partie vers le milieu étant infenfible parce qu'elle eft
$=\int 2\,m^{2}\,A$ ou $3\frac{1}{2}$, & que le moment n'eft que de 250, on
peut le négliger, ainfi la fomme des momens 37984 doit
être multipliée par $4\,m$ ou $\frac{4}{10}$, on a 15193, qu'on doit divifer 1252 total des impulfions latérales : le quotient eft 12 parties ou 2 pieds, dont le point vélique fe rapprocheroit du
milieu, & cette quantité étant très-foible, n'empêche pas
que dans l'hypothefe où on calculeroit l'avant feul : la pofition du point vélique ne foit également défectueufe.

Selon ma théorie, on calculeroit l'avant & l'arriere, &

208

on trouveroit que l'effet de la plus grande impulfion directe
fous le vent , eft détruit par la moindre action de l'eau fur l'arriere.

C'eft encore une regle générale de Conftruction : *Si les
couples de l'avant & de l'arriere étoient femblables , mais
efpacés différemment , enforte que la proue fût plus courte que
la poupe, l'impulfion directe , lorfque la route eft oblique , feroit
venir au vent ;* mais la plus grande inclinaifon verticale de l'arriere empêche cet effet.

F I N.

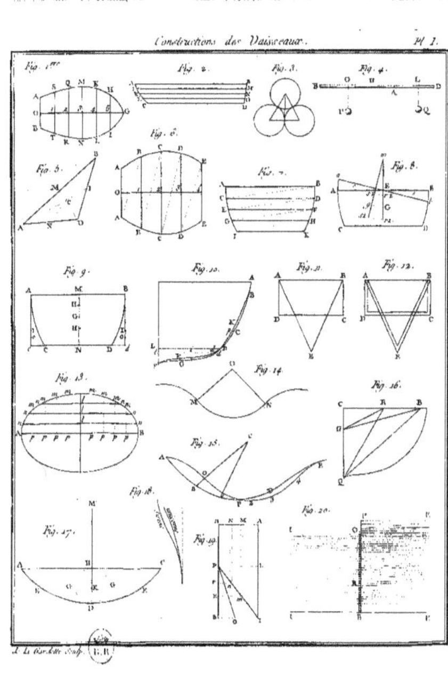

A. Le Canu Sculp.

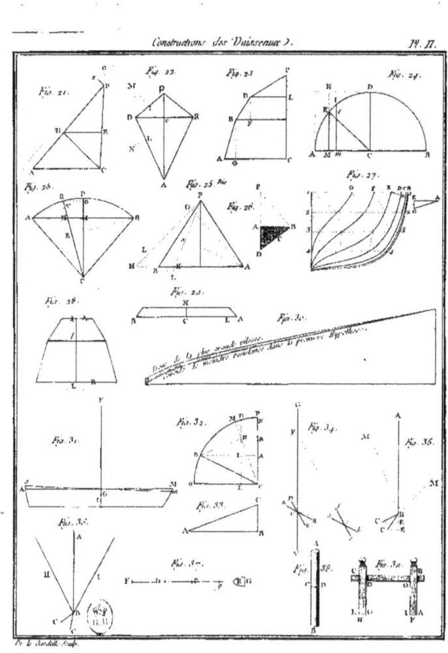

Fig. 21.
Fig. 22.
Fig. 23.
Fig. 24.
Fig. 25.
Fig. 26.
Fig. 27.
Fig. 28.
Fig. 29.
Fig. 30.
Fig. 31.
Fig. 32.
Fig. 33.
Fig. 34.
Fig. 35.
Fig. 36.
Fig. 37.
Fig. 38.
Fig. 39.
Fig. 40.

EXTRAITS des Regiſtres de l'Académie Royale de Marine des 28 Septembre & 16 Novembre 1775.

MESSIEURS le Vicomte de Morogues, Lieutenant-Général des Armées Navales, & le Chevalier de Borda, Lieutenant de Vaiſſeau, qui avoient été nommés pour examiner un Traité de Conſtruction, par M. le Comte du Maitz de Goimpy, Capitaine de Vaiſſeau, en ayant fait leur rapport ; l'Académie a jugé cet Ouvrage digne de l'impreſſion, qu'elle a approuvé être faite ſous ſon Privilege ; en foi de quoi, j'ai ſigné le préſent Certificat. A Breſt, le 27 Mars 1776.

DE MARGUERY, Secrétaire de l'Académie Royale de Marine.

E R R A T A.

Le Lecteur eſt prié de corriger les fautes marquées dans cet Errata : on a négligé de marquer celles qu'il eſt très-facile de ſuppléer.

PAGE 4, ligne antépénultieme, *ôtez* OP

5, ligne 3, & O, *liſez* o. Ligne 15, $+$3. 4, *liſez* $\times$ 3. 4.

Idem, ligne antépénultieme, fig. Q, *liſez* fig. 2.

7, ligne 6 du N° 8, *ajoutez* : on trouve (Dictionnaire de la Marine d'Auban, art. Doublage) qu'anciennement quelques Navires étoient doublés de cuivre : cette méthode a été renouvellée par les Anglois, il y a une quinzaine d'années ; pluſieurs de leurs Frégates ont été ainſi doublées.

9, ligne 11, dans intervalles, *liſez* dans les intervalles.

10, ligne 3, pouvoit-on, *liſez* pourroit-on.

12, ligne antépénultieme, qui rend la méthode générale & préférable, *liſez* qui fait que la méthode générale eſt préférable.

12, ligne 15, AD, *liſez* AO. Ligne 21, par la force de l'expérience, *liſez* par l'expérience.

15, lig. 3, leur, *liſez* le. Ligne 10 NCO, *liſez* NCD.

Idem lig. 10, après les triangles, *ajoutez* BCD, BCA ſont égaux, puiſque les triangles.

16, lig. 5, dont on prend le point d'appui, *liſez* qui ſert de point d'appui.

17, ligne 6, à n° 15, *liſez* à celle du n°. 15 Lig. 14, qu'un condition, *liſez* qu'une condition.

20, ligne 3, de l'action de la réaction, *liſez* de l'action & de la réaction.

Ligne 26, de la $\frac{1}{3}$, *liſez* de $\frac{1}{2}$.

Ligne 28, $\frac{2}{3}$ BE ^{2}, *liſez* $\frac{1}{2}$ BE.

22, ligne 17, puiſqu'on ſon, *liſez* puiſque ſon.

24, ligne 11, 10, *liſez* po. Ligne 28, $\frac{1}{3}$ oi, *liſez* $\frac{1}{3}$ pi.

25, ligne 9, où ils ont été, *liſez* où ils l'ont été.

26, ligne 29, $\times$ 3 $\frac{1}{3}$, *liſez* $\times$ 5 $\frac{1}{3}$.

27, ligne 12, 1610, & ſeroit diminuée d'un dixieme, *liſez* 1110, & ſeroit diminuée d'un tiers.

Page 39, ligne 28, *ou a la longueur*, lisez *on a la longueur*.

44, ligne 24, amplitiude, *lisez* amplitude. Ligne 31, 39 $^{\text{d}}\frac{1}{2}$, *lisez* 40^{d}.

47, ligne 21, GA^2+RC, *lisez* GA^2+RC^2. Même ligne P (GA+BC) *lisez* P (GA^2+ BC^2).

50, ligne antépénultieme, M. l'Abbé le Boffut & Euler qui ont remporté le prix, ainsi que ceux de MM. Bouguer & Euler, *corrigez ainsi*: les Mémoires de MM. l'Abbé le Boffut & Albert Euler, dans le Recueil des Pieces compofées à l'occafion des prix propofés par l'Académie Royale des Sciences, ainfi que le Traité du Navire, compofé par M. Bouguer, & celui qui eft intitulé : *Scientia Navalis*.

52, Table des Vagues, 3e colonne, o 22, *lisez* o 12.

55, lig. 12 (y—a^2,) *lisez* (y—a)^2. Même ligne (r—y^2,) *lisez* (r—y)^2.

57, (fig. 22), *dans la figure, il faut mettre* P au lieu de O.

61, 9e ligne du n° 48, IK, *lisez* CP.

67, n° 49 ligne 3, qui prouve, *lisez* qu'éprouve.

n° 49, ligne 8, Em, *lisez* EM.

63, ligne 18, par P, *lisez* par B.

63, n° 31, *mettez en marge*, (fig. 25 bis).

Nota. On marquera par C dans cette figure, l'interfeftion de la ligne AB, & de la perpendiculaire tirée du point P

64, ligne 6 PA. AO, *lisez* PA. AO^2.

Ligne 17, 2 ($m^2 y$+n^2—m^2) lifez 2 $m^2 y$+2 (n^2—m^2).

Ligne 26, 2 $m^2 dy$+ (&c. *lisez* 2 m^2 dy +2 (&c.

Ligne 27, 2 $m^2 y$+ (&c. *lisez* 2 $m^2 y$ +2 (&c.

Ligne 31, 2 $m^2 y$ + (&c. lifez 2 $m^2 y$ +2 , (&c.

Nota. Ces fautes n'étant que des fautes de copies, les réfultats n'en font pas affeftes.

77, ligne pénultieme $\dfrac{2 X^2}{3}+\dfrac{4}{9}-\dfrac{28}{27 X^2}$ *lisez* $\dfrac{2 X^2}{3}+\dfrac{4}{9}+\dfrac{28}{27 X^2}$.

78, ligne 2, abaiffe, *lisez* abciffe.

79, ligne 4, (fig.   ) *corrigez* fig. 29.

80, ligne 22, &c. A, *lisez* &c. — A.

82, ligne 18, $\dfrac{357\frac{1}{2}}{260}$ *lisez* $\dfrac{357\frac{1}{2}}{240}$.

82, N° 65, ligne 2, celui de 41, *lisez* de 4 à 1.

83, ligne 17, on ne doit pas, *lisez* on doit.

Idem, après le 1er article, *ajoutez la note fuivante* : cette remarque eft trop générale, *voyez* les pages 207 & 208.

88, N° 71, 3e ligne, l'avant & l'arriere s'abaiffent, *lisez* l'avant s'éleve & l'arriere s'abaiffe.

89, ligne 5, $\dfrac{38+25}{2}$ foit réuni à 5 pieds, *lisez* $\dfrac{30+20}{2}$ foit réuni à 6 pieds.

derniere ligne, *ajoutez* & du défaut de foutien de l'étambot.

93, comme MO : CM, *lisez* comme MN : CM.

94, $\dfrac{\text{Sin O. cos I}}{\sqrt{}}$ *lisez* $\dfrac{\text{Sin O. cos I}}{r}$.

97, ligne 28, à la regle au compas, *lisez* à la regle & au compas.

109, ligne 2, qu'on fuppofera, *lisez* on fuppofera.

112, ligne 11, après vîteffe du rameur, *mettez* :.

N° 91, ligne 2, eft toujours, *lisez* étoit toujours.

117, Il n'y a donc pas de rapport bien déterminé, *lisez* il vaut donc mieux excéder le rapport déterminé, que rendre la rame plus courte.

Page 117, 26ᵉ ligne, 27, 440, 440, 000, *lifez* 27; 440, 000. Même ligne, $\dfrac{1}{10.16}$

lifez $\dfrac{1}{10.16}$

124, ligne 34, *tels qui font, & tels qu'il*, lifez *tels qu'ils font, & tels qu'ils.*

127, ligne 24, produit, *lifez* y produit.

136, Nᵒ 108, *ôtez* maintenant. *Nota.* L'addition des réflexions fur les triremes, rend la tranfition défectueufe.

149, ligne 10, devroit une parabole, *lifez* devroit être une parabole.

150, ligne 23, 130 liv. 25, *lifez* 130 liv. $\times$ 25.

    ligne, 32, 130 livres, 16 *lifez* 130 livres $\times$ 16.

    ligne 33, *ôtez* le mot poids.

151, ligne 12, c'eft donc près de 700 pieds cubes de bois du côté de l'économie; *lifez* c'eft donc une épargne de 700 pieds cubes de bois.

167, ligne 29, le proportion, *lifez* ce propos.

168, ligne 10. $3\frac{4}{7}$ à 1 ou de 23 à 5 *lifez* $3\frac{1}{4}$ ou $3\frac{4}{5}$ à 1 ou 19 à 5,

    ligne 29, & 163, *lifez* & 165.

170, derniere ligne, équipages des Vaiffeaux de 54 canons, 330 ᵸ.

175, 8 lignes avant la derniere réduite, *lifez* fe réduit.

176, 11 lignes avant la derniere, s'il faut à manœuvrer, *lifez* s'il faut manœuvrer.

179, ligne 18 & 23, $\frac{1}{2}$ *lifez* $\frac{11}{14}$, le réfultat $1\frac{7}{8}$ devient $2\frac{7}{24}$

192, Largeur du 1, AV. 11 4 lifez 15 4.

199, 2ᵉ colonne, Moments 29818, *lifez* 29018.

200 avant derniere ligne pour $2m^2$ *lifez* par $2m^2$.

205, ligne 15, par en bas, $2m^2$ *lifez* $2mn$.

Quoiqu'une erreur dans le calcul du 3 AV, page 201, & réparée par un carton, en ait néceffité d'autres dans le refte de la feuille, il fuffit de montrer comment on doit faire dans ces fortes de cas, pour éviter une peine fuperflue.

1ᵒ Page 203, lig. 17, 4755, *lifez* 4555, la difference de réfiftance eft 200, & puifque 23ᵉ ligne, 4755 parties n'ont donné que 1 pᵈ $\frac{1}{4}$, 200 ne donneront qu'une refiftance infenfible, & $\frac{1}{24}$ de celle qu'on avoit trouvée.

2ᵒ Page 204 lig. 15 par en bas, 4441 *lifez* 4238, la différence de réfiftance latérale ——— 203, étant multipliée par $2m$ ou $\frac{1}{5}$, $=$ $40\frac{1}{2}$ qu'il faut ôter de 1292, on a 1252.

3ᵒ Page 205 au 2 AV, on devroit avoir non pas 758, mais 553, la différénce — 205 $\times$ $3\frac{1}{2}$ eft — 718 qu'on doit multiplier par $2mn = 2m$, ou divifer par 5, on a 144 pour la différence abfolue des momens qu'il faut multiplier par 8 pᵈ 6 pᶜᵉ, diftance des couples; le produit 1225, étant divifé par 1252, donne 1 pᵈ dont le point vélique doit fe rapprocher du point d'appui, puifque les momens font moindres.

Les diverfes queftions traitées dans cet Ouvrage, n'ayant pas donné lieu de parler de l'ouverture des fabords; nous obferverons ici que ceux des Navires Anglois, ont plus de largeur que les nôtres. On donne pour les canons de 42, quoique de fonte, 3 pᵈˢ 5 pᶜᵉˢ, mefure Angloife, ou 3 pᵈˢ 3 pᶜᵉˢ de France.